災難清理教我的事

Personal Effects

What Recovering the Dead Teaches Me About Caring for the Living

沒有人能做好萬全準備

從救援行動到撫平傷痛
記錄封鎖線後的真實故事

羅伯特・A・詹森 著
Robert A. Jensen
楊詠翔 譯

獻給布蘭登，我希望代價不會太高。

目錄

前言 8
第一章 意義的反面 16
第二章 運氣和時機 33
第三章 什麼樣的人 39
第四章 這就是海地 51
第五章 名字的意義 64
第六章 失物招領 72
第七章 劫後餘生 89
第八章 沉沒寶藏 102
第九章 恐怖攻擊 116
第十章 死亡和真相 136

第十一章　準備面對下一次災難　145
第十二章　只有神和科學知道　161
第十三章　亂葬崗和戰區　176
第十四章　確認身分的理性與感性　199
第十五章　DNA和「CSI效應」　214
第十六章　痛苦世界　229
第十七章　巨浪　244
第十八章　辦公室的另外一天　256
第十九章　倫敦大樓煉獄　274
第二十章　復原因子　287
第二十一章　我記得的　301
後記　308
謝辭　313

懷 念

「我們對逝去親人的未解之謎，成了我們僅有的事物。」

T·S·艾略特（T. S. Eliot，經改寫）

前言

總是會有鞋子。

不管是什麼災難，地震、洪水、意外、火災、爆炸，到處都會有鞋子，有時候鞋子裡面會有腳，或是腳的一部分，因為死者不僅和自己的衣物分離，四肢也會散得到處都是。

也總是會有一些寶物。

瑞士航空一一一號班機空難（Swissair Flight 111）後，保險公司在大西洋底部打撈，只為尋找這些寶物，包括貨艙中超過四．五公斤的鑽石、紅寶石、各式寶石，還有一幅畢卡索真跡跟五十公斤的紙鈔。

但我尋找的寶物價值更高，那是屬於個人的寶物，婚戒、傳家手錶、眼鏡、護照和照片、日記、書籍、玩具、最愛的衣物，就是那些證明人們實際存在的證據，至少曾經存在過，而且受到深愛。這些東西讓我們想起曾經活過的人，最後一次望向我們認識的人，他們的生活，他們生命的終點。

最重要的是，總是會有人留下來。

有愛人、父母、孩子、朋友、親戚，他們在家等待，或來到機場，期待看到自己深愛的人走下飛機，卻看見時刻表上的訊息請他們聯絡承辦人員，或是從新聞接到噩耗。接著，如果他們夠幸運，住在一個擁有緊急應變系統的地方，就會來到陰鬱的旅館會議室，然後遇見我這名嚮導，引領他們前往從未想過的全新人生。但是如果沒有緊急應變系統，那他們就必須自行拼湊深愛的人究竟出了什麼事，有時還得在殘骸或大型墓地中尋找，或是在支離破碎的家中和辦公室舉辦臨時的紀念儀式。

當然也會有朋友和同事。

在往後的人生中，每次被迫搭乘飛機旅行時，都會相當難受，特別是在波音七三七於印尼和衣索比亞墜毀，總計造成三四六人罹難後。和其他各種人為災難一樣，這些事故都可以事先避免，但事實就是我們都是人，而人都會犯錯，也會一直繼續犯錯下去，波音七三七墜機的故事和波音公司的後續回應，可能讓我們很錯愕，但這不是類似事件第一次發生，也絕對不會是最後一次。

悲劇的餘波會盪漾數十年，悲傷、創傷、心理疾病、訴訟、輿論壓力、失去的收入，我大部分的人生都花在處理這類事件上。

身為世界頂尖災後處理公司的董事長，受許多航空、海運、鐵路公司、政府機構聘僱，我負責處理死者，貨真價實的死者。但我真正的目標，其實是協助生者，我無法幫他們終結一切，卻可以提供他們恢復的方法，並盡可能幫助他們從過往的日常，過渡到新的日常。

從九一一事件、卡崔娜颶風，到二〇一〇年的海地大地震和二〇〇四年的南亞大海嘯，我都曾協助搜尋和運送遺體，把遺物送還給家屬，並幫助政府和人民繼續生活。如果記者寫的是歷史的第一份草稿，我就是幫忙加註的人，在頁面最底端還死者一個公道。

我在休士頓辦公室的大廳中掛著美國的星條旗，這面旗幟曾在紐約市的法醫紀念公園飄揚，這塊區域停著許多冷凍卡車，冰櫃裡裝著從世貿中心運出的罹難者遺體。這面旗幟和聯合國紐約總部大廳掛的那面類似，那面則是從遭到轟炸的巴格達聯合國辦公室取回，我們也從那裡把傷心的消息帶回給家屬，旗幟就和遺體一樣，是重要的象徵。

從這些事件中，可以學到很多值得分享的經驗，我學到的人生教訓，就是在這些危機和災難面前，沒有任何人能夠做好足夠準備。不管是企業、政府、媒體、甚至第一線救災人員或傷亡者的家屬等。每個人的反應都各不相同，我指的不僅是事件發生當下，還有危機結束之後，有些人會恐慌，有些人會徹底封閉，假裝一切未曾發生，有些人會想要觀看，但不是直接觀看，他們會從指縫中窺看，飽受驚嚇卻又無法移開目光，心底深知一切都不一樣了。

我從來都不是會逃避的那種人，我十四歲時出了一場車禍，當時是我媽開車，她那天很生氣，因為我姐和我錯過上學的巴士，但她其實請病假在家，所以可想而知，她對於要載我們去上課不太開心。心不在焉又心情不爽，她把油門當成煞車踩，一頭撞上一根老舊的鐵製路燈，路燈當然文風不動，車子變成一團廢鐵，我的腳卡在儀表板下面，其實不到太嚴重。

我撞碎擋風玻璃的頭部和臉部才是嚴重的部分，衝擊力道讓我的額頭裂開，臉上和頭皮都插滿了玻璃碎片，某些到今天都還插在裡面，其他則是由醫生開刀取出。消防員好不容易破壞車子救我出來時，我竟然還能站著走向擔架。

我永遠記得許多旁觀的路人都別過臉、低下頭、或遮住眼睛，還有一些人就只是盯著我看，他們還沒準備好面對我的傷勢帶來的震驚，這也不是發生在他們身上，所以他們可以就這麼幸運地轉過身去。

但是倖存者，也就是那些大型事故的生還者，卻沒有這麼幸運，有些人努力嘗試，但他們最終還是必須處理災難的影響，這些人會過上一段脫離日常的人生，某些人還會過得更久。系統對倖存者的照護，會大幅影響這段時間將維持多久，又會有多艱難，在最好的情況下，他們的生活會回歸正軌，雖然和以前不一樣，但仍是他們的生活。

不管我身在何處，只要跟人們談起我的工作，對話就會變得很長，我已經歷過無數次，但大家對我工作的驚奇永不消逝。這是瞥向頭條故事背後真相的寶貴機會，同時也能越過用來隔絕事故現場的封鎖線和路障，某種程度上來說，這些路障其實是要保護生者，因為只要看一眼後面的東西，世界就會永遠改變。但路障後面發生的事，只要處理得宜，就可以透過攜手合作和精疲力盡的辛勤努力，造就一件傑作，同時也找到一條道路，度過世界上最糟糕的情況。

要處理無法處理之事，在混亂中建立秩序，需要領導力，在面臨巨大壓力或是和無法承受的傷慟搏鬥的情況下，發號施令的人並不總是頭腦清楚，他們會做出影響甚鉅的錯誤決定，或是給出永遠無法達成的承諾。

有時候，我必須向錯誤的決定說「不」。

某次有人請我把一名海軍陸戰隊員的屍體鋸成兩半，他因奧克拉荷馬市爆炸身亡，卡住的身體在制服中不太雅觀。我說「不」，因為這對一名海軍陸戰隊員以及他奉獻的生命來說，有失尊重。

不過有時候，面對那些艱難但必要的決定，我必須說「好」。

我必須在戰區國家由民兵把持的檢查點開出一條路，告訴死者的家人，我們用來檢驗他們死去父親身分的 DNA 測試，顯示這個他們視為父親的男人，其實根本就不是他們的父親。

我在冷戰末期則是擔任軍官，當時我還非常年輕，負責聽令發射潘興二號（Pershing II）核彈，這種飛彈可以終結數萬條人命。

在我見識的各種混亂中，我學到了一件事，那就是身為人類，我們都會專注在那些無法控制的事情上，卻忽略我們其實可以控制許多事情。

這種事情常常發生，有些只是會讓人覺得很煩，像是取消的航班、因雨延後的活動等，有些則是會讓我們大為震驚，因為有可能危急生命或是真的有人死亡，包括飛安意外、恐怖攻擊、校園槍擊、洪水和風暴等能夠摧毀農場和產業的天災。

但這些事情都不是第一次發生，我們只是會比較注意而已，我們終將一死，重點是要活出精采人生，人生應該要活出價值，而非一直受死亡的陰影籠罩。

我成年之後的人生，大部分都在處理突如其來、意料之外、而且常常極度暴力的死亡，數量之多很少人能夠想像，只要想想過去三十年中發生的各種大型災難，我都有可能待在現場幫忙救災就好，而且不是只待一天，是待很多天、好幾個月、甚至好幾年。

這本書是有關如何避免崩潰、看見人生中好的那面、如何解決問題，並引導人們從過去的人生走向未來的人生。

對大部分的人來說，生活都相當平凡，就像每天都會開下高速公路一樣，但是突然之間，高速公路在我們眼前崩解，以前是路的地方，現在只剩巨大的無底深淵。

我的工作便是提供計畫、工具、資源，在深淵上面蓋一座橋，而倖存者、我們幫助的人、逝者的家人和朋友，他們的工作則是跨過這座橋繼續生活。我們的這座橋蓋得多好，會決定究竟有多少人願意過橋，但是無論我們做得多棒，還是會有人不願過橋，這本書便是有關如何蓋出這座橋，以及過橋的旅程。

這本書也和造橋工人付出的代價有關。

我有個前同事，是來自英國的法醫，他沒辦法忍受冰塊掉進杯子裡的聲音，因為這會讓他馬上想起，二〇〇四年南亞大海嘯時，在泰國滿目瘡痍的海濱度假勝地，卡車卸下大量冰塊，以冷藏上萬具屍體的景象。

因為我是個領導者，所以我必須為他們負責，我的工作中很重要的一部分，便是確保手下們知道自己什麼時候已經到達了極限，不要逼他們越過這個極限，而是教他們找出自己的極限，同時瞭解自己。

每一次的災難過後，我們都會變得有點不同，很難說有多麼不同，而且改變也因人而異，但永遠都會受到影響。

這個道理在我身上也適用，那麼誰會來看顧我，我最後又會怎麼樣呢？

老實說，我也不知道。

沒人逼我做這個工作，我喜歡我的工作，而且我也很擅長，我覺得我對人生的看法還蠻健康的，你聽過我的故事，並遇見我本人之後，很有可能會覺得我跟你的期待差很多。

但我也不是一般人，某天我會退休，我希望到時能找到一個平凡的世界，一個對我這樣的人來說，也算正常的世界。

我一直都很喜歡一九八〇年代的樂團「杜蘭杜蘭」（Duran Duran），在我回首來時路時，也常常想到他們的歌《平凡世界》（Ordinary World）：

「那裡有個平凡世界，而我必須找到。」

這些對一本書來說可能有點太多，但我也已見識夠多。

第一章 意義的反面

艾爾弗雷德・P・默拉聯邦大廈（Alfred P. Murrah Federal Building）的正面遭到開腸剖肚，就像一座娃娃屋，一大堆移出的碎石瓦礫堆在外頭，有好幾層樓高，建築後方的階梯雖然完好無損，卻相當不穩，你仍然可以從地下停車場前往階梯，你將穿過一片厚厚的粉塵，由主人再也不會回來的微弱汽車車燈照亮。

頭頂上則是震耳欲聾的手提電鑽聲，試圖鑿穿混亂的鋼筋，接觸的火花飄過弧光燈刺眼的光線，空氣中飄散著死亡的氣息，但不會太濃，因為水泥是一種吸熱材料，能夠吸收熱氣、能量、液體，所以裡面如果埋著屍體，就會慢慢風乾，幾乎如同木乃伊。

奧克拉荷馬市讓我很早就學會一個針對突發大規模災難的重要教訓，那就是千萬不要期待死亡降臨時，人們會發揮智慧。不要覺得有人知道他們該怎麼做，他們甚至連自己在做什麼都不知道，不管是權威人士、第一線救災人員、傷亡者的摯愛，令人遺憾地，還包括政府機關。即便有一些出色的領導者確實帶領我們度過難關，但這畢竟是少數，政客最在意的通常還是政治後果。

死亡不會創造意義，而是盡其所能抹消意義，人生的意義，便是試圖留下能夠在死亡面前屹立不搖的遺產和事物。

我以美國陸軍第五十四後勤連隊（54th Quartermaster Company）指揮官的身分抵達奧克拉荷馬市時，搜索生還者的工作已經結束，我們便是主要負責處理後續驗屍相關事宜的單位。

臨時停屍間設立在遭到摧毀的聯邦大廈旁，一座同樣受到破壞的教堂中，並不是因為這裡是適合的地點，而是由於這是警消找到的第一個地方，能夠暫時放下已經回天乏術的遺體，並趕緊回到現場繼續尋找生還者，所以我們便在此處展開工作。無論如何，還有很多比教堂更糟的死亡地點。現場非常混亂，奧克拉荷馬市還蠻習慣偶爾侵襲的龍捲風，但是恐怖攻擊？沒有人能料得到。

當時是一九九五年，美國人還活在舒適的泡沫中，政治哲學家法蘭西斯・福山（Francis Fukuyama）卻誤解為歷史的終結，美國剛打贏冷戰，經濟蒸蒸日上，生活非常美好。在承平之時，人們很容易忘記有時候就是會發生壞事，或是他們會開始認為壞事只會發生在壞人身上，都是那些人自找的。接著，美國國內有史以來最嚴重的恐怖攻擊就轟然降臨，宛如晴天霹靂。

大規模死傷使得所有人手足無措，因為這是我們平常不願思考的事物，官員根本不知道災難發生後的規矩和程序，也沒有幾個人能夠鼓起勇氣探視生還者。而對世界上大多數人來說，這都是他們一生中唯一一次，也是最後一次面臨如此龐大的恐懼，這種人其實很幸運。

人們應該學會的第一件事，就是絕對沒有人能夠掌握全局。或許有人可以掌握某一塊拼圖，而他們的作為將影響其他人，反之亦然，但是絕對沒有人能夠完全掌握所有事，這便讓混亂能夠趁隙而入。

在默拉聯邦大廈還有另一個重大的問題。在美國大部分地區，死者的處置都是由州政府負責，每個州或行政區的作法不盡相同，有些州擁有州層級的系統，其他州的系統則只有到地區層級或郡層級。

唯一的例外是在聯邦財產內發生的死亡，包括聯邦建築物和軍事設施等，而默拉大廈恰巧是一棟聯邦大廈，因而不屬州政府管轄，美國有關犯罪及死亡調查歸屬的法令相當嚴明，問題在於該由誰來處理。

由於美軍驗屍官轄下並沒有所謂的「聯邦驗屍官」，所以死者通常是由當地政府或州政府處理，這種作法通常不會造成問題，然而，在政治敏感或大型傷亡事件中，這就會帶來一大堆問題。也有其他系統能夠在地方當局無法應付時協助，不過仍是屬地方管轄，因此，默拉大廈本身的管轄權無庸置疑，但是大規模傷亡事件發生後，相關管轄權還有和死者有關的決定，便成了一場噩夢。

很明顯的，因為默拉大廈是一棟聯邦大廈，所以美軍可以進駐現場，協助搜救，但這次事件卻造成大眾後續的誤解，期待軍方能夠在大型災害，像是後來的卡崔娜颶風或現在的新冠肺炎疫情時協助救災，但軍方人員其實只能在聯邦政府的財產內行動，無法任意進入私人居所或建築。

你可能會相當驚訝，因為光是管轄權的問題，加上官員的自我中心、傷亡者親屬的悲慟、突如其來的媒體關注，還有在這之上的官僚體系繁瑣程序，使得大型傷亡發生後，連要搜索遺體都會產生一大堆問題。

因此，柯林頓當局決定派出美軍當時唯一負責處理驗屍事宜的單位，第五十四連隊時，我們確實遭遇了上述的困難，現今美軍已有兩個單位負責處理相關事宜，我們的日常業務就是從各個單位取回殉職士兵的遺體，帶回驗屍，再送還給家屬。

我在三十歲時開始領導第五十四連，當時的軍階是上尉，我建立了一些原則、接受相關訓練、並親眼見識到許多可怕的錯誤，於是便努力推動我的部隊扮演更積極的角色，還設法讓大家接受法醫相關訓練。

我同時也和軍方領導階層合作，改變資訊的流向，試圖讓他們瞭解，加快資訊流通速度的需求，包括從戰場到更高級的指揮鏈，以及到達軍人的家中等，我認為我們不僅能協助陣亡將士的親屬，度過兒女生死未卜帶來的痛苦，還能讓指揮鏈的決策過程更加順暢。

無法得知親人的下落，是人類所能承受的最大痛苦，但得到錯誤的資訊傷害更深。

例如在某次行動中，我負責處理一個遭到地雷殺害的士兵，當時我們本來要如「英雄般」厚葬這名士兵，老實說，他確實是名英雄，因為他自願為大眾服務，拋下家人，試圖為世界帶來和平，但他的死因卻不是如報告中所述，死於誤踩未知的地雷。

根據遺體上的地雷爆炸痕跡，由於碎片灑滿大腿內側、胸部、臉部，顯示他是爬向地雷，於是我隨意問起和死者同單位的士兵，他平常有沒有什麼綽號，他們回答「馬蓋先」，也就是電視上那名四處探險的祕密探員，我的懷疑開始滋長。

目前運送美軍遺體回國的標準程序，必須先經過 X 光掃描，確保體內沒有殘存任何爆裂物質，因為很有可能在飛行途中或處理遺體時爆炸，所以我當然也用 X 光掃描了遺體，卻發現他皮帶上遺失的多功能工具，竟然插在他的額頭裡。

推測他其實是想拆除一顆已知的地雷，卻不慎在過程中觸發爆炸。

我馬上向指揮階層報告此事，這樣他們就能確保家屬得知事實，並且不會造成之後需要改口、搪塞、解釋的公關危機，如同 NFL 明星帕特．提爾曼（Pat Tillman）後來在阿富汗不幸死於友軍槍口之下，所引發的軒然大波。

誠實並不會撫慰悲傷，也不會減損這些人的價值，只是防止在事實揭露時，引發的痛苦、不信任與憤怒。這就是我想讓我的單位扮演的積極調查角色。

＊＊＊＊＊

提摩西．麥克維（Timothy McVeigh）在租來的萊德（Ryder）貨車後座引爆他的肥料炸彈時，我正要前往波多黎各替軍方的後備驗屍單位授課，我一降落在邁阿密國際機場，我的呼叫器就發瘋似地狂叫，沒錯，那時候還沒有手機，於是我找了一座公共電話打回華盛頓。他們說發生一起爆炸事件，我問有多嚴重，然後他們回答：「像貝魯特那次那麼嚴重。」

我馬上知道事情大條了，一九八三年在貝魯特的美國海軍軍營發生的卡車炸彈事件，總共造成二四一名美軍、五十八名法國維和部隊、六名平民死亡。即便我那時從來沒有處理大型恐怖攻擊的經驗，我至少瞭解需要做什麼，而且也有心理準備，或是我自以為我知道。

有許多資深軍官都認為我的士兵很蠢，只會「裝屍袋、貼標籤」，因為驗屍單位在整個美軍中的進入門檻最低，所以被其他單位踢掉的士兵都會來到這裡，整個部隊可說是龍蛇混雜。但事實上並不是這樣，還差得遠呢，我手下有不少士兵都是因為特殊理由轉調，像是過不了情報單位困難的語言課程，軍方卻不知道該怎麼處理這些人，他們在整裡死者遺物時還看得懂上面的中文和阿拉伯文，所以我相信他們肯定大有可為。

我們在聯邦大廈旁的破損教堂內部設立驗屍台，教堂前半部則是停著冷藏屍體用的卡車，簡稱

「冰卡」，直到州政府的法醫前來取回遺體。尋獲遺體後的工作，便是移除所有個人物品，個人物品能夠暫時幫助我們辨識遺體身分，但也需要妥善保存，才能還給家屬並完成初步的建檔。

消防員即將找到遺體時，我們就會帶著推床和挖掘器具動身前往「大廈」，現在大家都這樣稱呼損毀的建築，三不五時就會有汽笛聲傳來警告，提醒我們注意落下的瓦礫和坍塌，我們要不是必須站在原地等待，就是剛好看見明顯的遮蔽可以躲進去，瓦礫和碎石在我們腳下震動，就像在山上一樣，而我們離地面有九到十二公尺，地面則是覆滿碎玻璃和鋼筋。我們從下往上挖，以防碎石砸到下方樓層的人，這是一個既危險又緩慢的艱鉅工作。

處理坍塌的建築時，如果可以的話，我們會用樓層平面圖來找出辦公室的位置，因為從外面很難判斷柔腸寸斷的空間先前是什麼地方，從前屬於美軍招募站、美國緝毒局（Drug Enforcement Agency）、社會安全局的舒適辦公室，現在都掛著成團的電線、隔熱材料、水泥、鋼筋，我們也無法分辨出美國菸酒槍炮及爆裂物管理局（Bureau of Alcohol, Tobacco and Firearms）和國稅局的辦公室。

爆炸發生後五天，我們拿到一份臨時的失蹤者名單，也包括在哪裡最有可能找到這些人，不過整個搜救計畫還是不夠明確，因為有些人並不是死在辦公室裡，有的人在爆炸後隨即喪生，其他則是埋在碎石瓦礫之下。

就連要生出一份名單都很困難，在過去的時代，根本沒有嚴謹的造冊方式，而且出現在名單中的人，很可能早就離開滿目瘡痍的建築回到家中，手足無措，不知如何是好，擔心的家屬卻回報他們失蹤。

有些死者仍困在他們正準備展開一天工作的辦公桌下，爆炸發生在大家魚貫進入辦公室的九點〇二分。我們找到一具穿著不成對鞋子的女屍，她一腳穿著運動鞋，另一腳穿高跟鞋，相當怪異，爆炸發生時她很顯然才剛坐下，準備換上工作鞋，如果她晚幾分鐘來上班，或許就能逃過一劫，幾分鐘的時間也代表她可能是從後方的樓梯上來，不會受到爆炸波及。有時候，時機決定一切。

炸彈有很多方式可以致人於死，從爆炸點快速擴散的氣體，有足夠的力量可以把附近的人體扯成碎片，炸彈碎片也可能傷人，爆炸的震波則是可以讓重要器官受損，在沒有明顯外傷的情況下取人性命，最常見的就是肺破裂。

但在奧克拉荷馬市這類攻擊中，最常見的其實是撞擊造成的傷害，倒塌的牆壁或其他建築結構把人壓住，有時候這類傷勢也可能是內傷，第一眼看不出來，不過大部分都相當明顯，我們還找到了另一具遺體，滿布粉塵的頭部被倒塌的柱子砸出了一個三角形。

讓情況更複雜的是，我們還必須尋找一條腿，這條腿屬於一名幸運生還的女士，但她必須當場接受截肢，才能趕快前往醫院進行救命手術。這是搜救人員能救她一命的唯一方式，一名超勇敢的外科醫生花了好幾個小時和那條卡住的腿奮戰，鋸子都鋸壞了，最後只剩一把折疊刀，他就用這把小刀把剩下的肌腱切斷。

我們的任務就是盡可能尋找，並安全帶回大部分的遺體，一方面是能辦個妥善的葬禮，同時也是為了避免在這類大型災難過後，時常出現的複雜法律問題。

事實上，在奧克拉荷馬市的事件中，真的有一條嚴重受損的腿後來找錯主人，和一具兩條腿都完好無缺的遺體埋在一起，最後總計有八具遺體少了左腿。

而有一條腿找不到主人這件事，帶來了非常實際的後果，讓白人至上主義者提摩西．麥克維的辯護律師得以宣稱，「真正」的炸彈客也死於他親手引發的爆炸之中，想盡辦法為客戶開脫。但這也讓罹難者的親屬很不好受，因為一絲一毫的疑慮，都會為生者帶來很大的困擾，畢竟誰能忍受摯愛的一部分無人認領的想法呢？

其中一名少了左腿的死者，便是二十一歲的美國空軍士兵勒琪莎．列薇（Lakesha Levy），她在附近的廷克空軍基地（Tinker Air Force Base）擔任實驗室技師，那天穿著軍裝來社會安全局拿新的社會安全碼。

經歷失去勒琪莎的傷慟後，她的家人還必須承受看見她遺體的恐懼，遺體埋在她家鄉紐奧良的公墓中，遭到重新挖出，經過DNA及足跡鑑定，以證明多出來的那條腿是她的。鑑定結果顯示，那條腿確實是勒琪莎的，但這又引發另一個問題，和她一起埋葬的腿又是誰的呢？

這條腿也可能讓麥克維的辯護律師有機可乘，雪上加霜的是，這條腿已經過防腐處理，當時的科技無法進行 DNA 鑑定，所以這條腿最後還是和其他無法辨識的遺骸一同入土為安，就埋在市議會的紀念園區中。

勒琪莎是最後一名從爆炸現場挖出的美軍士兵，有人通知我陸軍部長托戈．衛斯特（Togo West）親臨現場，想過來打聲招呼時，我正在檢查勒琪莎的遺體，並把她的個人物品放進袋子中。我和衛斯特部長談話時，沒有多想就問他願不願意對勒琪莎致敬，他欣然同意，於是我讓他獨自和遺體共處了一分鐘。

後來我常常思索，自己是不是搞砸了，讓部長處在一個尷尬的位置，畢竟他是責任在身，但即便是包在制服中，看見一名年輕女子的屍首仍然是個可怕的經驗。不過部長仍是致上敬意，而且相當真誠，當天晚上，我接到參謀長聯席會議那邊的電話，他們告訴我部長非常感動。

人們常常問我：「你在斷垣殘壁間搜索遺體，或是在遺體身上尋找遺物時，究竟感覺如何？」

答案是，我在工作時其實並沒有很多時間，可以反思生命的無常與易逝，我有特定的任務需要達成，而且常常身處必須全身心投入的危險環境，這種環境需要極度專注，否則就會犯錯。

如果想要的話，當然是可以在事過境遷後問自己這些問題，但我有很多理由寧可不要。第一，我的行程很滿，幾乎沒有什麼時間可以坐下來思索這些問題，第二，我認為這些問題沒有什麼意義。我很早就知道想這種事沒有意義，只是在宣洩情緒，而且還是負面的情緒。不是說我很冷漠還是麻木，但我不可能讓死者復活，消除他們的痛苦，或為他們的死賦予意義。

有時候人生就是這麼爛，但沒辦法，你得整理好自己，繼續活下去，我多希望我能做到上面這些事情，想想消除這些痛苦會多麼美好啊，有時候我會停下手邊的工作幾秒鐘，和自己對話，希望逝者能夠安息，獲得他們在世時無法得到的平靜。

這不是一種感受，比較像對更高等的力量或靈體許願，祝死者的靈魂「一路順風」，我當然也很害怕有天所有的負面情緒，恐懼、悲傷、痛苦，會如洪水潰堤般朝我襲來。

我一直都惦記著《被遺忘的大屠殺：1937 南京浩劫》（Rape of Nanking）作者張純如女士的故事，這本書描述了二戰時日本在中國令人髮指的暴行。遺憾的是，她最後選擇自殺，很多人認為她自殺的一部分原因，是來自她在寫書時進行的研究，這些研究使人無法承受，包括訪談倖存者以及爬梳歷史文獻，對不熟悉南京大屠殺的人來說，我只能說，當時的暴行堪比歐洲的納粹集中營。

所以對我而言，我的工作是專注在生者上，幫助我有能力幫助的人，並走過那些我無力改變的事物。

如果我心情不好，或是度過糟糕的一天，我喜歡去騎騎腳踏車或划划船，我本身就非常好動，因此這便是我排解情緒的最佳方式，運動和腦內啡就是我的快樂藥丸，能夠舒緩我緊繃的情緒，但這只是我個人的方法啦。

人們也會問我在遺體的口袋找到什麼遺物，這個問題很簡單，掏掏你的口袋就知道了，因為大部分的人都不知道悲劇什麼時候會到來。

＊　＊　＊　＊　＊

對我來說，見證死亡其實不一定是最糟的部分，最糟糕的通常是官僚體制和政府的反應。

在奧克拉荷馬市的事件中，我常常接到來自華盛頓特區的電話，如同我先前所提到的，默拉聯邦大廈的管轄權是屬於聯邦政府，可是整個行動同時也相當依賴州政府，所以雖然我們能夠協助搜索遺體，辨識的工作還是落在州法醫佛瑞德．喬丹（Fred Jordan）身上。

某天我收到通知，奧克拉荷馬國民兵（Oklahoma National Guard）的司令官組織了一支團隊，他們想要和我聊聊這次的搜救行動，其中包括兩名准將和幾名上校，所有人的官階都比我高非常多。

他們帶我到醫院附近轉轉，並告訴我州長法蘭克．基亭（Frank Keating）正考慮把喬丹醫生換掉，將整個行動移交給國民兵負責。

我回答：「那誰要來指揮？」

他們說：「就是你。」

我於是解釋我來這裡只是扮演協助的角色，而且法醫本人應該也要參與這類決定，因為是由他負責開立死亡證明的。即便在某些事項上，我可能會和他有不同意見，但是在當時的情況下，我認為喬丹醫生幹得不錯，不應該被捲入政治鬥爭，但是大型傷亡事件總是離不開政治考量。

也正是在默拉大廈，我收到了職業生涯至今最奇怪，卻也最典型的「政治」要求。

大廈六樓原先是美國海軍陸戰隊的招募站，和其他辦公室一樣，這裡也被炸得開腸剖肚，曝露在溫暖的春日天空下。但一名海軍陸戰隊招募員的屍體卡在這裡，穿著藍色制服，壓在重重水泥之下，對負責的團隊來說，要移出屍體是件艱鉅的工程，特別是好幾層樓下方還有其他人在進行搜救，更別說偶爾還會有媒體出現。

不過，他們問我能不能爬上去把屍體鋸成兩半，並移出露出來的那一半時，我仍是相當驚訝，他們的理由是如果在家屬面前這麼做，實在非常不尊重。

我死氣沉沉地回答：「我們不會把軍人或任何人的屍體切成兩半，除非這是唯一能夠取出屍體的方式，但是老實說，我從來沒有遇過這種情況。」

我堅定拒絕我們單位受到指派的任務，最後我們派了一組人上去，先把屍體蓋住，等到情況允許再以得體的方式處理。

因為這具遺體曾經是個活人，而尊嚴是我們所能給予逝者僅有的事物，他們身上的其他東西都被奪走了，我們的任務，便是盡可能快速、安全地移出屍體，並把遺體送還給家屬，這樣他們才能開始從舊的現實過渡到新的現實。

這很令人難過沒錯，但悲傷不會改變任何事，這些人不應這樣死去，他們沒有做錯任何事，即便真的有做錯事，通常也不至於以生命償還，但事情就是發生了，不管他們有沒有做錯事。

我很討厭把人放在屍袋裡帶出來，因為屍體會垂在中間，就像一件弄丟的行李，而不是一個在幾天前或是幾小時前，還擁有自己的人生、家庭、希望、夢想的人。

如果可以的話，我都會用推床運送遺體，而且永遠是腳朝前，如同人在世時行走一般，死後也應以此姿態遠去。只要我的團隊移出遺體，所有人都會馬上停下手邊的事務，保持一到兩分鐘的肅靜，默默向死者致意。

一般來說，這類工作來討債的時候，就是死者身上的某個部分，和你自己的人生直接相關時。例如見過大風大浪的堅毅警官，看見和自己子女同年齡的孩童遺體時瞬間崩潰，或是消防員找到和已逝母親神似的老人屍體。因為小孩和老人的遺體通常最難取出，也因為他們本應是受到社會保護的族群，我們照顧孩童，是因為知道某天我們衰老時，會換成他們照顧我們，因而孩童過世往往會帶來椎心之痛。

和其他聯邦大廈和機關一樣，默拉大廈也有附設日間托兒所，員工可以在上班時把孩子留在這裡，麥克維在審判時宣稱不知道這裡有托兒所，即便他在攻擊前早就來勘查過地點，他的卡車炸彈最後殺死了十九名孩童，爆炸地點非常接近他們玩耍的地方。

某天晚上，我們終於成功移出最後一名孩童的遺體，我們是在社會安全局的辦公室找到她的，當天稍早我們也發現她的母親。

我們通常會和地方當局合作，以協助他們，因為每個人都有極限，而他們顯然已經到達臨界點，我自己手下的士兵也是，所以我告訴大家，我會負責留下來照顧這個孩子。

夜色逐漸籠罩，默拉大廈和我們的工作區域是由臨時燈具照明，就是那種總會散發出黃光的燈具，背景還伴隨著發電機的轟鳴，這是戰區和災區永存的噪音，此外還有手提電鑽的聲響、卡車的喇叭聲、放置裝備的聲音。

我在這些「正常」的聲音中工作時，我老婆泰瑞莎從維吉尼亞州打電話來，她在我們家裡，很可能就坐在我們女兒的臥房中，告訴我年約三歲的女兒正要去睡覺，她想跟我說說話。

我沒辦法。

我告訴泰瑞莎我很忙，當下沒辦法跟女兒說話，接著我回頭繼續檢視小女孩的遺體，她和我女兒差不了幾歲，卻冷冰冰地躺在我眼前的驗屍台上，就在默拉大廈廢墟附近的教堂中。她應該和父母待在家裡才對，但她母親已經先她一步躺在我們的台子上，而法醫不久後也將告訴她的祖父母，遺體找到了。

在我看來，那個禮拜我女兒能安全待在家中，但另一個同樣寶貴的小女孩，卻突如其來死去，這一切都沒什麼道理可言。

最重要的是，我認為災難的變幻莫測，正是人們如此害怕的原因，死亡如此突然，你根本沒機會好好交代後事，或了卻生命中的遺憾，這讓許多家屬終其一生都必須和深深的懊悔搏鬥。深知那些自己能說、該說、卻沒說出口的話，現在卻再也沒有機會了。

如果你深愛的人已經很老，或是生病待在病房，你都還是有機會彌補，可以試著改變些什麼，但如果人就這麼走了，就沒辦法改變任何事了。

我和我爸一直以來都頗為疏離，有大約三十五年的時間吧，對我來說他不是個好人，也不是個好爸爸，但十九年前我仍試著跟他搭上線。我打給他時，他會跟我說我們還有很多事可以一起做，讓我心裡升起期望，但他從來沒有打給我過，總是我打給他，這樣一陣子之後，我已明白他的意思。

有時候我比較駑鈍，我早該在嘗試前就知道不會有用，但我同時也是一個無可救藥的樂觀主義者，我寧願放手嘗試，再坦然面對自己的錯誤，而不是完全不嘗試。現在我再也不會想跟我爸說話，但我知道有很多人心裡還是會期待這樣的對話，我完全不期不待，可是等到他過世時，機會之門也會永遠關上。

我們永遠無法得知災害罹難者死前最後的想法，但當我處理他們的遺體時，我只能希望他們在死前得到平靜，不會再受那些生前沒做的事或沒說出口的話困擾，遺憾的是，許多時候，我連自己都無法說服。

第二章　運氣和時機

這不是我做過的第一份怪工作，我之前也做過其他奇怪的工作，像是我大學時便曾經在美國司法部的加州緝毒局工作，好支付我的學費，我們會出外掃蕩大規模的非法大麻業者，以及其他各種非法毒品。

對一個二十二歲的大學生來說，這是一個很棒的工作，但並不是一個你會想要炫耀或跟人聊的工作，一方面是因為大多數年輕人都討厭警察，負責抓毒品的警察就更不用說了。

另一方面，某些人會因為損失的數百萬美元而心懷不滿，想要找你報仇，所以那時候如果有人問我在做什麼，我會說我在林務局打工，或是在鄉下閒晃，並試圖轉移話題，不過這也足以解釋我亂糟糟的外貌，還有我家為什麼會停著一台掛著政府車牌的深綠色卡車。

以前的生活比較簡單，雖然我還是有設一些陷阱，帶著槍，還養狗警戒，但至少我不必處理我現在擁有的各種回憶。我希望你永遠不必見識我看過的事，或去做我做過的事，我參加過太多次世界大型災難的救災，這甚至還沒加上我在入行前擔任副警長時，處理過的凶殺和自殺案件。

在我一生中，曾經歷兩次重大災害，光是在幾分鐘內就奪走了二十二萬五千到二十五萬條人命，動動腦思考一下吧，面對這種事，你是要怎樣事前計畫、處理、應變？這就是我的工作，我從二十一歲起花費大部分人生在做的事。而我現在五十五歲，中間是三十四年的人命堆疊。

我相信事物通常還是有好的那面，從好的方面來說我有機會可以前往世界各地，和一些傑出人士一同工作，我也希望我有成功幫助無數痛失至親的家屬，走過他們的傷痛。

我因而發展出了一種人生觀，我覺得大多數人都不會這樣想，我基本上還算快樂，人生過得相當滿足，就像踏上一場奇異又令人著迷的旅程，我知道終點一定會到來，但老實說，我根本不在乎終點是什麼時候，因為經驗告訴我，這種事情根本就無法掌握。

我告訴別人我的職業後，他們通常會語帶震驚地問我：「看過這麼多可怕的事情後，你怎麼沒發瘋？」、「你怎麼沒得憂鬱症？」、「你花了這麼多時間在焦黑的飛機殘骸搜索遺體，怎麼還敢坐飛機？」

在我經歷過這些大規模的死傷後，我已經不再會為無法掌控的事感到不安，根本就沒意義，這個想法讓我能夠在其他人快崩潰時保持冷靜。但我絕對不是個宿命論者，因為其實有很多措施可以減少災害帶來的損害，這只是經歷過世界黑暗面的瘋狂旅程後，自然而然產生的一種感覺而已。

義大利化學家、作家、奧斯威辛集中營倖存者普利摩．李維（Primo Levi），最後可能是自殺身亡，因為他再也無法承受在納粹集中營中見識的恐怖，但另一方面，他也很有可能只是不小心從三樓的住處墜落而已，沒有人能確定。不過他確實留下一句讓我念念不忘的句子：「生命的目標就是對死亡的最佳抵抗。」

死亡太過隨機，這也是為什麼，神話和文學總將死亡描述成難以捉摸的角色，死亡很難預測，而且相當費解。我大學時的第一份工作是在學校的駐警隊，有一天我們接到一通九一一報案電話，打來的是一個我認識的女生，我和她男友是美國預備軍官團（Reserve Officers' Training Corps，簡稱ROTC）的同學，她一直打來，說她吃了藥，還打開了公寓裡的瓦斯，當時是一九八五年，九一一服務才剛上線，所以不一定能顯示撥號者的位置。

這個年輕女生打來又掛斷，如此重複好幾次後，我們的接線員終於讓她說出地址，雖然接線員其實算是有點威脅她，告訴她要是再不給地址，就不會再接她的電話了，我們收到地址，所有人都開始行動。我一聽到地址，就知道是在哪，所以我是第一個抵達現場的。

從前門進屋後，我就被瓦斯味薰到受不了，到今天我都還不知道那時公寓為什麼沒被炸上天去，那個女生面朝下倒在瓦斯爐前，我把瓦斯關掉，把她拖出公寓，並呼叫支援。消防員和救護車很快就來了，我們最後救了那個女生。

不久之後，我在健身房運動時，另一個在健身的人突然倒下，我覺得是心臟病，因此馬上進行嘴對嘴CPR，直到緊急救護人員到來，但他還是回天乏術。

一名健康的年輕女子試圖自殺卻失敗，一個想要追求健康的男子卻在過程中死去，死亡有自己的倒數計時，你的時間如果到了，就是到了。但有時候我發現有些人試著加速這個倒數計時，我不覺得你跑得過死亡，可是你確實可以加速，我也發現有時候我們會覺得自己很幸運，就像騙過死神，但也可能只是我們時候未到。

我曾在伊拉克住過兩間遭到攻擊的旅館，但我兩次都躲過了，是我運氣好嗎？還是只是我時候未到？但這也不代表你要表現得很傲慢、粗心、愚蠢，我常常看到這些跡象，這只是表示不要擔心自己無法掌控的事，而是要為那些自己能夠控制的事做準備。

有很多實際的措施可以增加你在災難中存活的機率，有的很明顯，有的是小細節，有個我很愛提醒別人最好注意的小細節，就是坐飛機時離緊急出口近一點，這不僅能讓你的腿在航程中有更多空間可以伸展，也代表如果在起飛或落地時發生什麼意外，你都會是第一個離開飛機的。如果是高速撞擊，那就沒救了，只要記得你有寫好遺囑，並告訴家人你要怎麼處理你的遺體，因為這能讓他們在最壞的情況發生時，在龐大情緒壓力下不用去煩惱艱難的決定。

我也強烈建議你熟讀安全手冊上的指示，如果飛機墜海，在離開飛機前，也請不要幫救生衣充氣，我曾在一些墜機地點發現浮在機艙裡的屍體，因為充飽氣的救生衣讓這些人卡在飛機裡面，其他人則是順利生還。

隨便問我一種災害，我都能告訴你半打能夠大幅提高生存機率的小細節，存活一部分靠的是運氣沒錯，但真正的關鍵在於，讓自己擁有充足的時間等運氣到來，準備充分便是運氣出現的機會。

比如說有一家人正要橫越太平洋，但他們的帆船卻被鯨魚撞翻，這單純就是運氣不好，但他們設法爬到救生艇上，結果三十多天後一艘經過的貨輪看到他們，並救了他們，這就是運氣好。而不屬於運氣的部分，便是他們準備好能夠撐到運氣跟救援抵達，他們保持冷靜、全神貫注，換句話說，他們為運氣創造了機會。

摩門教社區總是很好辨認，因為耶穌基督後期聖徒教會（The Church of Jesus Christ of Latter-day Saints）的教義，便是鼓勵信徒儲存食物和飲水，以免災難發生。摩門教徒會慢慢累積不會腐壞的食物和飲水，而且這些物資並不會放在櫥櫃裡遭到遺忘，他們會用掉快過期的罐頭，買新的取代，這樣才不會浪費錢。

事實上，摩門教的教義也鼓勵信徒每周存下一小筆錢，當作緊急備用金，可說相當實用。讓我們在這個不如我們想像中安全的世界，能夠建立一點回復力，這會讓你多出幾天珍貴的時間，來應對人生的困境，而不是只能手足無措等待救援。

看看二〇一一年日本三一一大地震和海嘯，在福島造成的核電廠事故就知道了，最後共有超過一千四百人死亡，但其中只有一人是真正死於輻射外洩。

那其他人是怎麼死的？他們是死在撤離途中，但其實情況根本沒有迫切到需要撤離，核電廠附近數以萬計的長者、傷殘、病人試圖逃離，但他們對輻射外洩的恐懼，卻遠超過輻射實際可能帶來的威脅，雖然這或許在日本算是情有可原，因為他們在二戰時擁有過慘痛經歷。

不過事實上，後來發現他們亟欲逃離地區的輻射劑量，其實只比正常值高不了多少，可是其中許多都是健康狀況不穩定的老人，一旦離開原先的社區，沒辦法看醫生，也無法獲得他們習慣的醫療服務，就會失去求生意志。

如果能把我的經驗濃縮成一個度過災難的公式，那就是充分準備、維持警覺，並隨著情況行動及反應。在火災的建築物中，人們可能會錯過完美的出口，因為他們一心只想找到自己進來的入口。在地震中，你也可能想要快速跑到樓梯，卻錯過能夠救你一命的堅固桌子，你只要多花幾秒想一想最好的選項，就不會發生這種事。駕駛會無視路上警告洪水來襲的標示，心裡還會想說：「啊，反正一點點水淹不死人的。」

上面這些原則都很重要，但最後仍是必須跟另一個重要元素結合，這也是警校和軍中讓我根深蒂固的概念——求生意志。在事情沒有轉機、覺得挫敗、卻仍努力擊退失落和絕望的能力，不管是來自何處，求生意志都能幫你度過奪去無數人命的災難。

第三章　什麼樣的人

牛蛙在逐漸籠罩的暮色中鳴唱，黃眼珠不時反射小貨車頭燈的光芒，車子停在河邊的加州松樹間，這幅美麗的田園景色，很可能就是這對小情侶當天晚上選擇停在此處的原因。不過，現在年輕男子獨留車中，已是一具冰冷的屍體。

男子的女友不可置信地表示，他是在當晚稍早遭到槍擊，他們停在河邊時，她聽到類似槍枝走火的聲音，車子突然往前滑，男子癱在方向盤上，頭部左側有個槍傷。

我當時二十二歲，擔任預備副警長，當晚負責巡邏，我們不太相信女子的說法，把她帶回局裡偵訊，法醫隔天早上才打算驗屍，代表潛在的犯罪現場應受到妥善保存。所以我和搭檔在那裡坐了好幾個小時，看著小貨車的電池耗盡，頭燈一片漆黑。

我高中畢業後的計畫是去上大學，並成為美軍軍官，接著直接服役，我高中最後兩年念的是法拉古特艦隊上將學院（Admiral Farragut Academy），這是一間海軍榮譽學校，學校非常棒，同學人也都很好，讓我後來在世界各地都擁有一生摯友，我有時還會湊巧遇見他們，這間學校同時也相當知名，因為這是唯一一間出了兩名登月太空人的學校。

我在十六歲時入學，這是個學會自律和長大的好方法，我本來就想從軍，並不是說我出生軍人世家，就只是個我想從事的職業。在挑選大學時，我一開始有考慮軍校，第一志願便是美國海岸防衛隊學院（US Coast Guard Academy），但我的成績根本上不了，差得可遠了。不過我後來確實有得到六個推薦，能夠進入四間需要推薦的學院，包括西點軍校、海軍學院、空軍學院、美國商船學院（United States Merchant Marine），可是我覺得我應該會讀得很吃力，因此最後決定走平民途徑。

我最後選擇就讀加州州立大學弗雷斯諾分校（California State University, Fresno，簡稱 CSUF），他們有一個新創立的 ROTC 計畫，而且離家不遠，我主修的是犯罪學和執法，按照規定，畢業之前必須通過實習。所以我去了警校，但在加州要宣誓成為警察，必須年滿二十一歲。

我到今天都還非常讚嘆不同執法機關的訓練、審查、監督方式，就連在那時候，加州都已規定警員必須在警校受訓數百個小時，所有人會先經過一系列的心理測驗，確認受聘後才會進行訓練，所以後來每次我遇上爛警察，我就可以看到爛審查、爛訓練、爛監督造成的後果。

因為我先前讀過軍校，我只需要在 ROTC 待兩年，就能在二十歲時成為軍官，不過我必須先畢業才能去服役，但在我成為軍官後不久，雖然還有兩年學業需要完成，我還是宣誓成為預備副警長。

我在ROTC時也加入了加州國民兵，除此之外，我也開始工作以支付學費，我的第一份工作便是在加州州立大學弗雷斯諾分校擔任駐衛警，負責管理交通。一晚我執勤開罰單時，有個人拿槍指著我，他的車停在戲劇系的防火巷，我那時候還是個乳臭未乾的年輕人，竟然讓他摸到我背後，這件事是發生在我進警校前。

我轉過身時，他從皮帶拔出槍，扳開扳機，指著我的腹部說：「這是我的車，我不想吃罰單。」我告訴他太遲了，罰單已經開好了，我們兩個就這樣看著彼此好一陣子，接著他說槍只是把道具槍，然後就走掉了，我沒有崩潰，只是把這件事往上呈報，讓駐警隊知道有個傢伙拿著假槍在校園內出沒。稍後他便遭到逮捕，正式警員的反應比我還快，法官判他緩刑，他還被退學，但他還算幸運，因為我們有個前任駐警曾朝一名揮舞假槍的年輕人開槍。

我記得我看著他的手槍時，正在想已經月底了，我們每個月發一次薪水，結果這個白癡就要在發薪日前殺了我，就是在那個時刻，我瞭解到我們能掌握的事並沒有想像中的多，事情發生時，我們不是停下來思考，而是繼續手邊的工作，我也發現我忍受不了愚蠢和不公不義，但要是我無法控制情況，那死亡就不包括在內，我可以接受。

和二十世紀末大部分美國人一樣，我在加入執法機關前，沒有見識過什麼死亡，除了被調到加州司法部外，我也有一個夏天待在我們的水上部門，弗雷斯諾郡有幾座湖和幾條河流需要巡邏。

一九八八年的國慶日周末，我們收到通報有六人失蹤，應該是溺死在我們的管區，我們可以運用一些模型，根據體重、人體組成、水溫、水流流向，試著預測遺體什麼時候會浮上水面，我們也已成功搜索並尋獲數具遺體。但在其中一座湖就是有一具遺體一直找不到，幾天後的周一早晨，我在家中接到主管的電話，有具遺體浮上水面，我們必須前去取回，因為有時候我們也會找到其他人的遺體，那些不是失蹤人口的人。

尋獲遺體並移交給法醫處理後，我和搭檔回到總部完成搜索報告，寫報告時，前台的員警打來說有一群人在接待區，想要報案，因為他們的朋友周末在湖邊失蹤。我到樓上去和他們談話，他們給我看失蹤者的照片，並形容他的穿著，渾然不覺我剛找到他們朋友的遺體，我只好告訴他們，很遺憾，你們的朋友過世了，我剛取回他的遺體。他們簡直晴天霹靂，因為以為他只是離開大家去晃晃，可能是迷路或走失了，或許他們曾懷疑過，但他們的反應告訴我，這不是他們期待的消息。

那時我已經找到過數具遺體，並去過致命意外和兇案的現場，因此屍體不會讓我感到不適，可是我永遠記得，必須在半夜通知父母他們的小孩騎車出了車禍，最好趕快到醫院來告別，因為應該撐不久了，而我自己的年紀其實跟他們的小孩差不多。

我花了很長一段時間，才習慣我比某些當事人大不了幾歲這件事，而我必須面對他們的家人，我會去處理失控青少年的報案，家長應門看到我時，總是會因為我大概只比那些孩子大上四或五歲，而想起他們自己的兒女。

這也表示很多我的大學朋友周末跑去喝到掛時，我卻是在逮捕那些喝太多的人，而他們蠢到酒駕時，我則是在通知其他孩子的家長，他們的小孩再也不會回來了，因為他們被酒駕的駕駛撞死了。所以，我的生活真的非常不一樣。

＊＊＊＊＊

至於我自己的父母，我的童年應該不算是一般正常的童年，我的父親，我很討厭用這個字，因為父親的貢獻應該不只是精子而已，是個加州的建築工人，他和我媽有些問題，很多問題。

我小時候有一天，在街上玩耍完回家時，就看到我爸把東西搬上他的小MG車，並跟我還有我姐跟我妹說，他要搬出去了，然後他就走了，我當時大概六歲或七歲吧。後來他曾和一些女人約會，還介紹給我們認識，有些喜歡小孩，有些不喜歡，再加上他和我媽之間的問題，讓子女成了次要考量，他是那種會說「我現在就去接你」，但八個小時後都還沒到的人。

然後是一九七七年的聖誕節，假期前的最後一天上學，我媽告訴我姐和我，我們會在電視上看到我爸和他的兄弟，也就是我的叔伯。我當時十二歲。他們被新成立的美國緝毒局，和加州司法部及當地執法機關逮捕，罪名是共謀、持槍、製造及販賣甲基安非他命。雖然今日已非常普遍，但在一九七七年時，甲基安非他命還不是很盛行，而且也不是很容易製造。

雪上加霜的，還有我叔伯擁有一隻山獅和一對美洲豹貓，而且他還在車庫設立了一座精緻的製毒實驗室，我爸有時候會帶我們去。我知道有些事改變了，我只是還不夠大，不知道究竟是哪裡改變了，但我依然記得當地報紙的頭條寫著：「實驗室攻堅一舉查獲山獅、犬隻、人犯、毒品、現金」，後來還會有更多這類頭條。

我叔伯後來被判到隆波克聯邦監獄（Lompoc Federal Prison）服刑，這也是尼克森總統的幕僚長H．R．海爾德曼（H. R. Haldeman）在水門案後被派去挖下水道的地方。我爸沒有被判刑，卻也不是無罪，我們從來沒談過這件事，前陣子我的表親寄給我一則剪報，上面寫我叔伯被州政府簽發的逮捕令逮捕，由於他和特定犯罪組織的關係，我覺得他會在加州層級更高的監獄過上一陣子苦日子。

不久之前，我姐跟我說法醫打給我爸，告訴他我叔伯死了，我姐說我爸不想再跟他有任何牽連。我的叔伯是個非常聰明的人，他很早就會用電腦，也有很好的工作，我猜他只是開始覺得無聊了。而十年後，我竟然會替當年逮捕我爸和我叔伯的機構工作，並開始逮捕犯下類似罪行的嫌犯，這件事也有點弔詭，不過這些嫌犯沒有人有山獅就是了。我爸和我叔伯的這些背景，讓我在進入警校和從軍時，都招致了幾次有趣的身家調查。

再來是我媽，我從來都不覺得她能走過離婚，而且以後也不可能，她有一些心理健康方面的問題，但我們以前都不知道。總之我們常常搬家。這對我姐和我妹來說很困難，有好多個晚上她們都會對彼此大吼大叫，某次搬家後，我姐就跑去和我爸住，幾年後，一九七九年時，我也在又一次搬家途中，決定試試看能不能和我爸一起住。

這是完全不同的生活方式，也代表把我妹丟給我媽，這讓她非常難受，也成了我這輩子很後悔的一件事，我是個不太常後悔的人。我很有可能學壞，我和我爸在他屋子的後院蓋了一間附屬的公寓，給我和我姐住，我常常會好幾天都沒看到他，我可以喝酒嗑藥，只要不是拿他的就好，也可以想找誰來就找誰來，而我那時才十四歲。

幸好，這真的不適合我，這是一種我永遠無法適應的生活方式，在高中的頭兩年，我跟我爸很偶爾碰面時，也處得不太好，接著我就去了軍校，這是我自己要求的，而且只在放長假或暑假時才會回家。我十六歲時就沒住在家裡了，讀完大一，和軍方簽下合約，加入ROTC和國民兵後，我爸只回了一句「不錯哦」，我祝他人生順利，並告訴他我也會有美好的人生。

從那之後，我就沒什麼見到他或和他聯絡，除了先前提過的，我在二〇〇一年時曾試著修補我們的關係，或是我姐生病。

我知道我爸和我叔伯小時候過得很辛苦，他們被迫從我祖母身邊離開，由我祖父監護，這種情況在當時非常少見，他們在親戚間被踢來踢去，我覺得應該也都過得不是很好，我也知道他們的繼母對他們不太好，這也就是為什麼我總是很難理解我爸的行為。

我的女兒出生時，我迫不及待想成為她生活的一部分，分享她的成功，並在她需要時伸出援手。我爸有一個他從來沒看過的孫女，他錯過我宣誓就職成為警官和軍官的典禮，也沒來我的兩次婚禮，只會在電視、雜誌文章、訪談中看到我的身影。

我確定問題的一部分來自我是個雙性戀，我的想法是，為什麼一定要選一種性別呢？雖然住在加州，但我們家並不會討論這種事，而我的偏好很顯然不符合他們對一個男人的想像。性傾向很難隱藏，所以即便不會提到，仍是存在，而且清晰可見，同時當你努力想要獲得缺席父親的愛和關注時，你並不會想告訴他你是雙性戀或同性戀，此外，當時還是一九八〇年代，你也不會想在警局中或軍中和同事公開討論這種事。

由於我的性向，還有在執法機關中無法出櫃，我或許因而變得非常熟練，能夠將生命中遭遇的困境劃分得清清楚楚，這讓我在從事現在的工作時，能夠保持理智。和別人不一樣，也從來不會讓我感到困擾，因為我根本沒辦法改變什麼，這樣的認命在我從軍和擔任副警長時，帶來很大的幫助，在目前的工作上也是。

我在大學時遇見了一名女子，並墜入愛河，她後來成了我的妻子，我們在結褵二十一年後離婚，後來我幸運遇到一名很棒的男士，再次墜入愛河並結婚，他幫助我、打開我、看見我的世界，不是因為他選擇這麼做，而是因為他選了我。

＊　＊　＊　＊　＊

一九八六年我入伍後，軍方馬上派我前往服役，我首先擔任野戰砲兵，後來前往後勤部隊，第一個任務就是到錫爾堡（Fort Sill）完成野戰砲兵軍官的基礎訓練，我接著還接受了潘興飛彈軍官訓練。

沒有人想要負責飛彈，因為這是一個零容忍的領域，絕對不能發生任何錯誤，而且也常常是軍旅生涯的殺手，在軍中，零容忍就是代表任何錯誤都不被接受，一個都不行，如果真的出錯，就會被換掉，軍旅生涯也會在不久後終結。我們常常會開玩笑說，指揮官身邊永遠都會帶著一個備用的上尉或中尉，以當場把犯錯的人換掉，有趣的是，所有參與飛彈課程的人都跟我一樣，只有接受過野戰砲兵的訓練。

潘興飛彈是美軍唯一的戰術飛彈，即便我們當時都渾然不覺，但後來在德國部署的遠程飛彈，將會顛覆強權間的平衡，並協助中止冷戰，因為日漸傾頹的蘇聯無法找出合適的精密防禦方式，來應對美國的移動式核子電池。除了位在錫爾堡的訓練單位外，美國其他的飛彈單位都位在德國，屬於美國陸軍第五十六野戰砲兵連隊（56th Field Artillery Command）管轄。

所以我後來前往德國，擔任飛彈發射官，負責三枚飛彈的定位及發射，每一枚飛彈都可以安裝非常精密的核彈頭，當量從五千噸到八萬噸不等，而二戰時投擲在廣島的原子彈當量則是一萬六千噸。

我們會以小組形式在不同單位間輪調，每三個月一次，包括負責定點快速反應警報（Quick Reaction Alert，QRA）、流動快速反應警報、訓練、維修，我們的發射控制中心則經過偽裝，安裝在卡車和拖車上。

在定點快速反應警報的工作中，我們會透過安全的通訊系統收到各種加密訊息，以「緊急行動訊息」開頭，只要一收到就要按下警報，這時喇叭便會大作，表示有可能要進行發射，如此地面小組就會開始準備飛彈，我則是開始破譯訊息。

外面的小組也沒閒著，趕緊拆下控制中心的偽裝，並完成最後的準備，訊息內容可能是發射命令或警告，也有可能是各式各樣不同的事項。接著你就要打開保險箱，裡面放著稱為「傢伙」的密封塑膠卡，這便是用來執行命令的授權，打開這些傢伙，然後確認上面的數字和訊息上的一樣，接著從數個地點中，選擇要攻擊哪個地點，並計算發射和飛行時間，以確保能夠在特定時間內集中目標，不然就改選其他目標。

所有準備都完成之後，排長會來到控制中心門口，和我進行一系列的問答，包括「長官，你是否擁有正確的訊息？」、「沒錯，我的訊息正確」、「你是否正承受壓力？」、「不，我沒有」。確認無誤後，他就會繼續下面的步驟，移除發射井柵欄上的巨大插鞘，飛彈就放在裡面，如果沒有先打開插鞘就發射飛彈，飛彈就會擊中發射者並爆炸。排長會按照程序進行，給我看插鞘並告訴我：「現在飛彈由你控制。」到了這個時候，如果需要的話，我就會轉動鑰匙，永遠改變世界的軌跡。

我們會收到很多警報，有時候根本不知道這是演習的一部分，還是真的要開戰了，幸運的是，我從來沒有收到轉動鑰匙的命令，當然任何人在這個職位都不會想這麼做，但如果命令正當，我就會聽令行事。不過要是我現在還在同個職位，總統卻是川普這樣的人，我可就不會這麼篤定了。

這些武器非常駭人，我想所有武器都是吧，但這些武器卻能讓蘇聯願意上談判桌，因此最好是可以擁有一種可以摧毀其他各式武器的駭人武器。不過不斷製造核子武器，只會帶領我們走向死路，這個狀況到某個時間點一定要停止，因為即便有許多確認程序，還是有可能出錯，而這類武器出錯的後果，將可怕到難以想像。

幸好最後核彈只是威嚇，而且到了一九九〇年代初期，也協助讓冷戰步入歷史，潘興飛彈在第二次戰略武器管制談判（Strategic Arms Limitation Talk，簡稱 SALT II）後遭到淘汰並銷毀，我則是轉調到德國的另一個特殊武器單位，這次和德軍合作。

我後來回到後勤學校，並接受驗屍相關訓練，這後來成了我軍旅生涯和人生的重點，透過照料死者來協助生者，雖然訓練只有短短兩周，但我在這個領域卻待了一輩子。好笑的是，當時其他人可能早就知道我會將一生奉獻於此，但我自己卻不知道，我回到李堡（Fort Lee）的驗屍中心開始工作時，其中一名獨具慧眼的平民職員便告訴我，她在我一年前受訓時，就知道我會再回來，看來我讓人很印象深刻吧。

第四章　這就是海地

我第一次到海地是在一九九四年九月二十四號，當時我還是美國陸軍上尉，哀慟的海地母親會把死去的嬰兒丟過我們臨時軍營的鐵絲網圍籬，因為她們沒有錢可以幫孩子買一塊墓地，她們想要我們這些剛剛入侵他們島嶼的美軍，埋葬這些小小的屍首。人命很便宜，死亡很昂貴，至少以當地的標準來說是這樣，這些痛失孩子的母親甚至負擔不起葬禮。

某天我開車往返基地時，看到一台垃圾車撞到人，但卡車沒有停下來，駕駛繼續往前開，後面跟著一群人在追他，警察沒有攔下卡車，而且除了追逐司機的人群外，也沒有人在乎，人命一點價值都沒有。

一九九一年，美國在長年接受海地難民後，終於決定採取行動，因為海地的軍事獨裁者拉烏．賽德哈（Raoul Cédras）將軍拒絕讓新當選的總統——前牧師尚．巴特蘭．阿里斯提德（Jean-Bertrand Aristide）接管政府，而海地先前在不同統治者手下，局勢便相當動盪，暴力和恐懼橫行。柯林頓總統命令美國陸軍第八十二空降師（82nd Airborne Division）和第十山地師（10th Mountain

Division）在空軍基地集結，準備發動全面攻擊，同時成立和平代表團，由前總統卡特擔任團長，成員則包括前美國參謀長聯席會議主席柯林．鮑爾（Colin Powell）將軍，前往海地首都太子港（Port-au-Prince），試圖說服賽德哈和平離開，到第三方國家去。這是非常大膽的一步，因為賽德哈有可能把來使當成人質，但是面對以電影《奪橋遺恨》（A Bridge Too Far）聞名，二戰「市場花園作戰」（Operation Market Garden）以來最大的空降行動，賽德哈最後同意讓步。突擊部隊在空中掉頭，原先大規模的侵略武力也縮減成維和任務的層級，賽德哈正式辭職，但名義上仍是海地的領導人，直到新的過渡期政府建立為止。

海地依然是個破產的法外之國，而且很容易就能分辨出那些在賽德哈統治下掌權的人，因為這些人腦滿腸肥，其他人則骨瘦如柴，理由很簡單，他們總是有充足的食物，其他人卻沒有。

作為確保海地政權順利轉移計畫的一部分，美軍指揮官休．薛爾頓（Hugh Shelton）將軍當時刻意讓海地的軍警兵力保持完整，由海地人自己控制，不過背後仍是由美軍控制及監督，相較之下，在後來的伊拉克戰爭中，這點卻完全遭到忽視。爭端無可避免地出現，包括海地人之間的暴力事件，以及美軍和當地反美勢力之間的衝突，通常牽涉的海地士兵下場都不太好。

事實上，我一踏出載我到太子港機場的波音七四七民航包機，就遇到一名少校，他手上拿著寫有我名字的板子，並告訴我在海地北部的海地角（Cap-Haitien）附近，有十名海地士兵在和美軍的衝突中喪生，我們馬上就要搭直升機前往該處。我問少校他們希望我怎麼做時，他說他也不知道，他只知道他的任務就是帶我安全抵達。

當時全海地只有我一個驗屍單位的人員，我的工作便是要為師團和軍團指揮官提供諮詢，他們兩人都想要我擔任參謀，但我只有一個人，因此我建議可以同時服務兩邊。我那時候還沒成為第五十四後勤連隊的指揮官，但還是被派往驗屍中心的學校，在最後一刻才收到通知要前往海地。

我搭上直升機，飛到海地角的海軍基地，然後馬上前往城市的停屍間。當地的警長讓我檢視其中一名死去的士兵，這是最後一具遺體，他告訴我因為沒有電力可以冷藏遺體，而且遺體在熱帶地區的熱氣下很快就會腐爛，所以他下令先把遺體埋葬，其他九具都已經埋好了。我完全同意他的作法，並回到太子港和上級報告。

接下來一兩天內，我的任務是想出一個計畫，重新取回遺體，並送回太子港進行聯合驗屍，與此同時，首都的情勢逐漸升溫，部分是因為舊政權賽德哈的死硬支持者，仍保有他們在治安部隊中的職位。這類抗議有時會演變成和海地警方之間的流血衝突，因為他們已習慣看到任何反抗跡象，便採用激烈手段，有時也會造成我們必須負責處理的傷亡事件。

某次抗議中有個海地人被手榴彈炸傷，送到美國海軍的醫療艦「安慰號」（Comfort）上，但最後仍是傷重不治，在一般情況下，我們會直接把他的遺體交還給海地當局，但是賽德哈正準備跑路，很多腐敗的法官也準備跟隨他的腳步，所以我們不知道要把遺體還給誰。花了幾天尋找相關人士後，我們終於找到一名法官，他心不甘情不願地同意處理遺體，但他不能來我們的基地，我們也不能去他的辦公室，典型的困境。

最後，我們決定在太陽城（Cité Soleil）送還遺體，這是太子港最貧窮、犯罪率最高的貧民窟，就在機場旁邊，我們提早抵達，並在路邊等待，還引起一陣騷動，因為兩台載著美國大兵的悍馬車實在非常新奇。

不久之後，法官和海地警方乘著兩台小貨車抵達，開著警笛和閃燈，我覺得大概有八個警察吧，對這種事來說實在太多。法官告訴我他必須檢查遺體，而且他準備當場進行，就在貧民窟的路邊，我告訴他這不是我們處理遺體的方式，他應該要用尊重的方式對待遺體，不管需要進行什麼檢驗，都可以在他的辦公室進行，而且什麼時候都可以，但不要在太陽城的路邊這麼幹。他聽完給了我一個「啊不然要怎樣」的聳肩，我只好提醒他現場有兩輛美軍的悍馬車，一輛配有一架 M60 機關槍，肯定強過他的兩卡車警察，更何況我們還有其他援軍。

至於那十名海地士兵的遺體，我後來組織了一支驗屍團隊，由剛抵達海地的士兵組成，並由一支特種部隊支援，前往海地角挖出遺體，帶回太子港。這聽起來沒什麼，但其實很困難，軍中有一小部分的工作是相當專業的，不是所有軍人都能理解，驗屍就屬於其中一種，除了不懂之外，還有很多人會害怕。

讓任務更艱難的，還有和遺體相關的細節通常都是機密，因此其他人知道要來支援，卻不知道原因，這就是我當時面對的情況。

我先團隊一步飛往美國海軍控制的海地角，他們理應要協助我們，但對任務卻一無所知，我去見了海軍陸戰隊遠征軍（Marine Expeditionary Force，簡稱 MEF）的指揮官，盡可能解釋我能透露的細節，但他告訴我他不同意這項任務，不會提供任何幫助。

身為一個陸軍上尉，我告訴他美國大使和指揮官也沒有問我應不應該進行這項任務，而是問我該怎麼進行，接著請我負責，並讓我知道背後的原因。MEF 的指揮官不知道的是，聯合驗屍是賽德哈離開海地的條件之一，我和他解釋了這點，他轉身離開，不久之後便回來，告訴我他收到命令，負責提供我交通工具和支援。

這是一個必須在糟糕的環境中進行的精密任務，海地的墳墓和棺材都非常貴，所以掘墓人就只是把城市公墓的舊坑挖開，再把遺體埋進其他棺材裡，我們穿著全套頭盔和護甲前往公墓。在炙熱的加勒比海艷陽下挖掘墳墓，是一件又熱又濕的工作，同時因為我們整個行動都相當保密，也沒人有機會事先通知當地人和附近的家屬，跟他們解釋我們為什麼要取走遺體。

這是一項完全正當的任務，只是沒人跟當地人解釋而已，可想而知，他們當然很不開心，我們在工作時，有一群人聚集在我們停放卡車的公墓門口，我身邊有一整支海軍護衛隊和特種部隊，並且試著跟人群解釋，遺體是要帶去太子港給海地政府的，但這於事無補，因為他們根本不喜歡政府，家屬希望遺體留在這裡。

人群開始大吼大叫，還試著衝進我們放遺體的卡車裡，很不幸地，我們必須動用胡椒噴霧阻止他們，我們最後終於想辦法挖出所有遺體，並裝進卡車上的運送容器，遺體後來又裝上直升機，準備運回太子港。

這是一次非常痛苦的經驗，而我始終堅持不應對悲傷的家屬動武，這同時也是寶貴的一課，讓我瞭解必須和親屬保持順暢的溝通，並獲得他們的支持。但這就是海地，一個我在將近十六年後又會再次遇上的國家，問題也都一樣，可是這一次的情況更為慘烈。

二〇一〇年一月，海地發生芮氏規模七．一的大地震，這個加勒比海島國的傷亡人數讓人相當震驚，地震總共持續三十五秒，對規模這麼大的地震來說，是一段很長的時間，最後在這段比你泡完早餐咖啡還短的時間內，有將近二十二萬五千人死亡。沒有人能得出確切的死亡人數，因為這個西半球最窮小國的基礎建設遭到嚴重損害、建築倒塌、本來就效能不彰的政府更是無力作為。

許多死者都被埋在自家的廢墟中，由於缺少挖掘的重機具，家屬只好在遺體直接淋上汽油，就地火化，其他人則在朋友和親人掩埋之處獻上野花。在首都的某些地區，救難和救災工作都受到拖延，因為遺體堵住了原先清理出來的狹窄道路，讓想要進入災區的救災人員動彈不得。

海地政府本身處置死者的方式非常糟糕，他們基本上覺得，把錢花在死人身上根本就是浪費錢，應該花在安置生者上，但這種想法為所有人帶來一大堆問題。卡車在瓦礫堆間穿行，拾起上萬具遺體，接著載到城市外的大型墳墓，沒有舉行任何儀式，就直接埋在深溝中。這根本是中世紀時處理大規模傷亡的方式，一點都沒變，瘟疫推車在十四世紀的歐洲鬼城逡巡，駕駛哭號著：「把死人拿來！」

死神可能對所有人都很公平，但就像喬治·歐威爾所說，還是有某些死亡比較公平，這就是發生在海地的情況，海地社會本來就非常不平等，早在地震發生之前，家裡沒有電的海地學童，就會坐在西方人用餐的奢華餐廳外，不是要乞討，而是要藉著餐廳透到街上的餘光做作業。

而二〇一〇年時，數以萬計的海地人屍體被隨意埋進亂葬崗中，聯合國因此聯絡我，請我把他們在地震中喪生的國際職員遺體取回，這場災難總計殺死一〇二名來自三十個國家的聯合國工作人員，是聯合國史上死亡人數最高的單一事件。

大部分的死者都屬於聯合國和平計畫的成員，試圖改革當地惡名昭彰的腐敗警察制度、為法院提供建議、或參與二〇〇四年展開的聯合國維和任務，當時阿里斯提德總統又遭另一次政變推翻。有些聯合國工作人員是舉家來到海地，這就是為什麼我會遇見五歲的柯菲·潔德。

＊＊＊＊＊

柯菲・潔德是個小女孩，頭上綁著一根辮子，我們找到她時，她的遺體已經風乾，倒塌公寓的水泥使她脫水，我們在門框下發現了她，地震來襲時她正要從浴缸逃向浴室的門，而建築物開始倒塌。

命運的悲慘轉折莫過於此，柯菲・潔德的父親，一名法國海地混血的聯合國人員，最近才剛把全家從紐西蘭接到海地，女孩們在父親派駐蒲隆地時，和媽媽住在紐西蘭，他以為海地是個安全的地方，能讓一家團聚。

第一眼看過去，這棟位於太子港高級社區佩蒂翁維爾（Pétion-Ville）山丘上的六層樓建築，似乎躲過了這場浩劫，但近看就會發現，公寓事實上只剩五層，而不是六層，樑柱因為巨大的壓力折斷，柯菲・潔德所在那層的上一層，直接往下壓了下來。

柯菲・潔德的母親艾蜜莉地震時恰巧外出，跑回飯店卻發現自己已家破人亡，但家中的小女嬰艾莉雅娜卻奇蹟般生還，只是斷了一條腿。公寓倒塌後，救難人員隨即想辦法取出父親伊曼紐爾以及三歲女兒珍琪的遺體，只有柯菲・潔德在廢墟之中失蹤。

看著建築的狀態，我就知道要找路進去非常困難，而且也很危險，我們需要從上一層挖出一條路，才能進入我們認為柯菲・潔德的遺體所埋的地方，這也代表我們必須在非常不穩定的結構中，建造木架來支撐。我在建築上噴了橘色的噴漆，方便過幾天回來後，計算建築又移動了多少，因為我們要先進行風險較低的任務，前往其他倒塌的聯合國設施搜索遺體。

我們有一長串失蹤名單，還有他們可能遭到掩埋的地點，我們一個接一個找到所有遺體，除了一名失蹤的非洲男子，我們到哪都找不到他的遺體，我懷疑他應該是被誤認為海地人，就這麼消失在城市北方邊緣泰坦延（Titanyen）的亂葬崗中，此處長久以來都是太子港的醫院棄置無名屍和窮人屍體之處，充滿中世紀的恐怖。

我特地挑了一天過去，想要感受我們找不到的那名男子，究竟是被丟在什麼樣的地方，這個地方崎嶇荒涼，地震發生後便用來丟棄倒塌建築挖出的碎石瓦礫，也用來棄置遺體。屍體很常就這麼丟在鋼筋水泥中，又深又寬的坑洞中也會有石頭，每個坑洞都可以容納數百具屍體，再以泥土掩埋，就像埋垃圾一樣。根本不用試著辨識屍體，因為海地根本沒有足夠的基礎建設，可以處理這麼大規模的死傷，就算在地震發生前也是一樣。

但我到此並不是為了要替無名屍哀悼，我的工作是要找到某些遺體，並把他們送回家和摯愛團聚，海地人即便沒有獲得尊嚴和尊重，仍是死在家鄉，但外國人可不是。

我們把行動基地設在蒙大拿飯店，就在柯菲・潔德所埋的卡里布飯店旁邊，我們從臨近的多明尼加帶來搜索設備，包括大量的木材，以建造穩固的木製隧道，能帶領我們穿過滿目瘡痍的建築。一四九二年哥倫布第一次踏足時，仍是一大片蒼翠雨林的海地，現在幾乎已經沒有任何樹木，因為在這段時間內被絕望的人們和毫無節制的都市計畫砍伐。

我們花了兩天才挖到建築中央，用木製架構支撐來時路，並用電鑽開出前進的路，過程非常炎熱，讓人精疲力盡，我們像砍樹一樣挖開糾結的鋼筋時，還會噴出火花。我們在建築四周架設測量儀器，以記錄石造建築是否有任何移動，還有一名負責安全的軍官，如果建築開始崩塌，他就會拿著喇叭警告我們撤離。我們在挖掘時還有幾次零星的小型餘震，但都沒有阻礙我們的進展，悶熱的溫度也提高了中暑的機率，建築外面的礦泉水瓶越積越多，裡面實在太熱了。

第二天，我們終於挖穿柯菲．潔德上面那層公寓的地板，第一個映入眼簾的東西，便是一隻小孩的腳，我們知道找對地方了，接著花了好幾個小時清除周遭的水泥和殘骸，還需要兩個人用金屬環拉著繩子，讓電鑽穩定，這樣我們才能橫著鑽，最後終於能溫柔地移出小巧的遺體。

到了這時大家情緒都非常激動，所有人都想幫忙用擔架抬出嬌小的柯菲．潔德，我打給我們在聯合國的聯絡人，這樣他們就能通知先回到紐西蘭的艾蜜莉，告訴她我們找到柯菲．潔德了，她的女兒很快就會踏上回家之旅。

因為地勢和純然的運氣，隔壁的旅館在地震中幾乎毫髮無傷，我們出來時有些客人正在打網球，或許他們只是想要試著回歸正常的生活，在浩劫過後釋放一些壓力，也可能他們真的就是很愛打網球。

但其中有些人在地震前認識這個小女孩，她和姐妹會在泳池和網球場附近玩耍，我走上前通知他們，我們正在移出小女孩的遺體，於是他們停止活動，球拍拿在手上，靜靜看著我們這一小群人走過。我當下非常感動，很難過小女孩就這麼走了，但也很驕傲透過我們的努力，她至少可以和悲慟的母親團圓，並和家人一同安息。柯菲．潔德要回家了。

搜索柯菲．潔德遺體的行動，總共花了我的團隊將近二十個人兩天的努力，我們所有人都冒著生命危險。而柯菲．潔德和那二十五萬埋在亂葬崗、或是在自家廢墟中就地火化的人差別何在？簡單來說，就在於政府或其他相關當局帶國民回家的決心，以及負擔這類勞力密集行動的財力。

許多軍隊都有類似的價值觀，士兵願意誓死取回死去同袍的遺體，因為沒有人會被丟下，即便是死者也是，這些將自身生命置之度外的人，必須瞭解要是他們也付出了最慘痛的代價，那麼他們的遺體也會以同等的尊重比照辦理，而他們的家人也必須知道，摯愛將會回家團聚。

我們在海地進行的工作，代表的是災難管理這一行的核心承諾，但也是我們的限制，我們的任務是要在自身面臨的危難下，成功找到遺體，並將遺體送還給摯愛的家人，舉行體面的葬禮，如此過渡期便能展開。然而，這樣的工作所費不貲，需要現代化的基礎建設和大量的體力勞動，如果遭到災害侵襲的發展中國家無法負擔這樣的開銷，那麼我們能夠運用的資源就會非常原始和有限。

不幸的是，對海地來說，災難並沒有在地震停止後結束，地震過後的數個月間，這個遍體鱗傷的國家爆發霍亂，又奪去一萬條人命，這種傳染病在海地已經絕跡一個世紀，源頭後來追溯至來自尼泊爾的聯合國維和部隊駐紮的營區。由於海地的醫院和淨水設施都遭到地震摧毀，這種致命的疾病襲捲脆弱的人民，使得浩劫更形嚴重，絕對不要低估自然的力量，也不要認為事情不會更糟了，自然威力無窮，而且事情很有可能，也確實常會變得更糟。

柯菲．潔德的母親經過了這場夢魘，也找到了自己的處理方式。

和存活的女兒艾莉雅娜團聚後，她創立了一個基金會，宗旨是在海地建立學校，幫助當地的貧困兒童，有些生還者也創辦了類似的慈善事業回饋海地，試圖在這場看似毫無意義的悲劇中，找到一些目標和意義。艾蜜莉的基金會叫作「Kenbe La」，在海地克雷奧語中意為「永不放棄」，獻給她已逝的兩個女兒和丈夫。

我時常提醒客戶，人生中有很多事你都沒辦法控制，但你永遠都可以決定該怎麼回應，艾蜜莉就是最好的例子，她告訴我：「我對伊曼紐爾、柯菲．潔德、珍琪、艾莉雅娜發誓，要當一隻從灰燼中重生的鳳凰。」

而對成千上萬無法和摯愛告別，或是必須在泰坦延的亂葬崗中找尋，希望他們的親人可能埋在某處的海地人來說，療傷的過程會需要非常、非常久，許多沒有答案也沒有親人遺體的生者，會在橋頭就停步，徒勞地等待永遠不會回來的摯愛，卻不自知。

第五章　名字的意義

一九一二年四月十五日，皇家郵輪鐵達尼號沉沒，很多人都知道這個故事，可以說是史上最著名的船難，但大部分的人不知道的，是直到沉船將近一個世紀後的二〇〇八年，當年從鐵達尼號取出的一具男嬰遺體，身分才得到確認，墓碑也才有了名字，他的名字是席尼・萊斯利・古德溫（Sidney Leslie Goodwin）。

一場引起這麼大關注的災難，為什麼要花上這麼長的一段時間，才能確認罹難者的身分呢？而這又對我們要在男嬰的身分確認後，才能在死亡中找到意義這件事，帶來什麼啟發呢？

因為對許多人來說，這就是從災難中重建意義的第一步，先好好思索失去的事物，再從剩下的東西中尋找意義。

鐵達尼號沉入海中時，船上還有超過一千五百人，附近的船隻無不加快速度，以拯救在沉船前成功搭上救生艇的七〇五名生還者，但要直到沉船五天後，電纜維修船「麥凱・班奈特號」（Mackay-Bennett）才抵達事發現場。這艘船在加拿大的新斯科細亞省經過匆忙整修，以進行輸送遺體的任務，原先放著纜線和絞盤的地方，現在載著一名牧師、能夠處理七十具遺體的防腐材料、一百副棺材、以及一百噸用來保存遺體的冰塊。

令人難過的是，這些補給根本遠遠不夠，因為總共有超過一千五百人在這場災難中罹難，麥凱·班奈特號很快就無法負荷，船上載了數百具遺體，後來船長決定只運送頭等艙和二等艙乘客的遺體回鄉埋葬，「低等」艙等的乘客則就地海葬，因而麥凱·班奈特號收置的三〇六具遺體中，最後有一〇六具在大西洋安息。

海葬是一種極度尊重的方式，以我自己來說，我也會希望死後骨灰可以灑在海中，但尊重死者就是給予他們選擇，要尊重死者的遺志或家屬的意願，可是鐵達尼號上的窮人沒有任何選擇，就像埋在海地亂葬崗中的上萬人一樣。

從冰冷的海水打撈上來的遺體中，有一名金髮的兩歲男嬰，他的身分不明，埋在紐芬蘭某座公墓由救災人員出資建造的墓碑下，墓誌銘僅僅寫著：「我們的孩子」。

我在處理瑞士航空一一一號班機空難時，曾拜訪位在哈利法克斯（Halifax）的美景草皮公墓（Fairview Lawn Cemetery），看到了許多墳墓，其中就包括這名男嬰的。

他在這裡待了將近九十年，直到 DNA 檢驗的技術發明，讓研究人員可以運用基因材料，辨識鐵達尼號船難中身分不詳的罹難者，有幾座墳墓遭到重新挖開，雖然腐爛和滲入的水分，使得其中兩座現在只剩泥土。「我們的孩子」也難逃時間摧殘，只剩一截手骨和三顆乳牙，大家起先以為他是來自瑞典的葛斯塔・李奧納德・波松（Gösta Leonard Pålsson），目擊者最後看到他是在沉船時被擊落海中，而在波松母親遺體找到的皮夾中，也有她四個小孩所有人的票根。

不過當時DNA檢驗技術才剛起步，在追蹤波松家的後代後，發現這個男孩其實並不是葛斯塔，後來又認為他是十三個月大的芬蘭男孩艾諾・維爾亞米・帕努拉（Eino Viljami Panula）。

鑑定過程持續了好幾年，古德溫家的後人也一直追蹤尋找無名男嬰的身分，並認為其中一名應該就是席尼，他們在二〇〇八年八月六日來到美景公墓，為席尼以及所有在鐵達尼號船難中喪生的嬰兒，舉行了一場追悼儀式。

故事本應在此結束，但是還有一雙皮鞋，一九一二年遺體上岸後，由警察負責保護，他們收到的命令是在下葬前把罹難者的衣物都燒掉，以免被病態的紀念品獵人偷走。但是其中一名警官不忍心燒掉嬰兒小巧的鞋子，將鞋子留在他的辦公桌中好幾十年，這些鞋子最後來到博物館，由警官的孫子捐贈。

要一直到DNA測試結果公布的好幾年後，才有人發現這雙鞋子對一個十三個月的嬰兒來說，實在太大了，因此又進行了更多DNA測試，船難失蹤嬰兒的後代家屬也提供了DNA樣本，同時隨著科學技術的快速演進，結果也越來越可靠。

最後的情況就和今日相似，DNA能夠當成辨識身分的參考，但還是需要其他證據輔助，席尼．萊斯利．古德溫的身分便這麼水落石出，他很可能是鐵達尼號最後一名身分不明的死者，而他的家人現在也終於可以在墓碑刻上名字。

＊＊＊＊＊

遺體是非常強大的象徵，我們深怕其落入錯誤之手，或是受到褻瀆和玷汙，墓碑和墳墓則可能更為強大，世界上最有名的墳墓莫過於印度的泰姬瑪哈陵，由統治者為逝去的摯愛所建。無獨有偶，另一個古代世界七大奇蹟，位在現今土耳其地區的毛索洛斯墓廟（Mausoleum of Halicarnassus），也是一座墳墓，同樣是紀念一顆破碎的心，由阿提蜜西亞王后（Queen Artemisia）為死去的丈夫毛索洛斯國王（King Mausolus）所建，當然也象徵無邊的財富。

一九三四年夏天，美國經濟大蕭條時期的傳奇銀行搶匪約翰．迪林傑（John Dillinger），在芝加哥一間劇院外遭到FBI探員伏擊身亡，路人拿手帕沾上狄林傑的鮮血當作紀念。幾個月前，和他同時代的鴛鴦大盜邦妮和克萊德（Bonnie and Clyde）下場更是淒慘，他們在德州鄉間被執法人員擊斃，竟然有個目擊者想要割下克萊德的耳朵當成紀念，其他人則是割下邦妮沾血的洋裝，並帶著戰利品逃之夭夭，後來想必是當作傳家寶，在狐疑的子孫間代代相傳。

平民犯罪英雄的死亡尚且會啟發這類行為，更別說是殉道的天主教聖徒，信徒常常會圍繞膝蓋骨或指節建造一整座教堂，並將遺骸當作聖物，供後世膜拜瞻仰。死亡總是會為逝去的生命添上一絲神祕的氛圍，遺體雖然會發臭，卻令人相當著迷，就連遠古的尼安德塔人都會用貝殼和花朵裝飾逝者的墳墓，這些古老的花粉流傳下來，供考古學家研究。

這很可能就是為什麼，美國政府在巴基斯坦的藏身處擊斃賓拉登後，要到印度洋把這名蓋達組織首領的遺體海葬，當局擔心墳墓很快就會變成聖地，並成為激進分子和狂熱信徒朝聖的地點。

雖然沒人問我意見，但我個人反對這種作法，我認為死者的遺體，即便是那些千古罪人，都應以他們生前奉行的傳統和文化處理，這也是英格蘭最後一名劊子手艾爾伯特・皮爾波因（Albert Pierrepoint）奉行不渝的想法，他在一九九二年去世，一生共處決六百人。

在二戰結束後的幾年間，皮爾波因奉命前往德國，處決兩百名納粹戰犯，有時一天要處決多達十人，但他總是堅持以最誠摯的尊重對待遺體，因為懲罰在活著時就已結束，死者已不再是威脅。如同我先前所提，海葬是種非常尊重的方式，但這並非穆斯林的習俗，應該以穆斯林的方式，體面的將賓拉登埋葬在祕密地點，不要有可供辨識的墓碑即可。

有些國家則是不會取回國民的遺體，比如說，你知道第一個在海外喪生的英國士兵，遺體是什麼時候送回國內的嗎？考慮大英帝國輝煌的海外冒險史，你可能會覺得是在十九世紀的某個時候，當時商業化的防腐技術剛剛起步。但這個答案大錯特錯，除了第一次世界大戰時，一名無名士兵的遺體從法蘭德斯的泥濘運回英國，並埋在西敏寺的大理石墓碑下，稱為「無名戰士墓」（The Tomb of the Unknown Warrior）外，下一次就是要到一九八二年的福克蘭戰爭過後。

當時有六十四名陣亡英軍的屍體回到英國，但這是在家屬極力公開要求下才促成。在此之前，世世代代的英國士兵、殖民部隊、還有軍官，都是埋葬在他們過世的戰場附近，包括葉門、加拿大、新加坡等地。原因主要有兩個，第一，有好幾個世紀的時間，運送遺體都是一項非常昂貴，又不甚衛生的工作，但還有一個更深邃，也更基本的理由，從文明之始，屍體就是用來標示財產和領土的工具。

考古學家在位於現今土耳其，屬於世界上最早定居地的加泰土丘（catalhoyuk）遺址中，發現了埋在屋內的屍體，包括直接埋在地板下，或是後代當作床睡在上面的陶土平台中，這很可能便是古代標示所有權的終極證據，同樣地，戰死英軍的墳墓，也為女王和帝國守護遙遠的國土。

就連伊拉克獨裁者海珊，也尊崇有關死者的普世禁忌，因此英軍在二〇〇三年春天入侵伊拉克港口巴斯拉（Basra）時，便發現妥善保存的大理石名牌，標示其數千名主人安息之處，他們便是在一九一五年的一戰中，對抗鄂圖曼土耳其帝國時，登上同一道海岸。

如同一戰詩人魯伯特．布魯克（Rupert Brooke）在他的詩作〈士兵〉中所寫：「如果我死去，如此懷念我：異國土地的某處，永屬英格蘭。」

布魯克會懂。他在開往加里波利（Gallipoli）的船上被蚊子咬到，後來感染敗血症身亡，死後葬在希臘的斯基羅斯島（Skyros），而布魯克其他成功抵達加里波利，卻死於大屠殺的數千名同袍，則是葬在土耳其的孤松公墓（Lone Pine Cemetery），就在當年的戰場附近。墓碑上刻的，則是土耳其一戰之後的領袖凱末爾留下的箴言，向敵軍陣亡的士兵致敬：

「那些拋頭顱、灑熱血的英雄啊……你們現在躺在和平國家的土地之上，因而將能安息，對我們來說，並肩躺在我們國家土地上的強尼們和穆罕默德們，已經沒有分別。從遠方的國家送來兒子的母親，擦乾妳們的眼淚，妳們的兒子在我們的懷抱中安息，在這塊土地上喪生後，他們也成了我們的兒子。」

即便這些話是否真的出自凱末爾有些爭議，其中流露的情感，以及對死者的處置，都相當真誠，而且充滿意義。位在華盛頓波多馬克河（Potomac）對岸的阿靈頓國家公墓（Arlington National Cemetery），曾是南軍指揮官李將軍的鄉間莊園，南北戰爭期間此地遭到徵收，數千名北軍士兵的遺體埋葬於此。

當時許多人都認為，這對缺乏道德勇氣、不願為正義挺身而出，甚至起兵反抗自己國家的李將軍來說，算是公平的代價，同時也能對如今長眠在他家族地產中的無數死者，致上敬意。

悲傷，這種不知道摯愛和先祖發生何事的痛苦，可能會代代相傳，也可以顛覆政府，引發戰爭，這是世界上最強大的情緒，但卻很少人公開談論，也很少人知道如何面對。

綜觀歷史，這是牧師和聖人的工作，但在一個科學凌駕信仰的時代，卻沒有人能站出來填補這個空缺，現代的死亡顯現在人們慢慢走下人生舞台、離開他人視野、在安養院的靜謐中告別。但是當大規模傷亡發生，沒有人知道該如何重建分崩離析的生活時，不管是在精神層面或實質層面，就是我介入的時候了。

第六章 失物招領

人們能夠了解我的執法工作或軍旅生涯，但多數人都無法理解為什麼會有私人公司專營災後清理，背後有兩個理由，第一是政府受到地理疆界的限制，除非情況對雙方都有利，否則政府還是不太會越界。

幸運的是，大部分的地區都不會接二連三出現大型傷亡，可能某一年有架飛機墜機，然後接下來三十年都平安無事，這很顯然是件好事。第二，如同我到目前為止試圖描繪的，處理突如其來的大型傷亡，是件非常複雜的事，要成功處理這類事件，就必須仰賴經驗，而經驗來自大量的接觸。

離開政府單位的二十年內，身為私人公司的一份子，我經歷過的事情比過去幫政府服務時還多非常多，處理災難會牽涉到各種不同的人員，包括第一線救災人員、醫護人員（如果有人受傷或是有生還者）、法醫和驗屍官（這是非常不同的兩個職業）、葬儀社、實驗室技師、身分辨識專家、諮商師、社工、律師、負責記錄的人，最後還有處理遺囑的法院，這還不包括其中的細節，像是處理死者的遺物等。

簡而言之，需要很多人參與，每個人都負責不同領域，卻沒有人發號施令，而夾在這一切中間的則是家屬，可能找得到，也可能找不到，合不合作也很難說，家屬必須在震驚和悲慟的情況下，引領整個系統前進。因此處理這些事情，會需要大量的資源和公僕，包括日常瑣碎的事務，還有其他額外的需求，大多數政府都做得很好，由充滿同情心的專業人士進行。

然而，許多政府機構在面對我處理的這類事件時，都沒有準備好應付其中各種繁重的任務，這就是為什麼，運輸或能源業等私人公司，以及政府機構，這類可能遭遇大型傷亡的對象，要拜託我們協助。我們會提供經驗，因為我們在全球各地處理過各種事件，幾乎什麼情況都有遇過，同時我們也保持中立，並擁有豐富的資源。

老實說，如果可以的話，我寧願關掉公司，可以不用再接電話或是處理死亡事件，我當然很開心，但是如果我這麼做，那誰會接替我們的位子？這間我在一九九八年加入，後來成為老闆的肯恩國際救援公司，在一九〇六年就開始從事災後清理工作，正是鐵達尼號從南安普敦展開命運多舛的初航整整六年前。

一九〇六年六月，英國某間葬儀社創辦人的兩個兒子，哈洛德・肯恩（Harold Kenyon）和赫伯特・肯恩（Herbert Kenyon）從倫敦出發，準備前往西南部的索爾斯伯里（Salisbury）協助辨認及運送外國人的遺體。一輛蒸汽火車在行經火車站時脫軌撞車，總計二十八人喪命，上面載著有錢的紐約客，準備前往普利茅斯（Plymouth）搭乘豪華遊輪，火車以高速過彎，後來脫軌翻覆。

身為一個常常處理交通事故的人，我必須先告訴你，當時的蒸汽引擎並沒有儀表板，此外大家也時常互相競爭誰的火車頭速度最快，而從倫敦開往海岸的路程，便是吸引公眾關注相當常見的方式之一。

這對兄弟大都是運用首飾，包括手錶、戒指、項鍊、胸針等，來辨認死者，因為在那個年代，人們並不會隨身攜帶我們今日習以為常的各種身分證明文件，像是信用卡或駕照等。接下這個任務後，這間小公司成為世界上第一間災後清理公司。

到了一九二〇年代，肯恩公司迎來第一樁墜機事故。不過歷史上第一次墜機其實早在一九〇八年便已發生，但不是由我們負責處理，當時一名二十六歲的美國陸軍中尉湯瑪斯・賽福里吉（Thomas Selfridge），成為史上第一個空難罹難者，他搭乘一台薄如蟬翼的飛機，由現代飛機之父，萊特兄弟中的弟弟奧維爾・萊特（Orville Wright）建造，並親自駕駛。

萊特當時正在和美國陸軍通訊兵團展示「萊特軍機」（Wright Military Flyer）的優點，這台新奇的裝置由木頭支架和帆布組成，和一九〇三年在小鷹鎮（Kittyhawk）第一次成功飛行的「萊特飛機」（Wright Flyer）相當類似。

萊特載著賽福里吉，還在維吉尼亞州的田野上來了個三百六十度旋轉，但是兩個成年男子的體重，加上螺旋槳不慎切斷導線，讓整架飛機承受不住，從四十五公尺高處墜落。賽福里吉的頭部直接撞上一根木製支架，他要是有戴安全帽的話可能還能保命，而萊特本人則是斷了一條腿跟幾根肋骨，讓他在醫院躺了好幾個禮拜。

空難佔人類歷史很大一部分，我根本想不出有哪年我是沒去處理墜機的，至少都會有一起事故，而且常常都會有一起以上，讓人遺憾。我們的紀錄裡有數百筆墜機事故，我三不五時都會打開一份檔案來回答家屬的問題，有時候檔案裡記錄的事件甚至遠在我出生之前。

二〇〇四年，我們處理了二十一具非法中國移工的屍體，他們在蘭開夏莫肯灣（Morecambe Bay）充滿泥濘的淺灘上採集貝類，因為突如其來漲潮，閃避不及而喪命。他們是由中國人蛇集團偷渡到英國的，不太會講英文，也對當地的地形不甚熟悉，其中一人在意外發生時想辦法用手機打給警察，溺死前告訴警察他們「沉水」。

一九八七年，肯恩公司處理了一九三具船難遺體，他們在能夠橫越英吉利海峽的商船「自由事業傳令號」（Herald of Free Enterprise）翻覆時溺斃，當時船隻正要離開比利時的澤布呂赫港（Zeebrugge），船員卻忘記關上供汽車上下的甲板。隔年的一九八八年，我們則是協助處理泛美航空一〇三號班機空難（Pan Am Flight 103），飛機因炸彈爆炸墜毀在蘇格蘭洛克比（Lockerbie），機上二五九人全數罹難，而飛機在小鎮上方解體時，另有十一人遭到波及死亡。

洛克比空難便是所謂「大型傷亡事件」的血淋淋例證，也就是死亡人數，或是整個傷亡狀況，已經超過當地機關所能負荷的程度，我們的任務就是協助他們，不僅提供我們的專業，還有從其他各種事件累積的經驗，那些只能從我們看過的無數事件、處理過的無數狀況中，得到的經驗，甚至包括一些簡單的動作，例如清洗衣物。

比如說，恐怖分子的炸彈造成大量傷亡時，警方最後還是必須把罹難者的衣物交還給悲痛的親屬，但你當然不能直接送還血淋淋的衣物，所以沒有洗衣機的警方，在必要的鑑識程序完成後，就會把這些衣物交給我們，清洗並標籤，我們拿到這些衣物時，通常都是冷凍的狀態，因為這是最佳的證物保存環境。

不過也不是所有人都想收到洗乾淨的衣物當作最後的紀念品，我們總是會詢問家屬，他們希望遺物保持什麼樣的狀態，一名為青少年兒子洗了十六年衣服的母親，可能也會想親自幫兒子洗最後一次衣服，你絕對不能假設什麼才是「正常」的情況，因為每個人都不一樣。

＊　＊　＊　＊　＊

過去數十年間，肯恩公司位在休士頓和倫敦洞穴般的倉庫，成了最終的失物招領處，我們有一箱又一箱弄丟的眼鏡、不再走動的手錶、不成對的鞋子、爛掉的書籍、破碎的筆電，人們的生命戛然而止時身上帶的所有物品，在殺死他們的災難中留下來的物品。

有時候我們也會有生還者的失物，但這種情況令人遺憾地相當罕見，我們會保留這些東西很久，並進行編號，等待親屬來發現，尋找他們的摯愛在人生最後一天中，帶在身上的東西。紀念品很重要，這是連結生者和逝者的物品，而在摯愛的遺體仍下落不明、無法辨識、或是狀態已經無法再和生前連結時，更是重要。

有些人的創傷如此巨大，他們會留著這些紀念品數十年，就像孩童執迷父母負擔不起的玩具，這是試圖和失去的摯愛連結，但同時也一再提醒他們已不在的事實，就像薛丁格的貓，親人雖然已經遠去，但在這些紙盒的內容物中，他們還活著。

我們窮極一切可能，確保我們蒐集的每一樣物品都可供辨認，我們會從摔爛的相機洗出照片、從手機中取出通訊錄、瀏覽隨身聽上的播放清單，我甚至還拿著車鑰匙去找經銷商，試圖找到某一台車的車牌號碼，即便我只能得知車輛是在哪個國家售出，仍能大幅縮減空難罹難者的身分範圍，因為通常會有許多不同國籍的乘客。

在某些國家，法律規定我們必須替所有找到的物品建檔，這表示我們甚至必須列出和罹難者的遺物一起沖到海灘上的褪色寶特瓶，這些東西很明顯就是垃圾，但我們還是必須建檔，然後放到附屬的網站上，不過只有在家屬想要檢視所有物品時，我們才會請他們到那個網站檢視。

記載罹難者遺物的目錄，很可能會有好幾公分厚，視災難的規模而定，有時候看起來就像從博物館或是時尚雜誌拿來的一樣。

比如說，二〇一七年五月，一名自殺炸彈客在曼徹斯特的亞莉安娜．格蘭德（Ariana Grande）演唱會上引爆炸彈，造成二十二人罹難，其中許多都是和媽媽一起去看這場「危險女人」巡演的年輕女孩，最年輕的是名八歲女童，半數的死者則是不到二十歲。

她們都為了這場表演精心打扮，目錄因而記錄了她們風格獨特的鞋子和靴子，很顯然要價不斐，看起來就像從時尚雜誌拿出來的一樣，而她們牛仔褲上的破洞看起來可能像是流行，但其實是因為爆炸的碎片造成。事實上，我們在衣物中找到許多金屬碎片，而牛仔褲上的條狀破洞，則是顯示絕望的醫護人員想盡辦法剪破衣物，拯救其中支離破碎的年輕身體。

我們蒐集的所有遺物和目錄，在幫助家屬走過傷痛的過橋旅程中，扮演非常重要的角色，人類心靈天生就會抗拒突如其來的重大失落，總是會試圖抓住最後的希望，那些能夠抵抗悲傷和痛苦的猜測，至少能夠逃避一陣子。只要沒有遺體或是死亡的決定性證據，那麼就總是會存有一絲希望。

我曾和很多家屬進行簡報，常常需要解釋認屍過程，以及整個行動為什麼會從搜救生還者變成搜索遺體。因為這樣的工作，我有時會被家屬控訴剝奪了他們的希望，但假如事實，或是更常出現的情況，也就是缺少事實，能夠讓他們保有希望，那我也不會這麼做。

我甚至還會不厭其煩提醒當局，還是有很多奇蹟存在，例如在地底深處存活數個月的智利礦工，或是一九七二年著名的安地斯山脈墜機事件。當時一架烏拉圭軍機不幸墜機，機上載著一支橄欖球隊，當局後來放棄搜救，宣布全員罹難，但是墜機七十二天後，兩名倖存者終於走出深山求援，最後在宣布放棄搜救的六十六天後，成功救出十六人。

但是只要證據出現，包括遺體、殘骸、遺物等，在意外發生數周後發現生還者的機率就會大幅降低，經過確認的遺體，便是失去的鐵錚錚證明，而接受這一切需要時間。我們不是沒有盡力找到每一個人，但是情況不可能總是這麼樂觀，因為死亡的狀況、DNA 限制、遺體的完整程度等，都會造成影響。

這就是幾年前發生的狀況，有個年輕人在登機前打給媽媽，他是航空公司的員工，因此有個座位，電話掛斷之後，他媽媽下班回家，身體不太舒服，頭有點痛，所以躺在沙發上休息，幾個小時醒來後，打開電視卻發現兒子搭的飛機墜毀在太平洋中，無人生還。

搜救馬上展開，但是因為空難本身的性質，許多遺體都已散落成屍塊，DNA 分析曠日廢時，不管是在最終結果送回來之前，或是送來之後，我們都沒有找到其中四名乘客和機組員的任何遺體，當中就包括這名母親的兒子，所以她覺得或許兒子逃過一劫，或許他掉到附近的荒島上了，於是詢問海岸防衛隊能不能幫忙查查。查完所有紀錄之後，發現她兒子確實搭上這班飛機，但就像在這類事件中偶爾會發生的一樣，我們可能是能力不夠，也可能只是不夠幸運，就是找不到所有罹難者，而她兒子就屬於其中一個。

漁人和執法單位蒐集了沖上岸邊的遺物，我們也會協助辨識這些遺物，並將其送還給等待的家屬，其中就有一些那名年輕人的遺物，包括兩本吸滿水的護照，還有一個行李箱，但是行李箱裡的東西卻很奇怪，裡面有一堆橘色的塑膠髮捲，像是我媽在一九七〇年代會用的那種。我想說既然是搜救團隊找到的，就這麼擺在箱子裡，然後就忘了這件事，畢竟我還見識過更光怪陸離的事，這也沒什麼。

後來我打給那個媽媽，問她想要讓人親自送去還是用寄的，她比較想要有人親自拿回去，所以我自願走這一趟。我到達她家時，我想那時離意外發生已經一年了吧，有時候這種事就是會拖很久，她兒子的卡車依然停在車道上，他的房間想必也都保持原狀。

我問她想要我們箱子放著就走，或是把東西都拿出來，一項一項跟她和丈夫解釋，她想要一個一個看，於是我們請她先迴避，等我們把東西擺好再回來，我和同事在她的餐桌上擺了一張白桌巾，並擺上她兒子的遺物。接著又蓋上第二張桌巾，這樣她回來看到才不會太過震驚，難過的是，我們對這類肅穆的儀式，早已駕輕就熟。

我們再次把桌巾拉開時，頭兩項物品是她兒子的護照，她把護照拿起來放在手中，然後把頭靠在手上前後擺動，我接著讓她看那些髮捲，並告訴她，她兒子是短頭髮，所以有可能是搜救團隊不小心放在行李箱裡的。

結果到頭來，是那些髮捲讓她得以接受事實，正是髮捲讓她理解兒子再也不會回家了，這些髮捲屬於她自己的母親，她把髮捲留在兒子為了這趟旅行跟她借的行李箱裡，她告訴我，兒子知道這些東西對祖母來說有多重要，所以絕對不會從行李箱裡拿出來，接著她說：「羅伯特，所以你要告訴我的，就是我的兒子不會回家了，對吧？」

我回答：「沒錯，他不會回家了，他在空難中過世，再也不會回家了，我真的很抱歉。」

＊＊＊＊＊

對細節的注重、照料生者、保存空難罹難者的遺物，要一直到一九九〇年代，才開始受美國的航空公司重視，在其他國家的情況也類似。在那之前，空難處理的重點是調查，這才是最重要的，而不是當事人和他們的家屬。照顧家屬的責任，則是落在保險公司身上，但這個過程對家屬來說，通常都不太好受。

事實上，我必須說美國的航空公司根本毫無作為，他們不會幫助悲痛的家屬尋找摯愛的遺體，或是協助他們處理失去帶來的悲傷。恰恰相反，他們讓家屬幾乎沒辦法做決定，也無法在過程中有任何貢獻。

令人驚訝的是，航空公司和保險公司竟然覺得最好由他們幫家屬做決定，而在多次特別嚴重的空難後，由於航空公司的態度相當冷漠，反倒讓罹難者的家屬團結起來。一開始，大家的目標是一起尋找慰藉和平靜，但在共同的創傷經驗之外，也出現了爭取更好對待的呼聲，這些家屬促使國會必須有所作為。

一九九四年九月，全美航空四二七號班機（USAir Flight 427）墜毀在匹茲堡附近的山谷，差一點就砸中人山人海的購物中心，最後造成機上一三二人全數罹難，這場空難促使相關法案的推動如火如荼展開。當時當地和州政府的救難人員，大部分從來都沒處理過空難，所以抵達現場後，本來還抱著可以找到倖存者的希望，但很快就發覺，他們只能蒐集散落各處的屍塊。

後來有很多人因為這次的經驗受到嚴重創傷，罹難者的鮮血灑得事故地點到處都是，醫生甚至在第一晚搜索結束後，命令所有救災人員都去注射肝炎疫苗。空難發生時，當地有名醫生正從醫院下班，在電台上聽到後，便馬上前往現場支援，他告訴現場的記者：「這是我這輩子看過最恐怖的景象，根本無法形容，那些屍塊……那些屍塊根本無法辨識，真的完全無法形容。」

這場空難的調查，成了當時美國航空史上為時最久的調查，四年半後，美國國家運輸安全委員會（National Transportation Safety Board，簡稱 NTSB）才指出，很可能是故障的方向舵釀成大禍。冗長的調查只是徒增受害家庭的痛苦，因為當時沒有家屬援助中心，所以大家只好自行聚集，家屬甚至必須等上七個小時，才能確認自己的親人到底有沒有搭上飛機，售票員則被迫成為諮商師，這是一個他們根本無法勝任的工作。

雪上加霜的，還有航空公司沒有事先知會家屬，而是直接把三十八名罹難者埋在當地的公墓，家屬直到前去參加全美航空為無名屍舉辦的紀念儀式時才發現，更扯的是，一百三十具屍體竟然只有兩副棺材。航空公司則表示，是當地葬儀社建議他們這麼做的，因為一次擺出太多棺材，只會讓家屬更難過，但家屬只是覺得自己遭到欺騙，他們非常火大。

火上加油的還有許多屬於罹難者的遺物，都被丟在垃圾子母車裡，子母車則是放在沒有暖氣的機庫，調查空難的專家在這裡試著把飛機拼回來，以便釐清事故原因。好幾個月後，家屬終於獲准能夠取回垃圾車裡的遺物時，裡面的東西全都凍成一團，變成一塊巨大骯髒的冰塊。

接著，就在僅僅兩個月後，一九九四年十一月十一日，一台美鷹航空（American Eagle）的飛機又機鼻朝下直接撞進印第安納州的田裡，造成六十八人罹難，而取回遺體的過程以及航空公司的危機處理，再次成為一場災難。

航空公司交給每個罹難者家庭一副棺材，共有六十八副，裡面都裝有一部分的遺體，但其實大部分的遺體都裝在十七副棺材中，並在三更半夜時偷偷埋葬，完全沒有知會家屬。大部分的遺物也都遭到銷毀，而不是交還給家屬，更誇張的是，空難過後好幾個月，悲痛的家屬造訪事故地點，竟然還能在地上撿到人骨。

不久之後，兩場空難中由家屬自行創立的互助團體彼此聯繫上，發現航空公司處理悲劇的方式竟都如此草率，後來更多其他空難罹難者的家屬，也加入他們的陣線，這些人成了積極的權益促進者，認為未來的罹難者家屬不應再受這種無能又冷漠的方式對待。

他們成立了自己的非營利組織「美國國家空難聯盟」（National Air Disaster Alliance），以推動改革，並開始出席通常相當無趣的 NTSB 公聽會，空難在這類場合傳統上稱為「這起事件」，家屬還帶著罹難者的照片，貼在空椅子或是自己的衣服上。

最後一根稻草是一九九六年七月十七日的環球航空八〇〇號班機空難（TWA Flight 800），家屬被迫夾在 FBI 和 NTSB 的管轄權之爭中間，兩個機構召開的記者會彼此矛盾，而這場空難也是我在一九九八年加入肯恩公司後，前幾個處理的空難。

到了一九九六年十月，壓力越來越大，因此柯林頓總統在 NTSB 主席吉姆・霍爾（Jim Hall）的推動下，簽署了「空難家庭援助法案」（Aviation Disaster Family Assistance Act），其中明確規定了 NTSB 和航空公司對受害家庭的責任與義務。

NTSB 在此之前都只負責空難調查，後來成立了運輸災難援助部（Transportation Disaster Assistance Division），負責協調航空公司和聯邦政府、州政府、當地政府，確保悲慟家屬的需求能夠獲得妥善處理。如果有條法律是人民自己爭取來的，那就是這條，現今不少國家也已通過類似的法律，不過許多美國之外的航空公司，其實早就已經開始把家屬的需求當成處理空難時的重點。

＊＊＊＊＊

如果你覺得我對美國的航空公司太過嚴苛，我確實是，但我對他們的保險公司和律師可是更苛刻，如果航空公司不想為空難負責，我一定會要他們負責。大家都能理解意外總是會發生，畢竟人都會犯錯，但是後續的處理可不是意外，應該經過審慎規畫，並擁有豐富的資源可以運用，你不能控制意外發生，可是可以控制後續的應對。你不可能改變事實，不可能讓傷勢瞬間復原，或是讓人起死回生，你能做的只有不要讓情況變得更糟。

不幸的是，某些航空公司會把後續處理事宜，交給保險公司和律師負責。但這些人根本就什麼都不懂。雖然還是有很多好人，但那些爛人真的把事情搞得一團亂。他們缺乏同理心，完全不懂家屬甚至航空公司的員工到底經歷了什麼，我覺得這主要是因為其中許多人不願親自前往現場，而是在事故發生好幾個月之後，才和代表家屬的律師進行協商。

二〇一七年格蘭菲塔（Grenfell Tower）大火後隔天，我回到倫敦和一名航空保險律師見面，她問我這場剛發生的公寓惡火總共奪走幾條人命，我跟她解釋法醫又將死亡人數上修一人，加上一名流產的嬰兒，因為媽媽在火災中身受重傷，我還補充這個家庭一定很難熬。她竟然回答我他們可以再生一個小孩啊，我真的超級傻眼，覺得這人有夠噁心，你是要怎樣跟這種完全缺乏理解和同理心的人溝通？

我面臨的其中一個大問題，就是保險要一陣子才能處理好，賠償金也要過一段時間才會下來，而在某些案例中，這對家屬會帶來非常沉重的負擔。我同意有些人會利用意外大發橫財，但我幾乎沒遇過，我遇到的所有人，都願意付出任何代價，只為讓心愛的人回來。

這個過程會讓家屬陷入非常艱難的處境，帳單不會因為有人在空難中身亡就不再寄來，找到罹難者的家人也要花不少時間，而對大部分航空公司來說，他們的目標就是在十四天內完成這件事，接著發出慰問金，這個作法已經成了慣例，但卻不是理所當然，是在和某些保險公司經過一番廝殺後，才得來的成果。

從前情況恰恰相反，航空公司幾乎不會承認自己的飛機墜機，如果你問我美國航空（American

Airline）史上賺最多錢的是哪一天，我猜應該是一九七九年五月二十五日，那天美國航空從芝加哥飛往洛杉磯的一九一號班機，在起飛不久後便墜機，共有兩七三人罹難。

那台飛機的投保價值是兩千六百萬美金，不像你花兩萬美金買一台車，然後花五千美金投保，飛機的投保價值從頭到尾都會維持航空公司最初買下飛機的價格。一九七二年，美國航空花了兩千六百萬美金買下這架 DC-10，到了墜機那時候，大部分的 DC-10 都已經遭到淘汰，價值大約只剩一千萬美金。

但在這個政策下，因為飛機已經完全沒救，所以美國航空可以獲得兩千六百萬美金的賠償，而罹難者的家屬則是要花好幾年的時間打官司，才能拿回十萬美金的賠償金，美國航空則是坐等兩千六百萬美金的支票入帳。這筆獲利就出現在美國航空一九七九年的 K-10 財報中，K-10 財報是企業每年需要提交給美國證券交易委員會（US Securities and Exchange Commission）的年度報告，其中記錄了公司的財政概況。

現今，如果航空公司無法達成法律規定的嚴格要求，就會面臨巨額罰款和制裁，高層甚至可能坐牢。像是在二〇一四年，韓亞航空（Asiana Airlines）就被裁罰五十萬美金，因為他們在前一年無法迅速建立一支免付費專線，供焦急的家屬撥打。

當時他們的一架班機降落在舊金山時撞上防波堤，造成三人死亡，數十人受傷。諷刺的是，他們的應變計畫中竟然還出現肯恩公司的名字，但他們早在好幾年前就已經取消和我們的合約，要不是相信意外絕對不會發生，不然就是覺得自己有辦法處理。

我要說的是，我並不覺得任何韓亞航空的高層那天醒來時，心裡在想「我搞砸事情的機會來囉」，但他們確實讓情況變得更糟，不過卻是因為他們很可能根本不覺得意外會發生，或是覺得就算發生了，後續的處理責任也應該是由政府或其他人負責。

接著當意外真的發生時，他們都沒有相關的經驗和資源，來處理他們本來就應該負責的問題，以及那些信任他們的家屬提出的需求。

第七章　劫後餘生

我是在阿拉斯加航空二六一號班機空難（Alaska Airlines Flight 261）後，認識電話另一頭的年輕人，他是多元文化遺產的體現，是個上一代來自亞洲的美國人，不過二十出頭，卻必須面對這起不應發生在年輕人身上的悲劇，他的雙親都在空難中身亡，班機從墨西哥的巴亞爾塔港（Puerto Vallarta）起飛，目的地是西雅圖，途經舊金山轉機。

墜機原因是水平尾翼失靈，機長試圖透過以機腹朝上的方式飛行來取得控制，丹佐・華盛頓二〇一二年的電影《機密真相》（Flight）裡就用了這招，然而，控制水平尾翼的螺絲釘因過度磨損損壞後，就算是經驗豐富的機師也無計可施，只能眼睜睜看著飛機墜入海底，要安全讓飛機降落，根本是不可能的任務。

對這名飽受驚嚇的年輕人來說，更迫切的問題則是他該怎麼處理父母的遺體？飛機飛離洛杉磯的海岸不久後，就墜入太平洋中，總計有八十八人罹難，五人為機組員，八十三人為乘客，其中不少是航空公司的員工，剛好趁著聖誕節後的淡季，到墨西哥的燦爛陽光中放個短暫的寒假。

年輕人在家鄉的親戚希望遺體能夠回國安葬，但他和兄弟，還有其他現在都住在美國的家人，則是希望兩人可以在這個移民國度安息，所以他可說陷入困境，需要一些建議，他應該把父母葬在祖國，還是葬在他們移民來的美國？

我告訴他：「你可以兩個選項都選。」

因為高速撞擊的關係，許多死者的遺體都已散落成屍塊，所以怎麼做都不會錯。在我看來，他的父母也不會在意，因為他們已經死了，這對生者來說才有意義，而生者必須決定，所以最後，遺體分成兩個地方埋葬。

我一生中，有無數人問我類似的問題，一問再問，這個問題很簡單，答案也很直截了當，只是很難接受而已，這也就是為什麼，當人家問我特定問題時，我總會反問：「你知道你在問我什麼嗎？因為答案非常簡單，你沒理由不會自己想通。」

我常常必須向處在震驚之中的家屬解釋複雜的事情，像是我有一次曾經幫助一名丈夫剛在中東的空難中過世的婦人，她的情緒處在一種麻木的狀態，所以某些負責協助她度過這段人生糟糕時期的人，覺得她相當冷漠，根本不在乎，但事實並非如此。她丈夫的遺體完全找不到，所以她無法相信丈夫真的死了，但她丈夫真的已經死了，這是一個相當普遍的反應：生要見人，死要見屍。

當地機關表示，他們停屍間裡唯一的遺體，只有各種「無法組合的碎片」，就只有這樣，換句話說，就是沒辦法拼成完整屍體的各種部位。因為沒有墓碑可以憑弔，甚至連丈夫是死是活都無法確認，這名婦人根本無法接受丈夫已經離去的事實。我和同事伍迪一起親自到停屍間去確認遺體的狀況，檢查那些「無法組合的碎片」，用我戴著手套的手碰觸這些屍塊。

我們很走運，後來發現這是一具人體沒錯，所有的部位都由皮膚或肌腱連在一塊，而且還有可供辨識的特徵，透過拼湊連接各個部位的組織，並把所有部位一字排開，我們能夠證實，事實上屍體的四肢都還連在軀幹上，雖然快要掉了，但還是一具完整的身體，而不是一堆屍塊。即便婦人不太可能在這種狀態下認出丈夫，但確實是他沒錯，任務完成。

那天晚上，我和伍迪載她到機場，確認她丈夫的棺木登機後，我們又回到航站，並引導她到座位上。

要一直到那個時候，她才開始哭泣，她要帶丈夫回家了。

＊＊＊＊＊

大規模傷亡都非常混亂，不只是實質上而已。人生的混亂在世時常常可以無視，至少可以無視一段時間，但在死後就完全不能，我們在人生中遭遇的所有問題，以及埋藏的祕密，並不會隨著死亡消逝，而是轉移到其他人身上，飛機墜機或炸彈爆炸時，這些問題也會像行李箱打開一樣全灑了出來。

我也遇過有些人就是沒辦法，或有時是不願意，決定如何處理摯愛的遺體，他們的回答是不要取回遺體就好了，但這在空難或其他大型傷亡發生時根本行不通，因為在搜救過程中，我們根本就不知道誰是誰。這也會造成法律問題，因為遺體的身分一經確認，法醫和驗屍官就必須將其交還給家屬。

曾經有一家人告訴我們：「我們的父親在墜機時過世，我們不想知道找到他屍體了沒，或是他死前發生了什麼事，在我們的想像中，他就是在他死去的那片海裡。」所以在這個案例中，我們請家屬填妥必要的法律文件，如果之後找到他們父親的遺體，我們會把他埋葬在無名的墓碑下，並留下完善的紀錄，以免家屬改變心意。

我們的工作有很大一部分都和空難有關，從起飛後不久就墜機的班機，到發生在偏僻山區的事故都有，飛機殘骸也可能深埋水下，上面提到的阿拉斯加航空班機就是。在那次事故中，取回遺體、殘骸、遺物，對海岸防衛隊、海軍、漁夫、以及特殊機具，都帶來非常嚴峻的挑戰。

二〇〇〇年一月三十一日，阿拉斯加航空二六一號班機墜毀在加州海濱的太平洋中，其他飛機目睹墜機過程，並回報失事地點，洛杉磯國際機場的航管員從頭到尾都和機長保持通話，即便他已失去飛機的控制，航管員也准許班機降落在機場，然而，根據駕駛艙黑盒子最後的段落顯示，機長很清楚知道飛機應該會墜機，因此決定遠離人口密集的區域。

他是個真正的英雄。他在海面上空盤旋，並試圖解決飛機的問題，到了他孤注一擲，試圖透過機腹朝上的方式飛行，來重新控制飛機時，機上的乘客無疑已明白自己無法回家了。機長告訴乘客，他們試著在洛杉磯國際機場降落，並認為不久後就會落地，而且我很確定直到最後幾秒鐘，他們都還認為自己會成功，然而，隨著飛機變成機腹朝上的狀態，伴隨突如其來的俯衝，我相信應該已經有很多乘客開始祈禱，其他人則是驚嚇過度。

下午四點二十分，駕駛艙的黑盒子錄到機長說了一句：「時候到了。」

接著錄音就結束了，飛機墜入海中，幾分鐘內，墜機的消息就在十六號緊急頻道上放送，幾乎所有開船的人都會聽這個頻道，因此墜機的區域很快就擠滿船隻，大家都朝失事地點前進，希望能夠救人，但是很快就理解，他們只能帶回殘骸、遺體、遺物。

如果飛機是在海中墜毀，那麼某些比較重的零件，像是起落架等，會比較快沉到海底，但是又小又輕的碎片，可以浮在海面上較長時間，散落範圍也會相當廣。飛機以高速墜落在海中時，衝擊力道和墜毀在陸地上類似，飛機都會解體，但在海中有幾項特色，殘骸會散成很多碎片，所以時間寶貴，幸運的是，洛杉磯附近的海域有很多捕蝦和捕魷魚的船，他們都會帶上大量燈具，以供夜間照明，眾人迅速開始打撈殘骸，而海浪在後續幾天，也會將不少殘骸打上凡圖拉郡（Ventura County）的海灘。

我的公司一開始並不是負責處理遺體，只有負責遺物，但是因為我先前曾在加州緊急服務處（California Office of Emergency Services）開設了好幾年的大型傷亡應變課程，還寫了當時唯一一本和大型傷亡相關的著作，我在緊急服務處的朋友，執法單位的長官，就請我先和凡圖拉郡的法醫聊聊，於是我就去了。

凡圖拉郡的法醫叫作朗．歐哈洛蘭，我覺得他是個好人，也是個好法醫，不過他先前從來沒有處理這類大型傷亡事件的經驗，他還告訴我，如果航空公司給他乘客名單，那他就會幫所有人都開立死亡證明，因為很明顯，機上人員全數罹難。

我想他應該是覺得這樣對家屬來說比較好辦，但我們坐在碼頭上閒聊時我告訴他，我知道他剛剛的提議完全合理，但是如果他真的這麼做了，就會顯得他根本不在乎這些人，即便我跟他談話時，確實感覺得出他很在乎。我也告訴他：「這樣你隔天就會被炒。」這是個很簡單的忠告，而他也很快接受，所以行動正式展開。

阿拉斯加航空的董事長約翰．凱利（John Kelly）預定和悲慟的家屬進行簡報，而我要站在他旁邊，宣布和遺物相關的事宜，就在他要上台講話前，他跟我說：「如果有人問了遺體的事，我會請你回答。」

我回答：「好啊，沒問題，但我先跟你說，貴公司只有請我們處理遺物而已。」

有時候航空公司複雜的承包合約，會造成由不同的公司或機構負責不同的任務，這在承平時期看起來是個省錢的好方法，但要是發生緊急事件，就會造成許多問題，事實上，到那個時候合約都是僅供參考，對承受許多壓力的凱利來說，很顯然也是如此，他告訴我：「你現在也負責遺體了。」所以事情就是這樣。

第一個問題來自某個過世乘客的兄弟，他同時也是航空公司的員工，他非常生氣，因為媒體已經得知他兄弟的身分，他甚至都還沒有通知其他家庭成員，導致有些家屬是從新聞上看到消息，所以他理所當然相當不爽。

我們當時連遺物都還沒開始處理，所以我告訴他，我們會查查到底是怎麼回事，之後再通知他。結果後來發現，是一名前去打撈殘骸的漁夫，船上剛好也帶著一個當地媒體的攝影師，他們找到死者的護照，攝影師拍了下來並刊了出去。

墜機後通知家屬的過程，可能會非常非常混亂，而對那些承受傷慟的家屬來說，混亂帶來了痛苦。像是有名男子死於空難中，但他的前妻卻渾然不知他帶著兩人的小孩和現任老婆到墨西哥去度假。

按照法律規定，她應該要收到通知，而且航空公司在某個時間點也應確認，小孩在登機前是否有獲得監護人的同意，但是誰知道會發生這種事？航空公司看到的就是一個家庭出發去度假，並不覺得需要查驗小孩出境是否獲得生母允許，媽媽也完全沒理由要擔心新聞上的空難消息。她得到的第一個消息，很可能是親友打來慰問，而她會滿腹疑問地回答：「怎麼回事？」

在另一個案例中，我們則是有兩具遺體因為確認生父的程序發生問題，導致認領過程遭到延誤，律師請兩名女士前來確認罹難的兩名男子是她們孩子的父親，但其中一名男子其實是同性戀，並且有一名長期伴侶。

因為當時同性婚姻還沒合法化，所以如果他有小孩，那小孩就會成為當序遺屬（編按：即繼承順位最前面的家屬），最後DNA檢驗顯示他們並非孩子的父親，整起事件都是一場騙局。

但這卻造成整個程序大延誤，對家屬來說非常痛苦，遺憾的是，每隔幾次空難就會發生類似情形，因為有人想藉此發一筆橫財，他們會找出單身的罹難者，並把這些人當成肥羊，因為他們通常不會立遺囑。

我總是告訴大家，人生中有四種非常重要的文件，包括讓你擁有身分和國籍的出生證明、讓你能夠出國旅遊並平安回國的護照、讓家屬能夠處理後事，並證明你曾經活過的死亡證明。

最後則是結婚證明，這在很多層面上都是最重要的文件，因為除了是對另一個人的承諾之外，從實際的角度而言，結婚證明也是你告訴法院，當你生病、失去行為能力、死亡時，你委託誰幫你做出重要的決定，這是一種積極的宣示，告訴大家你把誰視為家人。

在我們這行中，缺少結婚證明，或是因為歧視性法律而無法拿到結婚證明，是一個非常嚴重的問題，我數不清看過多少次，長期伴侶無法決定如何處理遺體，或是取回遺物，因為他們不是當序遺屬。

在大多數的法律中，包括美國，如果沒有結婚證明，就代表當序遺屬會是父母，如果有子女就會是子女，若是子女未成年，當序遺屬通常會是擔任監護人的另一個家長，無論其和罹難者關係存續的時間長短或狀態為何。所以，你很可能和摯愛的伴侶同居了二十年，但你取回他們遺體和遺物的權利頃刻間就會被疏遠的長輩取代，他們很可能從一開始就不認同子女的關係。

＊＊＊＊＊＊

認領和辨認遺體可能會是個非常冗長的過程，這也會影響生者走出來的速度，不只是不確定的感覺一直徘徊不去，還有拒絕最糟的狀況已經發生的可能性，也因為人們在等待我們取回遺體時，通常會覺得自己必須先無限期暫停自己原先的生活。

二〇一〇年，一架從南非起飛的泛非航空（Afriqiyah Airlines）班機，在降落於利比亞首都的黎波里（Tripoli）時墜毀，總計一一三人罹難，大部分都是荷蘭公民，他們在假期結束後準備返國，並打算在的黎波里轉機，其中便包括一名英國護士的父親。我們通知這名英國女士，確認他父親的身分可能會花上三到四個禮拜，她在這段期間可以待在的黎波里的家屬援助中心，而且想待多久都可以。

我們負責營運家屬援助中心時，我總會四處走走，關心一下大家，有一天她攔住我說想和我聊聊，因為她現在心情非常複雜，她已經是個成年人，在英國有自己的生活，穩定的工作、要繳的帳單、要顧的寵物，但因為她是長女，所以家人希望她留下來，直到可以領回父親的遺體，不然大家會覺得她是個壞女兒。

她問我：「我該怎麼辦？」

我曾被問過這個問題無數次，而我回答：「事情是這樣的，我們會待在這裡，直到所有遺體的身分都確認完畢，我們會照顧你父親，就像他是我們自己的父親一樣，我們每天都會打給妳更新狀況，如果妳覺得必須先回家，那就去吧。跟家人解釋妳沒辦法進去停屍間，妳只能坐在旅館房間等待，因為他們絕對無法理解，我們一確認遺體的身分，就會把妳接回來。」

這就是你必須建立的信任，因為你是在拜託其他人相信這一套體系，就在另一套體系剛剛崩毀之後。

我在執法單位、軍隊、肯恩公司的經歷，讓我遇見各式形形色色的家屬和狀況，這讓我很會看人，有時也能看出表象底下隱藏的問題。

有名女子從二〇一六年後就一直留在我的腦海中，她在一場空難中失去了公婆，班機原先從巴黎起飛，墜毀在埃及附近的地中海中，班機在雷達上消失之前，塔台並沒有收到任何求救訊號，雖然飛機的數位系統，確實顯示其中一個廁所出現煙霧警報。

埃及海軍和空軍隨後在超過五千平方英里的範圍中，試圖尋找殘骸，第二天他們便找到了漂浮的殘骸、行李、遺體，不過偵測到失蹤班機的緊急定位訊號時，已經過了一個禮拜，這時搜尋範圍才縮小到三平方英里。

墜機地點水深大約三．二公尺，但等到配載特殊設備，可以取得沉沒黑盒子的船隻從愛爾蘭海抵達時，已經過了將近一個月，而船隻回到港口，並將取回的遺體交給開羅的法醫時，又經過了兩個月，這對心急如焚等待結果的家屬來說，是段相當漫長的時間。

在一開始的簡報中，我便向家屬解釋取回遺體的過程，而且我們預計會花上好幾個月，當時這名女子發問就非常直接，並堅持前往失事地點，我告訴她這不屬於航空公司的職權，而且該區域也已被軍隊封鎖。

問了幾句之後，她說：「嘿，感謝你的簡報，但我不相信你，我想去失事地點，我必須親眼見證，我曾經看到一張照片，裡面有我婆婆的錢包，所以你必須讓我親眼看看。」

我解釋這由不得我們，還有我為什麼認為當局不會同意，但我們會再問問看，我們也確實問了，可是當然又被拒絕。

休息時我走向這名女子，跟她說我知道她不相信我，而且我很遺憾，但我能給她的答案真的就只有這些，她沉默地站在原地一陣子，接著開始跟我說，她是怎麼訂了機票，並把公婆載去機場，搭上這班死亡航班。

我靜靜傾聽，接著告訴她如果她是在怪自己，那我可以理解，但是這完全不是她的錯，她選了一間非常棒的航空公司，安全紀錄十分良好，而且是從大機場起飛的固定航班。我們並不知道飛機為什麼會墜機，但是沒有人能夠事先預測，有時候意外就是會發生，所以這並不是她的錯，我不知道這樣說有沒有用，但有時候人們就是需要聽到這不是他們的錯。

大型傷亡事件對家屬來說是種折磨，因為從一開始接到通知，到最後確認遺體，中間可能會花上好幾個月，有些時候會花上幾年，甚至可能根本不會有結果。在這段期間中，會有非常大的不確定感，而且沒有遺體，人們也不會想處理後事，像是清理摯愛的衣櫃等。

要是政府搞錯了，我的摯愛回家，他們會不會覺得我放棄希望了？家屬通常也沒辦法進行後續的法律程序，像是從銀行帳戶中刪除逝者。在「正常」的死亡中，體系會強迫你抉擇，例如安排葬禮和準備文件等，這些東西對大多數人來說，都屬於過渡的一部分，從過往的正常，抵達將來的正常，這是面對失去現實的積極舉動。

但對遭遇大型傷亡事件的家屬來說，情況卻恰恰相反，你接到通知，得知親人已經過世，但幾乎什麼事都沒辦法做，來應對這個資訊，並開始處理這樣的失去，如果沒有支持，缺少對未來生活的概念，也不知道怎麼走出去，那情況就會變得很糟糕。

第八章 沉沒寶藏

現代飛機載的不只是人而已，還有很多其他東西，包括來自銀行金庫的大筆現金、國庫的黃金、無價的古董、昂貴的稀有名車等。州政府的官員有時會把我拉到一旁，偷偷請我取回充滿外交機密的資料。

有一次，我的任務還是祕密找尋奧克拉荷馬州立大學牛仔隊（Oklahoma State Cowboy）下一季的戰術本，當時籃球隊的私人飛機因暴風雪墜毀，機上載著兩名球員和數名資深教練。除了機密物品之外，機上也常會載著擁有其他重要意義的財產或物品。

瑞士航空一一一號班機便是如此，一九九八年九月二號，班機墜毀在距離加拿大新斯科細亞省海岸約十四・五公里的大西洋中，航班原訂從紐約飛往日內瓦，上面載著各種「大咖」聯合國高級官員，還有一些次要皇室成員，包括一名沙烏地阿拉伯的王子，和伊朗最後一位國王的某個親戚、學者、時尚名人、以及拳擊傳奇傑克・拉莫塔（Jake LaMotta）的兒子，這班航班因此又稱為「聯合國航班」。而這次空難也為世界的愛滋病研究帶來沉重打擊，因為紐約才剛結束一場相關論壇，而數名世界頂尖的專家正是搭乘這班飛機返回歐洲。

身為一班從世界商業首都飛往金融首都的固定航班，瑞航一一一號也載著大批貴重的貨物，包括以今日幣值換算，價值超過五億美金、重達四．五公斤的鑽石和寶石、價值一百五十萬美金的畢卡索自畫像《畫家》（Le Peintre），還有五十公斤準備運往瑞士銀行金庫的紙鈔，價值總計數千萬美金。

數百年前，如果一艘載滿黃金的西班牙大帆船連人帶貨一起沉到海底，西班牙皇室跟悲慟的船員家屬，其實也沒辦法做什麼，黃金和遺體必須在深海中待上數百年，等待救贖的機會。

話雖如此，十八世紀時，西班牙艦隊在加勒比海的黃金港口附近，確實有建立非洲和印度的潛水夫部隊，以備不時之需，只要有一艘航向西班牙的大帆船沉沒，部隊就準備出動，而且有很多都是從佛羅里達的海岸出發。

但是三個世紀後，科技已經相當發達，所以事後的調查得以取回瑞航一一一號百分之九十八的殘骸，和總重十六噸的貨物。在長達五年、耗資將近六千萬美金的調查中，專家在加拿大新斯科細亞省哈利法克斯的倉庫裡，重建了大部分的機身，試圖釐清事故原因。

團隊運用抽水機搜尋墜機地點佩姬灣（Peggy's Cove）附近的海床，撈起了上百萬件殘骸和石頭，並經過徹底檢查，但是卻遍尋不著本應裝在金屬管中的鑽石，這讓大家心中升起一個重大疑問：鑽石真的有上飛機嗎？如果是的話，那是否跟神祕的事故原因有關呢？

面對三億美金的巨額賠償金，洛伊德保險公司（Lloyd）想當然爾會想確認這批寶石的下落，其中包括一顆甫在紐約的美國自然史博物館（American Museum of Natural History）「鑽石世界」展覽中展出的鑽石，展覽在飛機離開約翰甘迺迪國際機場前幾天才剛結束。

航空公司或船運公司在空難或船難發生後，會做的第一件事，就是趕快確定殘骸歸他們所有，如此便能在法律上主張打撈權，否則在海事法的規定下，誰先抵達失事地點，就能將殘骸和貨物占為己有。

過去這條法律常常被所謂的「船難蟑螂」濫用，也就是十八和十九世紀的海盜，他們會利用燈光引誘船隻進入淺水區或礁岩，船隻沉沒後，便能宣稱其上的貨物歸他們所有。諷刺的是，我現在居住的佛羅里達州西嶼（Key West），早期便是以此勾當聞名。

即便是在承平時期沉沒，政府擁有的交通工具仍會自動劃歸為「戰爭墓地」，這代表一般人不能進行打撈，但對打撈公司來說，民間的交通工具仍是人人有機會，所以瑞航一一一號的事故顯得更為急迫。

加拿大皇家騎警（Royal Canadian Mounted Police）在失事地點附近劃出了一．六公里的禁航區，為期超過一年，這樣調查團隊才能進行地毯式搜索。但把重點放在尋找失蹤的鑽石，而非遺體，引起了家屬激烈反彈，甚至使他們自行團結起來，並在法律上成功禁止打撈行動，洛伊德保險公司只好自行吸收天價賠償金。

所以鑽石到底去哪了？又要怎麼平衡調查團隊、保險公司、悲慟家屬三者之間的需求呢？

瑞航一一一號班機的機長是名經驗豐富的前戰鬥機飛行員，五十歲的烏爾斯．季默曼（Urs Zimmerman）在這班紅眼航班起飛後不久便回報塔台，貨艙中有煙霧出現，當時是晚上八點，機組員正在為商務艙的乘客供餐，而機長發出的警報是次要的緊急訊號，並不是緊急求救訊號，他請求在哈利法克斯降落。

加拿大的機場本來就以處理跨洋轉機聞名，包括幾年後聲名大噪的紐芬蘭甘德機場（Gander），因為在九一一事件後數天，共有三十八架原訂飛往美國的國際航班停泊於此，總計約有七千名乘客受困在機上長達一天，後來才進入小鎮。

讓人難過的是，此地也是加拿大及美軍史上最嚴重的空難發生之處，一九八五年十二月十二日，華箭航空一二八五號班機（Arrow Air Flight 1285），這台載著二四八名美軍士兵和八名機組員結束維和任務返國的 DC-8 包機，在甘德機場短暫停留後，起飛不久隨即墜機。

這起空難導致兩項主要調整，第一，當時士兵們都隨身帶著個人檔案，包括醫療紀錄，這使得後續的身分確認變得相當困難，因此後來士兵的檔案在執行任務時，便不再需要隨身攜帶。第二，因為調查不力，加拿大飛安委員會（Canadian Aviation Safety board）遭到裁撤，另組加拿大運輸安全委員會（Transportation Safety Board），正是由這個委員會，負責調查瑞航一一一號班機的事故。

機上的飛行員不知道煙霧出現在何處，但認為是空調系統的故障導致，所以必須降落排除問題，這聽起來很簡單，做起來卻很困難。這是飛行員在緊急情況下面臨的最大挑戰，可不是自動駕駛就可以解決的，因為飛行員必須評估威脅或風險的層級，並決定是否要進行緊急迫降。有時候問題很明顯，迫降因而成為第一要務，此時回到地面的需求，就會蓋過沒有做好降落準備的風險。

另一方面，如果機上出現問題，但飛行員認為有更多時間可以處理，那麼就會進行更充足的準備，並盡力減少迫降的風險。而在瑞航一一一號班機的案例中，如前所述，飛行員原先認為輕微的煙霧是來自空調系統故障，所以即便讓飛機降落很重要，他們很可能覺得可以先放掉一些油，並做更充分的準備再降落，也就是說，多花一點時間會比較安全，這也是他們的訓練造就的選擇。

飛行員獲准降落在哈利法克斯後，有幾件事情必須完成。首先，他們必須繼續飛飛機，第二，他們必須排除問題，也就是煙霧，第三，他們要熟悉新的降落地點附近的環境，如果是他們先前去過的機場，事情就會比較容易。

無論如何，他們都必須檢視可能的方法，並輸入進飛機的飛行系統中。最後則是必須評估飛機是否準備好迫降，如果空服員正在送餐，他們要花多久才能把設備放到安全的位置？飛行員還必須計算飛機的重量，因為飛機起飛時比降落時還重，所以降落時超重也可能會造成各種問題。

不幸的是，機上的煙霧並不是來自空調系統故障，而是新安裝的視聽系統電線走火，火勢在眾人上方延燒，但這在飛行途中根本不可能知道，一定要到情況已經無可挽回才能發現。

隨著火勢獲得更多空氣並逐漸加大，煙霧越來越濃，設備也開始故障，發布次要緊急警報的十分鐘後，機長便發布緊急求救警報，又過了七分鐘，飛機就墜入佩姬灣附近的海中，距哈利法克斯南方約四十八公里處。飛機解體成數千片，全機只有一具坐在隔間座的男性遺體完好無損。

初步的搜索工作由加拿大後備海岸防衛隊（Canadian Coast Guard Auxiliary）的漁船進行，因為加拿大的海岸線太過廣闊，根本不可能全都派人巡邏，漁人只好自行組織，自己照顧自己。

幸運的是，事故地點是豐富的漁場，所以有一批拖網漁船收到通知後隨即趕往現場，但搜索遺體是一件需要強韌心理素質的工作。其中一名漁人後來創傷非常嚴重，甚至控告加拿大政府讓他置身如此可怕的場景，但最後沒告成就是了。

瑞士航空的老闆接到的第一則墜機消息，來自一名記者在瑞士時間的半夜打電話叫他起床，問他對墜機有什麼看法。這種情形其實司空見慣，我也常常拿來當作在緊急情況下需要順暢溝通的例子，我同樣也把這次事件，當成航空公司處理類似事故的楷模，因為瑞士航空在事發後把重點放在處理事故後果，以及危機應變上。

加拿大海軍在哈利法克斯有個很大的基地，位在佩姬灣海岸北方大約八十．五公里處，所以蒐集到的殘骸和遺體就送往該地，肯恩公司則受雇處理死者的遺體及遺物。

隨著時間經過，有件事情變得越來越明顯，那就是對某些人來說，除了打撈遺體和飛機殘骸外，飛機上的貨物也同樣重要，然而，你有時候就是沒辦法找齊所有的殘骸、遺體、貨物。

這使得陰謀論四起，有些到今日都還在流傳，洛伊德保險公司後來真的支付了三億美金的天價賠償金，以補償損失的鑽石。鑽石和其他四．五公斤的寶石一起放在保險箱裡，價值數千萬的現鈔也全都不翼而飛，畢卡索的真跡則是一開始就沒有妥善保護，所以很有可能已經在事故中付之一炬，我們認為有一小塊畫框後來流落到我們的倉庫中，保險公司的人員曾來勘驗多次。

調查團隊動用了一艘能夠承受「巨大」真空環境的特殊船隻搜索海床，並在底下找到了上百萬片機身、電線、遺體、受損的財物碎片，全部送到位在哈利法克斯的調查中心，最後總計取回超過一萬八千公斤的貨物。

不用說，這起事故對悲慟的家屬來說非常痛苦，他們比較在乎能夠拿回一些已逝親人的遺物，而不是幫保險公司尋找失蹤的鑽石。

肯恩公司在哈利法克斯建立了一座臨時辦公室，加拿大皇家騎警和運輸安全委員會一同清點遺物，完成後便送到我們在休士頓的辦公室，但因為調查非常繁複龐雜，有時候運輸安全委員會還會取回某些遺物進一步檢驗。他們會打電話來，請我們寄回某些衣物或遺物，上面可能留有線索，可以得知火勢是在何處，又是在何時開始延燒。

作業流程大概是這樣，我們會從加拿大警方那邊取得衣物，接著帶回休士頓存放並記錄，這些紀錄能夠讓家屬取回我們找不到主人的遺物。最後總共有兩次打撈行動，第一次行動的遺物目錄就有四大本，每本都有好幾公分厚，如果我們找出衣物屬於誰，就能協助調查團隊確認其主人在機上的位置，進而釐清火勢的情況。

如果能說我們和家屬總是成功合作，那我會很開心，但事實並非如此，有時候我們根本無能為力，而我們的努力家屬也不領情，我很討厭這樣，但我也無力改變，在瑞航一一一號班機空難中，就有這麼一個家屬，她失去了丈夫、孩子的爸。

她會瀏覽我們的目錄，表示某些遺物是屬於她丈夫的，我們會按照要求寄去給她，接著她會告訴我們，我們寄錯了，於是我們又會回到系統中確認我們寄給她正確的遺物，也確實沒有錯。這個情況持續了一段時間，我甚至邀她親自到休士頓來一趟，直接當場確認所有的遺物，這就是我和她表示「嘿，我究竟能怎麼幫妳？」的方式，但她卻拒絕了我，然後繼續重覆上面的過程。事故一周年紀念時，她並沒有來參加，而是創立了一個非政府組織，我希望這代表她和家人走出來了。

有時候事情發展會不如預期，因為我們不能在家屬需要時，提供他們需要的東西，但他們最後通常都能走出來，我們總是記得這件事不是和我們自己有關，而是和倖存者，以及逝者的家屬有關。在瑞航一一一號班機的一周年紀念活動上，我們受託帶著首飾來到現場，供家屬檢視，看看他們能不能找到親人的遺物，讓整個過程變得更簡單，但我其實不同意這個作法，有幾個原因。

認領遺物的程序雖然直截了當，卻能觸動許多情緒，可能是發現家人或家庭祕密的擔憂、本已弄丟的特別物品重見天日的希望、過往快樂日子的提醒、「描繪」某人一生圖像的物品，遺物不只是找到然後寄回去的東西而已，有些人其實根本不想拿回去。

首先，我們必須取回遺物，這可能相當容易，也可能需要動用很多設備，在殘骸和廢墟中，尋找一個戒指、一支手錶、一張 SIM 卡、埋藏在瓦礫堆下的手鐲，是個非常需要注重細節的痛苦工作。接著我們還必須把所有東西帶回我們的設施，或是建立一個臨時地點存放，然後造冊保存。

在某些案例中，如果東西濕掉，想想滅火時的情況就好，那我們還必須測量兩次，一次是濕的時候，一次是乾掉後，因為有時候物品的總重會影響調查結果，我們還要透過冷凍、風乾等方式，試著防止物品遭到進一步損壞，並分開卡在一起的物品。

在造冊時，我們要找的是能夠幫助我們連結物品主人的線索，有些物品很簡單，因為上面有寫名字，有些則要費上一番功夫，但是透過辛勤的努力，我們還是能找到物品的主人。

比如我們找到了一堆照片、書籍、影片、錄音帶、光碟、卡片，我們會看看裡面的影像，並和家屬提供給我們的照片，或是他們告訴我們親人曾經參加過的活動照片，包括婚禮或假期等比對，總之我們會盡一切所能把這些照片還給家屬。

就算這些照片已經在海床上放了好幾個月，我們還是能物歸原主，我們會尋找所有特徵，並記錄下來，有些東西上面會寫好幾個名字，有些則一個都沒有。接著我們會幫每一樣物品拍照，通常會先拍近距離特寫，拍下所有細節，然後再拍整個東西，照片還必須經過品質檢驗，最後就會產出一份死者專屬的遺物目錄。

在進行這個過程時，我們或政府當局會和倖存者聯絡，不過因為大多數事件都是大型傷亡事件，所以沒有倖存者，那我們也會盡量找到罹難者的當序遺屬，或是最適合接收遺物的家屬。大部分時候，找出當序遺屬都很容易，但有大約百分之十到十五的機率會遇到問題，這種情況通常非常困難，如果我們知道當序遺屬是誰，就會和他解釋物品再來會進入兩個不同階段。

第一個階段稱為「配對」，也就是我們能夠確定遺物的主人，第二個階段則是「配對失敗」，表示我們在失蹤或罹難者中，找不到物品的主人，所以我們會詢問家屬，他們願不願意參與後續過程，有些人會拒絕，有些人會兩個階段都參與，有些人則只想參與「配對」。

對我們來說，就是盡可能提供越多選擇越好，我們會寄一份我們認為屬於該罹難者遺物的目錄，給那些選擇參與的家屬，其中也會記載物品的損害狀況，還會詢問他們想要拿回哪些東西，希望怎樣清理或修復，以及如何寄回，可以選擇郵寄或親送。

同時我們也會為配對失敗的物品造冊，我們會在同一天寄給所有家屬這份目錄，或是網頁連結，現在大多是採用線上方式，但在某些地區，特別是那些由政府管制網路的地區，家屬不太信任政府，所以我們會改寄紙本。

接著我們會給家屬一段時間，通常是四十五天，大型事件則是九十天，讓他們看完整本目錄，並認領他們覺得是屬於自己親人的遺物。有時候，家屬會馬上打給我們，表示他們發現了一支手錶，或其他什麼他們很確信是屬於已逝親人的物品，但如果我們沒辦法找到編號，或是其他可供辨識的特徵，就必須告訴家屬，我們仍然得先負責保管物品，直到期限結束，好讓所有家屬都擁有相同機會。

接著，如果只有一名家屬認領物品，我們就會重覆上述的過程，詢問他們希望怎樣清理或修復，以及如何寄回。

對某些人來說，等待的過程非常煎熬，但我們也無能為力，不過如果家屬要求，我們可以每天打電話匯報，告訴他們沒有其他人認領同一件物品。如果同一件物品有多人認領，那麼在做任何決定之前，我們會先通知所有認領的家屬，解釋這件物品有多人認領，並想辦法解決，這種情況通常都很快就能解決，像是有時候某個人認領了他覺得是媳婦的東西，但同時媳婦自己本來的家人也在看目錄，並認領了同一件東西。但有時候也不太好處理就是了，只要想想你會幫自己買的紀念品就好，像是首飾、手錶、戒指，這些東西都有特別的紀念意義沒錯，但在世界許多地方都有製造和販售。

和客戶解釋完程序後，他們還是請我們把沒人認領的首飾帶到哈利法克斯，參加一周年紀念活動，這樣家屬就可以仔細看看，不過他們還是不能當場把東西拿回去就是了。

紀念活動是在認領期限的中途舉辦，也就是家屬可以認領遺物的九十天中，這段期間我們不會寄出任何東西，以讓所有家屬擁有相同的機會，能夠取回摯愛的遺物。此外，也不是所有家屬都會參加紀念活動，而且就算是來參加紀念活動的人，也可能不想看到那些首飾。對某些人來說，這就像給他們看一段和摯愛的回憶，接著又把這段回憶奪走。

我們有個成為寡婦的家屬，她很確定她找到了丈夫最寶貝的物品，一隻天梭金錶的殘骸，包括底座和錶帶的一部分，但她無法接受她不能當場把錶帶走。

我就這樣聽她講，等到有機會能夠插話時，我就只是告訴她：「我理解妳很確定這支錶是妳丈夫的，妳一直坐在那邊看著這支錶，或說錶的殘骸，而我的問題則是，我們這邊找到好幾支天梭金錶，而現在還有很多家屬沒有來參加紀念活動，也有一些人在家看目錄。我也知道妳很焦急，妳擔心東西會被別人認領走，我知道我現在說的話都沒幫助，但我們別無選擇，只能一視同仁，一起等到認領期間結束。如果認領期間結束時，沒有其他人來認領這支錶，我就能還給妳，但如果也有人認領同一支錶，我會再通知妳，然後我們一起把這件事解決。」

這就是我和她反覆進行了好幾天的對話，但情況從未改變。在某個時刻，她甚至拿著錶問我：「如果我就這樣把錶拿走呢？」我回答那這對其他人來說會非常不公平，而且我也不覺得她是這種人，所以她把錶交還給我，而這很可能是她自失去丈夫以來，做過最艱難的決定。

我試著不要使用「系統」或「法律程序」等詞彙，因為這個過程，對家屬來說極度私密，而且富含情緒，系統和法律是官僚的詞彙，只能用來形容官僚的過程。所以我解釋還有其他人也應擁有同樣的機會，因為他們也承受了同等的痛苦，有時候我們必須反覆進行這樣的對話好幾次，我們也確實這麼做了，家屬常常會在事後回來感謝我們，並告訴我們，雖然他們不一定記得我們說的話，但他們記得我們願意傾聽，並在情況允許時，詢問他們的需求，而且當我們跟他們解釋時，也一定是有充分的理由。

最後，沒有其他人也來認領那支天梭金錶的殘骸，我們把錶包在首飾盒中，並按照那名寡婦的要求，寄回去給她，有些人可能會覺得，幹嘛不直接把錶還她就好，理由很簡單，因為有時候這麼做不一定是最好的方式，甚至還會造成更多傷害。

最後，加拿大運輸安全委員會的調查團隊，花了好幾年時間重建飛機，在倉庫中的金屬框架上，拼好數千片殘骸碎片，並成功推論出引發致命火勢的原因。當時盛行的陰謀論認為，一定是有恐怖分子在機上安裝炸彈，或是因為鑽石始終沒能找到，而認為有人故意製造飛安意外，以掩飾鑽石根本沒搭上飛機的事實。

而歷經四年半、耗資五千七百萬加幣、長達三百三十八頁的最終調查報告，則是指出，墜機原因是因為機上新安裝的視聽系統出現故障，造成電線走火，進而燒毀飛機重要的電路，使駕駛艙煙霧瀰漫，才釀成這樁悲劇。

第九章 恐怖攻擊

對我來說，這看起來就跟其他空難沒什麼兩樣，地上沒有很多人想像中冒著煙的大洞，也沒有任何類似飛機殘骸的東西，而是一片遭到夷平的破碎廢墟，散落著各種金屬、電線、絕緣材質（總是會有絕緣材質），跟一些屍塊。所有跡象都和回報的狀況吻合，一架噴射機以高速墜毀。

和墜機原因有關的跡象不一定都很明顯，但一定會留下一些線索，姍克斯維爾（Shanksville）田野上細小的碎片和深坑，顯示飛機撞擊地面時，機身大部分都還完好無損。如果是散布在一大片範圍內的大型殘骸，則代表飛機在半空中就已解體，或是經歷了某種爆炸，就算是用炸彈，仍然會有大片的機身殘骸掉到地面上。

記得那架墜毀在洛克比，駕駛艙和機鼻幾乎完好無損的泛美航空班機嗎？要用炸彈炸毀整架飛機，就必須把炸彈安裝在整個機身，這不管對任何恐怖組織來說，都是非常困難的任務，幾乎肯定會被發現。

但這並不是普通的空難。

這架飛機是聯合航空九十三號班機（United Flight 93），二〇〇一年九月十一日那個風光明媚的早晨，原定從紐華克（Newark）飛往舊金山，但起飛後不久，就在八點多被四名蓋達組織的恐怖分子挾持。當時數名無懼的乘客設法衝進駕駛艙，奪回飛機的控制權，或至少試著阻止恐怖分子把飛機開往美國國會大廈，而在白宮的地堡中，美國副總統錢尼已授權美軍在飛機飛到華盛頓前設法摧毀飛機。

在爭奪控制權的過程中，聯合航空九十三號班機不幸高速墜毀在賓州姍克斯維爾附近的田野上，全機無人生還。

從接到第一架飛機襲擊曼哈頓世貿中心的消息開始，到後來倉促趕往五角大廈、姍克斯維爾、紐約等地，我有將近一個月的時間都沒有回家。

九一一當天早上，我才剛把我的 SUV 倒出車庫，準備出門上班，我老婆就跑過來跟我說有一架私人飛機撞進了世貿中心。對大多數人來說，第一起撞擊就像是場搞錯的意外，但因為空難是我的專業領域，所以我知道以前飛機就曾撞進著名地標。

二戰末期，一台載著士兵、預訂飛往拉瓜迪亞機場（LaGuardia Airport）的 B-25 轟炸機，因為試著在濃厚的雲層中降落，不慎撞進帝國大廈，造成機上三人喪生，建築物內則有十一人過世。

我開車上班途中，廣播報導說這是一架私人飛機，但接著我開始接到來自政府官員的緊急電話，包括美國緊急災難管理署（Federal Emergency Management Agency，簡稱 FEMA）跟國防部的官員，都表示這是一架民航機，所以這並不是意外，而且很可能還會有更多攻擊準備發生。

我抵達辦公室時，第二架飛機撞進世貿中心的另一座塔，情況開始失控，我現在有打不完的電話，打給聯邦緊急官員、州政府的法醫、以及能夠抵達事發現場的肯恩公司員工。我當時擔任肯恩公司的營運長，執行長正在墨西哥出差，卡在那邊回不來，所以我必須扛下這個重責大任。當時全美國只有兩座配備齊全的行動停屍間，FEMA 有一座，另一座則是我們的，即便到了今天，全美也只有三座，因為 FEMA 後來又建了一座。

美國境內所有航班都遭到取消，但 FEMA 提議派出其中一架還能飛的飛機到休士頓來接我的團隊，他們的停屍間正前往紐約，因為根據攻擊的規模和目標初步估計，紐約應該會有一萬名罹難者，他們希望我們這座到華盛頓去。但是因為我們的工作並不是救難和搜索生還者，而且要把兩台冷凍卡車弄上飛機非常困難，於是回覆 FEMA 我們會直接開車去，並預計在二十四小時內抵達。

那天下午我們整理好裝備，還有車隊護送我們出發，離開前我趕緊回家一趟，好看一眼我女兒，因為我知道下次回家要等上好一段時間了，我想跟她說一切都會沒事的。肯恩公司的緊急停屍間和黑色 SUV 在夜色中疾駛，橫越美國東南部，準備前往五角大廈，這棟我曾去過多次的建築物，我也有一些同事在那邊工作。

我們開了超過二十個小時，有時候我們會停下來加油、吃點東西，鄉親總是會說這頓算在他們身上，雖然我總是會有禮地拒絕，因為他們覺得一支在空無一人的夜裡趕路的黑色 SUV 團隊，一定是要前往遭到攻擊的三個地點之一，他們是對的。這對震驚的大眾來說，是盡棉薄之力的一種方式，這樣他們會覺得自己至少有點貢獻，以對抗無助感和錯愕。

旅途中我還是一直在講電話，試圖領先這團混亂一步，因為我知道這會讓一個遭到如此無恥攻擊的治理系統天翻地覆，幸好我認識維吉尼亞州的法醫和軍方的驗屍官。維吉尼亞的法醫名叫瑪切菈・費耶羅（Marcella Fierro），暢銷犯罪作家派翠西亞・康薇爾（Patricia Cornwell）便是以她為原型，塑造出筆下最受歡迎的角色法醫史卡佩塔。

瑪切菈原先以為她的單位應該會負責處理五角大廈的死者，因為五角大廈位於維吉尼亞州，但是因為五角大廈屬於聯邦財產，我和軍方驗屍官確認後，他告訴我會由國防部這邊負責。我於是理解州政府和聯邦政府根本沒有溝通，緊急事件發生時，大型公家機關很常會出現這種狀況。

我又打回去給瑪切菈，建議她如果想要的話，可以讓底下的人稍微喘口氣，這就是身為人脈很廣的獨立單位擁有的好處之一，我認識所有參與這件事的人，而且不會受政府的繁文縟節桎梏。我終於抵達華盛頓時，我們的行程也有所更改，政府要求我們盡速把行動停屍間移到姍克斯維爾。

姍克斯維爾由薩莫塞郡（Somerset）的法醫沃利・米勒（Wally Miller）管事，並由美國衛生及公共服務部（US Department of Health and Human Services）的災難驗屍行動應變小組（Disaster Mortuary Operational Response Teams，簡稱 DMORT）和我們的設備及後勤協助。

DMORT 是在一九九五年的奧克拉荷馬市爆炸案後建立，背後推手是來自紐約葬儀社的湯姆·薛帕森（Tom Shepardson），我們起初在奧克拉荷馬市認識時並沒有處得很好，但後來就變成非常要好的朋友，我覺得他應該能為國家做出很多貢獻，可惜天不從人願，二〇〇三年，他在剷雪時因心臟病發過世，我一直都很想念他。

DMORT 和肯恩公司很像，他們的許多設備清單和行動方案，也都是源自我們公司，這次的行動當然是由 FBI 負責，並由 NTSB 支援，所以跟先前的章節一樣，這裡也會出現很多縮寫！我花了不少時間確定大家都有需要的資源，並試著透過先前累積的經驗幫助沃利和 FBI。

我只在姍克斯威爾待了幾天，後來就被調去紐約，這次攻擊衝著美國來的意圖十分明顯，全國都處於驚愕之中，當局請我前往世貿中心的遺址，也就是大家所謂的「原爆點」。我抵達時已經入夜，並走過種種奇異的景象，顯現這座城市籠罩在震驚之中，咖啡店的桌上擺著半滿的柳橙汁、食物還在盤子裡、外套掛在椅背上。世貿中心雙塔倒塌的時候，群眾無不爭相逃命，這並不是我第一次走在如同鬼城一般的現代都市，而且遺憾的是，也不會是最後一次。

＊＊＊＊＊

那些辦公室位在世貿中心的公司，損失了數千名員工，而且也發現事後必須面對大量震驚悲慟的家屬。

我們試著完成數項任務，其中最大的一件就是為一間失去數百名員工的公司，建立一座家屬援助中心，我們也為紐約市消防局提供緊急連絡中心和一支家屬援助團隊，因為他們也在災難中失去了許多消防員，包括一名大隊長。我也曾在多年前遇過其中一名在九一一當天殉職的消防英雄，當時他自願參與搜索奧克拉荷馬市爆炸案的廢墟。

在這次應變過程中，我花了很多時間回答問題、講解程序、並試著領導行動，有時候我還會接到電話，通知我之前在軍中或緊急服務認識的舊識，也在這場災難中罹難。

許多大型企業都匆忙建立起緊急聯絡中心，或是請員工到醫院協尋受傷或失蹤的同事，因為這是我們的工作，所以肯恩公司早已設立緊急聯絡中心，裡面有著經過訓練的接線員，專門應對這種情況。

在九一一事件中，大多數罹難者的家屬也都住在紐約或鄰近的大都會區，所以我們主要的工作，便是提供他們相關資訊，讓他們能夠開始消化發生的悲劇，並為之後的情況預做準備。我們也組織了各種簡報，包括從紐約法醫辦公室找了一個人來，向家屬解釋摯愛的遺體可能是什麼情況，同時也找來結構工程師，解釋雙子星大樓倒塌背後的原理。

隨著罹難者在城外的家屬陸續抵達，他們要不是直接開車來紐約，就是航班一恢復便馬上搭飛機過來，我們也協助他們處理住宿事宜，並邀請他們參加我們的定期簡報。如此一來，他們在最初的震驚過去後，對接下來會面臨什麼衝擊，就更有概念，包括搜索遺體和屍塊花費的漫長時間，或是他們也有可能永遠無法取得摯愛的遺體，因此永遠無法得知親人生前最後的時光經歷了什麼。

在公司老闆這部分，我則是跟他們解釋什麼時候該要求開立死亡證明、什麼時候該停止給付薪水、這樣的行為對家屬代表什麼，因為家屬可能沒辦法取回遺體，所以無法接受摯愛已經身亡，根本沒有實質的證據可以證明。這可能會是個艱難的過程，理性告訴我們已經沒有倖存者了，看看遺址就知道了，而取得死亡證明代表你可以開始處理保險事宜，但對許多家屬來說，這並不是理性在運作，而是感性，因為即便根本沒有遺體，死亡證明和保險給付的存在，仍代表其他人試圖告訴你，摯愛已經身亡。

坎托．費茲傑羅金融公司（Cantor Fitzgerald）是在九一一事件中損失最為慘重的公司，不過他們並不是我們的客戶，公司的執行長霍華德．路特尼克（Howard Lutnick）失去了他的兄弟和六五八名員工，同時由於公司的政策鼓勵雇用員工的家屬，所以損失更為慘重，因為這樣家屬將一次失去多名家人。

他們的辦公室位於北塔的一〇一樓到一〇五樓，就在飛機撞擊區域的上方，當天有進辦公室的員工全數罹難，路特尼克本人則是幸運逃過一劫，因為那天飛機撞擊時，他剛好帶五歲的兒子去上第一天幼稚園。

坎托．費茲傑羅損失了三分之二的員工，根本無法繼續運作，看似就要倒閉，因此路特尼克做了一個艱難的決定以拯救公司。淚流滿面的他在全國聯播的電視節目中，宣布他將裁撤過世員工的薪水和健保，以避免公司倒閉，但承諾會把未來五年公司百分之二十五的收益分給罹難者的家屬，這個金額後來大約是每個家庭十萬美金。

這個決定卻造成群情激憤，因為家屬根本還沒準備好面對這些，路特尼克沒有抓到的重點是，這樣的宣布背後，代表他覺得全部的人都已經罹難，而他已經要繼續前進，但當時並不是所有家庭都已經準備好了。

老實說，這個決定是可以做，但應該有更好的方式可以處理。一名帶著三個孩子的寡婦蘇珊．史立維克（Susan Sliwak）就向 ABC 新聞發洩她的怒火：「不該是由霍華德．路特尼克來告訴我我丈夫去世了，這不是我想得知這個消息的方式，在電視上和其他人一起。」

我不覺得霍華德．路特尼克想要傷害任何人，甚至恰恰相反，而且我認為家屬的反應也讓他很震驚。

但當場得知消息對家屬和得知消息的人，都會帶來可怕的後果，馬來西亞航空三七〇號班機（Malaysia Airlines Flight 370）的例子便是如此，家屬都悲痛至極，正確的處理方式應該是先跟家屬解釋，你可以提供死亡證明給那些選擇接受的人，但這並不代表搜救行動已經結束。對某些家庭，事實上對大多數家庭來說，這會是個他們想要展開的過程，如此才能過渡到之後的人生，但選擇權應該在他們身上。

離家將近一個月後，我終於能夠回到德州的家，但是不到一個禮拜的某個半夜，我就被電話吵醒，因為義大利發生了史上最嚴重的空難。一架載著一一〇名乘客、飛往哥本哈根的北歐航空（Scandinavian Airlines）班機，在米蘭機場的濃霧中，不慎撞上一架小型私人噴射機。

又一次，大家起初擔心這是另一起恐怖攻擊，因為美軍這時才入侵阿富汗沒多久，而他們在義大利又有空軍基地，但後來證實是起意外，塔台准許北歐航空的班機降落，因為小飛機的飛行員告訴塔台他們已經在跑道末端，結果他們其實是在中間。所以我又再度啟程，二〇〇一年剩餘的時光，都在義大利、紐約、德州的家往返。

因為我需要頻繁出差的關係，我試著每年都來趟父女之旅，我老婆不喜歡旅行，所以她不會和我們一起，我曾帶女兒到阿拉斯加度假、到南非遊獵、踏遍整個歐洲。但這些旅程都不是純屬好玩，我們也會參觀南非的種族隔離博物館（Apartheid Museum）和納粹集中營這類景點，這樣她就能親眼見證她在課本上學到的知識。

我想要讓我女兒瞭解，我們有多幸運，其他人就沒這麼幸運，以及這些暴行發生的原因，最重要的是，我想讓她知道，要是我們縱容，那麼這些事情就會再度發生。

二〇〇二年四月，我難得獨自放了個長假，跑到尼泊爾去爬山，並前往聖母峰五千六百公尺高的基地營，當時那裡沒什麼人，因為前一年尼泊爾才發生王室大屠殺，也還處在內戰之中。遺憾的是，我在抵達基地營前，急性高山症發作，所以不得不下山，而且我其實也不是真的那麼與世隔絕，因為我隨身都帶著衛星電話，某個晚上電話就這麼響了起來。

九一一事件造成將近三千人罹難，而紐約市總法醫辦公室（New York City Office of the Chief Medical Examiner，簡稱 OCME）的總法醫查爾斯・赫許（Charles Hirsch），誓言不計時間和成本，盡可能確認所有可以確認的遺體身分。

他遭遇的第一個挑戰，就是要怎麼以尊重，卻又不會妨礙任何 DNA 鑑定的方式，來保存遺體，長期的計畫便是把這些遺體，保存在世貿大樓遺址重建的紀念館中，不對公眾開放，但可以供家屬前往，所以遺體需要經過防腐處理，而非冷凍。總法醫請我和他開個會，所以我馬上改了機票，沒有先回家一趟，選擇直接飛往紐約，我從來不是那種輕裝上陣的人，所以不管我人在哪，或是在幹嘛，總是會帶著一套西裝和工作的用具。

我和 OCME 的優秀專家一起想出了一個計畫，可以不使用化學物質就保存遺體，首先抽出所有可能會孳生細菌的體液，再進行真空包裝，讓遺體呈現風乾的狀態。我們在一個 OCME 稱為「紀念公園」的地方工作，這裡停滿冷凍卡車，就位於紐約市法醫辦公室後方，法醫辦公室本身則是一棟毫無特色的米黃色建築，背靠東河。

在通向每台卡車的臺階旁，都有成堆的花束，就像在葬禮上一樣，而掛在旗桿上的星條旗，則提醒在這裡工作的科學家和技術人員，他們處理的對象是誰，每天來來去去的，是數千名遭到謀殺的美國人民遺體。其中一面星條旗現在就掛在我們公司位在休士頓的總部，提醒我們在那段重要的日子中，所做的工作。

我們都知道有一天，DNA 檢驗的技術會比二〇〇一年時還要先進，同時也有心急如焚的家屬，天天都在等待尋回摯愛的遺體，哪怕是一部分也好。所以就是在二〇一四年五月一個陰鬱的早晨，九一一事件發生超過十二年後，我們保存的剩下七千九百三十片屍塊，在一場莊嚴肅穆的典禮中，重新移到三個棺材大小的金屬箱內，箱子則是存放在紀念館的特別儲藏處，紀念館剛剛落成，就位於世貿中心的花崗岩廣場上。

館內還有一間專供罹難者悲痛家屬使用的私人「紀念室」，讓他們可以遠離這個觀光景點的喧囂，但這當然也引發不少爭議，因為有些家屬認為這不應是死者最後的安息之處，不過支持的人更多，有時候就是沒有簡單的答案。

我認為對 OCME 來說，他們不會把這裡當成最終地點，因為他們心中仍保有希望，相信將來有一天可以送還更多遺體，並確認所有罹難者的身分，這就是幹這行的擁有的堅毅和風骨。總之遺體會暫時存放在此處，由紐約市法醫辦公室管理，直到未來的 DNA 檢驗技術有所突破，讓這些殘破遺體的身分終於能夠撥雲見日。

＊＊＊＊＊

緊接九一一事件之後而來的，便是美軍入侵阿富汗以及塔利班政權的崩潰，當時這看似絕對的勝利，但是直到二十年後，這場仗都還沒打完。

蓋達組織在九一一事件大獲全勝、全身而退後，仍是需要向世人證明他們是一股不可小覷的勢力，因此四處物色新的目標，某些很容易攻擊的目標，同時卻能讓全世界人心惶惶，二〇〇二年十月，他們找到了完美的「軟柿子」，峇里島的觀光勝地。

某天晚上，在酒吧、夜店、外國觀光客群聚的庫塔海灘（Kuta Beach），有三顆炸彈接連爆炸，其中一顆藏在一名混入愛爾蘭酒吧的自殺炸彈客背包內，另一顆裝在酒吧外某台車子的後車廂中，而第三顆比較小的炸彈，則是放在美國領事館門前。

最後總計有二〇二人罹難，其中大多都是澳洲人，事實上，這簡直是澳洲的九一一事件，澳洲人非常喜歡去峇里島，因為美麗、安全、回程航班也很方便，他們甚至覺得峇里島屬於他們國家延伸出去的一部分。

在以前那個純樸的年代，大家都覺得沒人會想攻擊澳洲人，他們是中立國，就像瑞士，因此這次攻擊和先前攻擊世貿中心一樣令人震驚。蓋達組織表示這次襲擊是為了報復澳洲人支持美國入侵阿富汗，因為有許多國家都支持美國的軍事行動。

另一個目的則是讓整座小島人心惶惶，峇里島本身信仰印度教及佛教，卻位在印尼這個伊斯蘭教國家之中，而印尼的穆斯林人口總數比整個中東加起來還多。此外，這也算是打了印尼一巴掌，因為印尼一直都以身為伊斯蘭世界的民主和平燈塔自豪。

炸彈爆炸時，我正在香港參加研討會，所以我馬上跳上一班國泰航空的班機，機上幾乎沒人，只有另一群男子，從他們差不多一樣的 5.11 長褲和 polo 衫看來，很明顯是 FBI 的人，除了我以外，他們就是機上僅剩的乘客了。

要是在以前，飛機一定會爆滿，因為除了要撤離傷者，還要搭載如驚弓之鳥般逃離峇里島的大量旅客，島上的醫院也塞爆了，完全沒預料到有朝一日要應付這麼大規模的傷亡。有太多人燒傷，使得某些傷者甚至必須在飯店的泳池處置燙傷，停屍間和接待處也大爆滿，遺體就放在任何放得下的地方，簡單包在床單裡，也沒有蓋上任何東西。冷藏卡車最後終於進駐時，空間也非常擁擠，工作人員必須把遺體硬塞進去，不然裝在袋子裡的殘肢就會從後面掉出來，整個場景簡直是人間煉獄。

更慘的是，沒有人負責指揮，每個牽涉的國家都想自行處理，但這完全不可能，因為根本就不知道誰是誰，所以有來自二十幾個國家的法醫，都從同一具遺體上採集骨頭或組織標本，這代表採集了非常多組織，而且經過不必要的測試，不僅是在浪費資源，也是在對悲痛家屬的二次傷害。

很多法醫都想從遺體的大腿骨上採集樣本，當時我就和一個同事說，你今天可能是一百八十公分，明天可能變成一百七十五公分，到了禮拜五就只剩一百二十公分。這正是我在負責協助這類事件時，極力想避免的那種混亂，諷刺的是，因為自殺炸彈的物理原理，炸彈客本人通常會是最好辨識的那一個，爆炸的威力會扯爛他的身體，但頭部卻會保持完好無損。

澳洲聯邦警察（Australian Federal Police）驗屍完畢後，便委託肯恩公司把遺體運回，我們在處理遺體時，永遠都會確定自己了解當地的習俗和宗教信仰，這些事情非常重要，包括逝者的宗教和文化、家屬的宗教和文化（很可能不盡相同）、死亡地點等。

最無關緊要的則是你自己的宗教和文化，但是因為經驗不足和壓力，這通常是人們在做決定或計畫時，最容易犯的錯誤，這會造成很多問題，雖然不是有意的，但還是問題。

我們在峇里島是幫澳洲人工作，其他國家則是各行其是，某天就有另一個使館的人員來找我，他們也在處理遺體運送事宜，他說他找不到任何卡車和司機願意幫他們運送遺體，而他認為這一定是因為我們壟斷了所有卡車和司機。我告訴他我們只有請了幾個而已，明明還有很多其他司機。

我接著問他去請司機時有沒有帶著印度教的僧侶同行，他用一種還算有禮的方式回答我，他們的公民不是佛教徒也不是印度教徒。我和他解釋他是在峇里島，這是一個逝者可能會對生者帶來重大影響的地方，而在沒有表示尊重或是祭拜的情況下，談論死亡並移動遺體，就有可能讓死者的靈體在事發地點徘徊不去（在這個情境下則是卡車內），持續騷擾生者。

我建議如果他能遵照當地的習俗行事，運氣應該會好一點，而他也乖乖照做，這便是我常常遇到的問題，根本不應該有這麼多類似的問題，我不明白為什麼，但大家總是覺得自己的文化和宗教才是唯一值得尊重的事。

澳洲警方後來決定把死者的遺物帶回澳洲自行檢驗，畢竟這仍算是一個大規模的犯罪現場，他們完成之後，就由我們負責保管遺物，我們會把遺物帶去美國處理，完成後送回澳洲，再由警方交還給家屬。

事實上，是由我親自帶著這些遺物搭乘班機回到美國，而在我要轉機前往休士頓，進行安檢時，一名美國運輸安全管理局（Transportation Security Administration，簡稱 TSA）的官員想要檢查是不是有爆裂物。我非常認真，不帶任何諷刺地試著向他解釋，這些標示清楚的證物袋，一定會測出爆炸的灰燼，因為這是死於炸彈爆炸的死者遺物，又過了一道門之後，我便繼續上路。

爆炸的幕後主使好幾年之後才伏法，他在二〇一〇年與雅加達警方的槍戰中喪生，但峇里島事件可說揭開了後續一連串恐怖攻擊的序幕，使得肯恩公司的團隊在接下來數年間，必須在世界各地奔波。

＊＊＊＊＊

二〇一三年一月的某個黎明之前，在阿爾及利亞撒哈拉沙漠邊緣的恩阿梅納斯（In Amenas），當地和來自其他國家的工人，正準備開始他們在巨大天然氣工廠疲憊的一天之際，數輛載滿武裝分子的卡車突然出現，還一邊掃射 AK-47 步槍，宣示他們的到來。

這群和蓋達組織關係密切的戰士，沒有遭遇任何反抗，就挾持了超過八百名工人當成人質，並隨即開始從中找出外國人，他們命令會講阿拉伯文的人背誦伊斯蘭教經文，來證明自身的信仰。至於外國人，包括許多歐洲人和菲律賓人，則是遭到綑綁、嘴巴被塞住、有些人身上還被綁上炸彈，恐怖分子甚至把一些人綁在天然氣工廠的金屬管上，想把整座工廠變成一顆巨大的炸彈。

這場攻擊的目的是要打擊歐洲的燃料供應，並在當地散播恐懼，但領導這群人的阿爾及利亞恐怖分子莫塔．貝爾莫塔（Mokhtar Belmokhtar），也想把這些人質當成籌碼，來威脅法國軍隊，暫緩在臨近的馬利對蓋達組織和其他宗教狂熱分子採取的軍事行動。

不過工廠的管理階層反應很快，恐怖分子一開始開槍，他們就趕緊關閉整座工廠，恐怖分子並沒有足夠的工程知識，所以沒辦法重啟工廠，並將其炸成碎片。阿爾及利亞軍隊很快包圍現場，但是不幸的是，他們完全沒有想要留下任何囚犯的意思，他們想要展示自身的武力，以嚇阻其他恐怖分子，不要再幹類似的事。

阿爾及利亞在一九九〇年代被宗教狂熱分子搞得支離破碎，其中便包括莫塔．貝爾莫塔，所以在恩阿梅納斯，無論要付出多少代價，軍隊都要擊潰對方，就算這代表必須犧牲人質，也無所謂。

這場大屠殺非常短暫，最後總計有四十名外國人質和二十九名恐怖分子死亡，恐怖分子射殺了一些人質，有些人則是死於炸彈，其他人則是順利逃出生天，他們先躲在床底下，接著在混亂中伺機逃出工廠，跑到沙漠中躲藏，因為恐怖分子已開始逐房搜索人質。而阿爾及利亞軍隊的戰鬥直升機則是瞄準任何會動的東西，連同時載著恐怖分子和人質的貨車也炸得精光。

肯恩公司受雇負責列出失蹤者名單以及處理遺體運送，我於是飛到阿爾及爾，並和一支小組在當地的停屍間一起工作，就真的只是一個房間，遺體埋葬在阿爾及爾的主要公墓之前，會先在這裡清洗。而或許場面很混亂也是意料之中，因為有來自各個不同國家的警方，有些人彼此合作，其他人則各行其是，而且對許多人來說，這都是他們第一次見識這樣的景象。

像是我就親眼看著一名警官，護送一名遭遇嚴重創傷的倖存者，他也是被綁架的人質之一，到一片混亂的停屍間，請他指認其中一具遺體，這樣的行為很不應該，有幾個理由，主要原因是現場指認非常不可靠，如果遺體的狀態好到你覺得有人可以指認，那麼也一定可以透過其他方式找出遺體的身分。第二，這個可憐人才剛經歷你能想像最糟糕的人間煉獄，帶他到停屍間並不會讓情況變得更好。

此外，我還接到一名英國法醫的電話，她告訴我她不接受這樣的指認，而我應該早就知道才對，我只好跟她解釋人不是我們找來的，其實是他們自己國家的警官。她於是請我阻止那名警官，我確實也和警官談了一下，並建議他考慮其他的指認方式，因為他之前從來沒有類似經驗，而且也承受極大的壓力，想要盡快把遺體送回國，他們最後遵照我的建議，也成功確認了所有遺體的身分。

二〇一五年，突尼西亞發生了另一起攻擊，雖然這次恐怖分子運用的科技不像峇里島或恩阿梅納斯那麼先進，仍是相當致命。

一名恐怖分子把 AK-47 步槍和四個彈匣藏在遮陽傘中，並在地中海度假聖地蘇斯（Sousse）開槍掃射外國遊客，造成傷亡，接著他還跑進一間旅館，同樣見人就射。槍手逃跑後撞見一群警察，當場遭到擊斃，但他已經造成三十八人死亡，其中三十人是來自英國的遊客。

我們的任務是要在當地設立家屬援助中心、找到罹難者的遺物、協助遺體運送，而在這個案例中，許多我們幫助的家屬，自己也是這場攻擊的倖存者。

突尼西亞警方在槍擊結束後，搜集了海灘上所有的個人物品，並把這些東西，包括手機、電腦等，視為遺物，委託我們交還給家屬，但從英國飛來主導調查的反恐小組，卻將這些東西視為犯罪現場的證據，因為遊客有可能拍到恐怖分子事前來探勘的照片，卻不自知，他們也有可能在丟下手機逃命，或慘遭殺害前，拍下事發當時的照片。

可是突尼西亞警方不願把這些東西交給英國反恐小組，只願意交給我們，這便是政府會面對的其中一個困境，他們可以把很多事情處理得很好，但只要一牽扯到死者，就會進入一個全新的領域，我們只好代為跟家屬解釋英國政府的想法，他們也欣然接受。總而言之，重點還是提供家屬選擇。

我們處理的恐怖攻擊並不是都發生在遙遠的國度，恐怖分子有能力在任何地方發動襲擊，這些攻擊會引發短暫的恐慌和悲傷，但是由於相當頻繁，因此到後來幾乎已經不足為奇，只是現代生活無數新聞的其中一條。二〇一七年以來，我們已經處理了兩起發生在倫敦鐵橋（London Bridge）的恐怖攻擊，橋上擁擠的人潮以及地處中心的位置，無論是對倫敦或對整個英國來說，都在在吸引了狂熱分子。

第一起事件是三名男子開車撞進在橋上行走的人群，接著棄車逃逸，在途中還見人就砍，第二起則是發生在二〇一九年，由一名前蓋達組織的支持者發動，他先前便曾因策劃恐怖攻擊坐了七年牢，這次則是在參加支持囚犯人權的集會時砍人，但這些人其實是在幫助他重新適應社會，最後造成兩人死亡。

在警方擊斃他之前，他被一個拿著獨角鯨長牙的男子一路追逐，長牙則是從演講舉行地點魚販廳（Fishmonger's Hall）的牆上取下，我們後來沒有處理獨角鯨的長牙，因為這不屬於遺物。

第十章 死亡和真相

我常形容處理大型傷亡事件，就像在處理一個三角形，必須想辦法維持一個三個角的角度都一樣的正三角形。套用到實際情況，有三樣東西你必須永遠放在心上，並保持其平衡。

第一個角度是死者，他們有權享有尊嚴、尊重、身分，第二個角度是生者，也就是倖存者、家屬、社群，像是失去一群學生的學校，或是失去許多居民的村落等。第三個角度則是調查，在刑事案件中，倖存者和家屬會想要某人負責，如果是意外，他們會想知道已經出現某種改變，讓類似意外不會再發生。

有時候這三種需求的利益會彼此衝突，要達到平衡相當困難，拿發生在蘇格蘭的泛美航空一〇三號班機空難來說，家屬希望盡快找回遺體，但如果你沒有妥善的計畫，就馬上衝到現場，那麼相關的證據，像是最後將調查團隊導向利比亞涉入這起事件，進而起訴並定罪兩名嫌犯的微晶片碎片，就很可能會遭到忽略。由於這類證據存在，和家屬解釋調查程序並回答他們的問題，可說相當重要，資訊通常需要脈絡，而在大型傷亡事件中，脈絡可能會很難解釋。

對於我傳遞給家屬和大眾的資訊，我總是非常小心，因為不曉得他們會如何詮釋自己得到的資訊。我並不是要試著隱瞞什麼，真相總會水落石出，但前提是脈絡要足夠完整。

比如說，如果你問我「我的摯愛在飛機墜海時還活著嗎？」我可能就需要釐清所謂的「活著」是什麼意思，如果你說的是有在呼吸的那種活著，那麼根據驗屍結果，是有可能的。

但如果你說的是「有沒有意識」，或是知不知道周遭發生的事情，那就是另外一回事了。下墜飛機上的重力以及缺氧，常常代表即便某個人還活著，卻已經失去意識，因此不會知道周遭發生什麼事。

提供清楚的資訊非常重要，而在犯罪事件或恐怖攻擊中，記錄所有的回應則更為重要，有些人就是依靠傳播假消息而活，同時還會搧風點火，影響其他人的心情和團結，他們希望我們懷疑自己。我曾處理過一些非常著名的事件，所以常常會看到陰謀論四起，以及其為家屬帶來的傷害。

就連我在姍克斯維爾處理聯合航空九十三號班機的殘骸時，都有一大堆人湧進網路聊天室，表示飛機是被打下來的，而且政府在隱瞞某些事情，網路聊天室在二〇〇一年還很新奇，其威力當時也還大大遭到低估。大家看著殘骸的影片，卻認不出來墜毀的飛機該有的樣子，但是對我這種人來說，高速撞擊造成的大坑可說是再正常不過，他們覺得政府一定是出於某種邪惡的原因把飛機給打下來。

這類謠言很快演變成至今仍存在的九一一事件陰謀論，認為美國總統布希和副總統錢尼聯手殺死三千名美國人，這樣布希才能報復海珊，因為據說海珊密謀殺死他父親老布希。網路讓這類陰謀論越趨誇張，達到前所未有的程度，這些理論常常是建立在某種程度的事實上，卻經過刻意扭曲，並從中建構一個完全不同的現實。

我以前就見識過這種情況，當時我還擔任第五十四後勤連隊的指揮官，負責處理美國空軍CT-43班機（USAF Flight CT-43）事故，機上載著柯林頓總統的商務部長朗·布朗（Ron Brown），準備前往冷戰後的巴爾幹半島執行商業任務，協助當地國家重建萎靡的經濟。

這起空難發生前不久，我才從波士尼亞調回來，我從前一年十二月就待在那，剛剛回到維吉尼亞州的李堡，我也在波士尼亞留下了一支團隊和一名軍官，這樣我就能回到李堡繼續指揮我的單位。空難發生後，軍方馬上又把我調了回去，我和部屬的任務，就是搜索及處理遺體，並讓空軍將遺體運回德拉瓦州多佛（Dover）的港口停屍間，軍方驗屍官會在此完成身分確認，並將遺體交還給當序遺屬。

班機曾嘗試迫降，而且很明顯也曾在空中盤旋，最後不幸撞上克羅埃西亞杜布羅尼克（Dubrovnik）機場跑道後方的山脈。這座機場本來就以降落難度惡名昭彰，在天氣很差的情況下更是如此。

在某些空難中，遺體幾乎可以保持完好，依墜機時的動能、速度、高度而定，而這起事件雖然在政治上相當敏感，處理起來卻比大多數空難還要容易一點。我們的行動基地是設置在克羅埃西亞的杜布羅尼克機場，但是墜機的殘骸和遺體分布範圍，其實不只克羅埃西亞，也越過邊界到了波士尼亞與赫塞哥維納境內。

在正常情況下，這兩國都應擁有完整的管轄權，不過因為「戴頓協定」（Dayton Accord）的關係，使情況更為複雜，但協定中卻沒有規定萬一出現空難意外該如何處置，加上這兩個國家和其他幾個國家，數個月前才剛結束一場血腥內戰，所以整起事故還是由美國負責。

克羅埃西亞政府的立場起初相當堅定，表示在他們的兩名國民身分確認之前，所有遺體都不准離開，華盛頓和札格雷布（Zagreb）雙方都討論了這個問題。不過我們非常走運，透過克羅埃西亞那邊的紀錄，我們在現場馬上就找出他們的兩名國民，並將其遺體交還給克羅埃西亞政府，剩下三十三具遺體則是準備踏上回家之旅。

為了保護死者的隱私並遵守美軍的驗屍規定，放置遺體的箱子外面並沒有貼任何名牌，此外為了確保遺體受到平等對待，也只有我和我的資深士官擁有暫時的罹難者名單。如此箱子在抵達多佛後下機時，就都是平等的，沒有人能享有任何特權，也不會牴觸白宮的指示，這是我在和五角大廈通過許多電話後獲得的成果。

然而，就在把箱子裝載到飛機上之前，飛機的指揮官——一名上校，問我布朗部長裝在哪個箱子裡，我回答他無可奉告，他卻表示他官階比我還大，我於是跟他說，可以去問問五角大廈，我也是和他們聯絡的。他掉頭就走，沒有回禮，好吧。

返回美國不久後，五角大廈便請我去做個簡報，我就是在這裡紮紮實實上了一課，因為有一名病理學家注意到部長的頭部有個看起來像槍傷的傷口，但先前卻沒有經過詳細調查，這是軍方驗屍官的疏失，可是他們只是想讓遺體盡速返國，而不是要掩蓋什麼。高層卻大為震怒，不少政治家，包括當時國會黑人委員會（Black Congressional Caucus）的主席瑪克辛・華特斯（Maxine Waters）等人，都要求深入調查，因為朗・布朗本身便是非裔美國人，但這些調查都指向同一個答案，那就是意外。

飛行員根本不應該試圖在該處降落，不管是不是遭到上級施壓，類似的事件在很多空難中都曾發生，造成大量傷亡，只因為上級和飛行員在應該要掉頭時選擇迫降。但是最後整本報告上都寫著「掩蓋真相」，至今都還有人在懷疑事實究竟為何，這也就是為什麼，像我這樣的人，必須確保我們說的話以及當下的脈絡都清清楚楚。

不過這並不是說陰謀論都是空穴來風，流傳最廣的陰謀論總是和事實有些重疊，此外，只要你對航空史有點瞭解，即便聽起來頗為弔詭，但飛機上確實曾經發生過不少謀殺案。

一九八七年，一名太平洋西南航空（Pacific Southwest Airlines）的加州售票員大衛．伯克（David Burke），因為涉嫌假造六十九塊美金的飲料發票遭到解雇，所以他決定殺死炒了他的經理報仇洩憤，那名經理每天都從洛杉磯搭公司的飛機通勤到舊金山。

伯克用他的證件偷帶了一把手槍登機，甚至還在嘔吐袋上留言寫道：「嗨！雷，我覺得我們最後走到這步還挺諷刺的，我只是為了我的家人求你發發慈悲而已，記得嗎？現在我什麼都沒了，你也會變得跟我一樣。」

接著他便對前老闆開了兩槍，飛行員聽到槍聲，但是等到空服員進入駕駛艙，機長問她「出了什麼問題嗎？」的時候，伯克也從後方朝她的腦子開了一槍，空服員當場斃命。伯克接著進入駕駛艙，並表示：「我就是問題。」然後他就殺了兩名飛行員，這架晨間通勤班機便墜毀在聖路易斯歐比斯波（San Luis Obispo）的卡尤科斯（Cayucos）一座崎嶇的山腰上，機上四十三人全數罹難。

上述這起詭異的悲劇並不是第一起發生在飛機上的謀殺案。一九六四年，負債累累、走投無路、在聖安東尼奧某座倉庫中工作的前菲律賓奧運划船隊選手法蘭西斯科．岡薩雷斯（Francisco Gonzales），覺得最好的自殺方式，就是偷偷帶著一把點三五七的麥格農手槍，搭上從內華達州雷諾（Reno）飛往舊金山的太平洋航空七七三號班機（Pacific Air Lines Flight 773）。他開槍射殺了兩名飛行員，這架載著四十四名乘客及機組員的班機因而墜毀，駕駛艙黑盒子錄到的最後遺言是其中一名飛行員大喊：「我中槍了！我們中槍了！天啊，來人幫幫忙啊！」

災難的餘波總是充滿陰謀論，最大的差異則是九一一事件發生後，網路的進步讓這些陰謀論，能夠接觸到先前的陰謀論者夢寐以求的大量受眾。陰謀論的吸引力在於，其對活在這個快速變遷、舊秩序蕩然無存、每周都會出現新威脅的世界的人們，提供了某種內幕消息和控制權，讓他們免於崩潰。

當然，這些人也會心甘情願受恐怖組織、敵對政府、我們自己的政客，當成操弄選舉或地緣政治的工具，而傳統媒體守門人的式微，因為其收益已經被免費的線上廣告摧毀，也只不過是加速了這樣的過程。

這就是卡崔娜颶風期間，我在紐奧良處理遺體時遭遇的情況，因為當地政府的應變非常糟糕，而且已經有超過一千人死亡，陰謀論早就甚囂塵上。有些居民宣稱政府故意炸掉水壩，以趕走城市中的非裔美國人，而肯斯公司也弔詭地遭到指控，說我們是共犯，協助藏匿遺體，這些遺體都感染了一個非常鍥而不捨的陰謀論者口中所謂的「卡崔娜病毒」。

根據我從他寄給我們揚言提告的錯亂信件中，所得到的資訊，這種病毒是某種人為設計的病毒，目的是在二〇五〇年前消滅所有人類，但至今我都不知道原因為何。

同樣地，在最近這段全世界都受一種非常真實的病毒「COVID-19」威脅的日子，全球各地也出現許多陰謀論，認為這種病毒是由 5G 手機基地台引起，同時所有的疫苗接種，其實都是掌握在比爾・蓋茲手中，他要在所有人身上植入晶片，以追蹤我們的一舉一動。

我們現在活在所謂的「後真相世界」，大眾寧願相信推特上的陌生人，也不相信自己在新聞上看到的事物，他們相信在教室裡被射殺的小學生哀痛的父母，都是政府花錢請來的「危機演員」，以讓政府收回人民的槍枝。而在我看來，許多這類新的陰謀論，其實都是新瓶裝舊酒，透過新的媒體平台傳播而已。

畢竟我第一次處理的大型傷亡事件便是奧克拉荷馬市爆炸案，當時一名退伍軍人提摩西・麥克維炸毀了默拉聯邦大廈，他是受到白人至上主義小說《透納日記》（The Turner Diaries）煽動，小說中有個白人用自製的炸藥炸了 FBI 總部。

麥克維策劃這場攻擊，是為了報復聯邦政府一九九三年在德州韋科（Waco）突擊邪教「大衛教派」（Branch Davidians）的總部，以及一九九二年在愛達荷州的紅寶石山（Ruby Ridge）試圖逮捕藍迪・威佛（Randy Weaver）時，不慎射殺了他的兒子、妻子、和狗，並造成法警威廉・迪根（William Degan）不幸喪生。

事實上，默拉聯邦大廈正是在韋科突擊事件兩周年那天遭到炸毀，那場事件造成的傷亡，是因執法單位失控的行動導致，卻讓所謂的「愛國者」義憤填膺，也就是那些相信聯邦政府其實是獨裁政府的偏執美國人。

雖然這些人和他們的信念在全球恐怖主義和反恐戰爭下看似微不足道，但他們卻始終沒有離開，他們回來了，人數還越來越多，而且他們的陰謀論有時還會和其他有關世界運作的非理性概念結合。由於線上仇恨不斷加劇的狂熱、相關的陰謀論、狂熱分子成功讓盲從者成為武器等，我覺得之後我有很大的機率，還會再次從聯邦大廈的廢墟中拖出美國人的屍體，或是必須應變另一次恐怖攻擊，這些東西都是老把戲，只是換了個時空背景發生而已。

第十一章 準備面對下一次災難

在現代世界，將死之人有很多方式可以和摯愛告別。世貿中心裡的人們曾打給家屬，留下愛與和解的訊息，或是求助，聯合航空九十三號班機上大難臨頭的乘客，把遺言用簡訊傳給全世界。二〇一三年，一間巴西夜店發生火災，消防員從廢墟中取出罹難的青少年遺體時，他們身上的手機螢幕還顯示著焦急親屬的未接來電。

二〇一七年，倫敦的格蘭菲塔大火中，一名阿富汗男子不願遭火焚身，選擇跳樓身亡，他在往下跳之前想辦法打給兄弟，留下令人心碎的留言：「再見，我們要離開這個世界了，希望我沒有讓你失望，大家再見了。」

而我二〇〇五年在紐奧良看見的訊息，則是比較原始，當時卡崔娜颶風侵襲墨西哥灣沿岸，洶湧的水流使城市的水壩再也無法承受，一對老夫婦留下了一封親筆信給他們的女兒，他們住在貧困的第九區，屋子前方的牆壁噴滿塗鴉，由來此搜索倖存者的搜救團隊留下。

信就放在桌上，那對老夫婦一定是認為放在這裡最有可能保存下來，而他們自己則是不太可能存活了，他們原本應該可以獲救，但是紐奧良的搜救行動本身就是一場災難，所以其實他們根本沒有什麼機會。

水淹進來之前，這對老夫婦的健康狀況可能就已經不太好了，當時正值溽暑，冷氣跟所有電力都被風暴摧毀，他們根本沒辦法和外界聯繫，也不可能出去面對由一大團汙濁難聞的河水、汙水、汽油、還有天知道什麼汙染組成的洪水，更別提水中還有毒蛇跟鱷魚，搜救人員甚至將其稱為「有毒濃湯」。

即便你會游泳，你也不會想冒險，這對老夫妻的飲用水也相當有限，在沒有電視、電話、收音機的情況下，他們根本不可能知道救援什麼時候會來，或是救援到底存不存在，一分鐘想必和一小時一樣漫長，他們可能有手電筒或蠟燭，但是無邊無際的黑暗仍然讓人無法承受。

隨著水位逐漸上升，淹過陽台，漫過階梯來到一樓，他們只好躲到樓上，或許他們就這麼坐在黑暗之中度過第一個晚上，彼此打氣，「明天救援就會來了」，但隔天來了又去，還是沒有人來救他們。他們可能也有想過躲到閣樓上，很多人都這樣想，卻發現萬一水位繼續上升，他們根本沒有工具可以破壞屋頂逃出去，他們會被困住。

隨著逃生希望越來越渺茫，兩人於是寫下最後一封信，我發現信時正在屋子裡搜索遺體，現在已經不記得信中具體寫了什麼，但是基本上非常簡單、非常動人，我們最後在塞滿屋子的汙泥中發現他們的遺體，汙泥使得原本溫馨的家園變成駭人的沼澤。

＊＊＊＊＊

我常告訴大家的一件事，就是不要為剛結束的上一個災難做準備，但這正是紐奧良的街道上演的情況，城市不僅被有毒的洪水淹沒，還擠滿拯救無數人命的搜救人員，包括德州的國民兵、威斯康辛州的巡山員、紐約的消防員、私人保全承包商、還有來自鄰近地區的志工卡津海軍（Cajun Navy）等。

九一一事件已經過去四年，美國仍是全副武裝準備迎戰下一次大規模恐怖攻擊，紐奧良火力強大的軍隊，也已準備好面對蓋達組織，而不是幫助第九區的災民。警車和悍馬車疾駛過街上的死屍，不知道該向誰匯報，也缺少能夠自行展開搜救行動的設備。

有個可憐的女人就這麼「葬」在法國區某間餐廳外的人行道上，身上蓋著一塊防水布，用石頭壓著，還有一塊板子寫著絕望的訊息：「維拉在此安息，願上帝拯救我們。」

如果真相是戰爭的第一個受害者，那麼組織和秩序就是自然災害的第一個祭品，紐奧良的街道上還躺著未寒的屍骨，災民拖著疲憊的身軀，帶著所有搶救出來的家當，前往巴頓魯治（Baton

Rouge）時，政府最重要的考量竟然是救災人員的保安事宜，就好像來到戰區，而不是災區一樣。武裝護衛忙著保護行動中心人群的安全，別搞錯我的意思，保安非常重要，但是層級應該和威脅相當，而且保全人員也應該接受救難訓練。

我就看見一對夫妻在行動中心詢問一名私人保全，該到哪裡尋求幫助，他們該去哪裡避難，保全竟然機械化地回答他們：「這裡是安全區，你們必須繼續前進。」好吧，至少每次我進出行動中心，電腦都需要經過查核，確保我離開時沒有偷走政府的電腦。

卡崔娜颶風的搜救行動歸美國國土安全部管轄，這是布希政府在九一一事件後倉促成立的組織，由二十五個政府機關拼湊而來，從核災應變小組（Nuclear Incident Response Team）到動植物健康檢驗署（Animal and Plant Health Inspection Service），以應對九一一事件。

這個龐雜笨重的機構也包含FEMA在內，其在柯林頓總統主政期間，已成為世界級的應變組織，並由經驗豐富的災害應變專家領導，而本應是由FEMA負責領導紐奧良水災的應變行動，但從一開始這就是一個非常糟糕的組合，因為FEMA本來是一個災難應變組織，二〇〇三年成為國土安全部的一部分後，卻淪為災難預防組織，所以大部分的資源都改為投注在防止下一次的人為恐怖攻擊上。

美國完全想不到這時候會來個天災。

當時聯邦政府只有一座行動停屍間，在九一一事件後都一直留在紐約，這也就是為什麼負責協調國家財產的 FEMA 會聯絡我們公司，我告訴他們我可以把我們的行動停屍間還有支援團隊帶過去，他們則回覆會由 DMORT 負責驗屍工作。

所以我派了一支小隊，把行動停屍間運到距離紐奧良北邊一小時車程的巴頓魯治，我們從休士頓過去需要四個小時，當時還沒有人知道水壩潰堤造成多少人死亡，但是 FEMA 已經訂了兩萬五千個屍袋，可見規模一定很大。

我沒料到的是，現場竟然沒有人負責協調遺體搜索事宜，而且所有人都在等其他人行動，我觀察了一個禮拜，期間行動停屍間和我的團隊在各個行動中心間跑來跑去，最後竟然跑到離休士頓更遠的地方，卻從來沒有停下來或是協助任何工作。

我看到成堆沒有處理的遺體，卻以為這只是偶發事件，颶風襲擊七天後，我親自來到現場，要求召開會議，並告訴 FEMA 我要把我的人撤回休士頓，並補充如果需要的話他們隨時可以再來。

在那次與會人員包括 FEMA 的官員、軍方、公衛人員、路易斯安那州國民兵、州警、衛生部等的會議中，我們花了好幾個小時，討論該怎麼搜索住宅、辦公室、醫院，遺體可能散落在上萬個地方，而大部分都屬於私人住宅。

軍方說他們會挨家挨戶敲門，詢問有沒有人需要協助，但死人當然不可能回應，問到能否直接進入住宅搜索遺體時，軍方表示沒辦法，因為根據《美國法典》（United States Code）第十條的規定，現役軍人禁止進入私人財產，而歸聯邦管轄的 DMORT 團隊，同樣也無法進入私人財產。

一周就這麼過去，州政府遵照緊急狀況時的守則，等待聯邦政府做出應變，而且他們自己的資源也已經因搜救耗盡，更別說其中許多人自己的財產和家人也都遭受慘重的損失。讓情況更複雜的還有，路易斯安那州從前屬於法國領土，所以他們的法律系統是根據拿破崙法典設立，而不是和美國其他地方一樣採用英美法系。

簡而言之，這代表每個行政區都必須自行開設死亡證明，遺體發現的地點因而變得非常重要，即便風暴和洪水不長眼，不會遵守法定的行政區界線，但後續的遺體搜索、身分確認、交還等事宜，都必須遵守行政區的劃分。

此外，搜索行動也一定會非常艱難，因為住宅都充滿了輕易便能掩埋遺體的汙泥，遺體也可能藏在有活門的閣樓中，民眾為了躲避漸升的水位，常常會躲到閣樓裡，就連找到正確的房子都很困難，因為有些房子甚至直接被洪水從地基上沖走。因而會議最後的共識，便是現在不太可能進行大規模搜索，所以我們要先從建立失蹤人口資料庫開始，同時也記錄民眾回報發現遺體的地點。

會議開到那個時候，公衛局的長官詢問肯恩公司能否負責處理遺體，我回答可以，心裡同時也明白下一個問題會是什麼。

那就是：「恩，那你們一天可以處理多少？」長官這麼問道。

這種問題一直都是非常爛的問題，因為我們的速度主要取決於一天能夠找到多少具遺體，所以我回答能找到或送來多少就處理多少。

長官接著問：「五百？」

我回答：「可以。」

「那五千呢？」

我重覆道：「可以。如果你可以給我五千具遺體，我就處理五千具。」

因為我知道根本不可能，這時我有一些同事看起來就像要心臟病發一樣，我於是解釋我們有幾種處理方法，如果有一個社區都是遺體，我就會直接派冷藏卡車進去，如果遺體零星散落在一大片區域，我就會派出卡車分頭進行，再把所有遺體集中到中心點。

接著他們問說我們什麼時候可以開始，我回答需要幾天調派人力並建立後勤，他們同意了。

那時路易斯安那州衛生局的路．卡托迪（Lou Cataldie）醫生終於受不了了，我必須補充，他是個非常傑出的醫生，但他對我大吼：「你他媽的到底是哪位？怎麼從來都沒人提過你？」

我跟他解釋我們的身分，而且是聯邦政府找我們來的，我其實事先有打通電話到他的辦公室照會，但是因為當時通訊設施尚未修復，很明顯他根本沒接到留言。他接著告訴我，無論有沒有人要幫他，他今天都要開始搜索遺體，因為已經等夠久了。

我回答：「好啊，搞輛車來我們和你一起去。」

所以我和一些手下穿上了個人防護設備，搭上軍卡，並和卡托迪醫生一起駛過漸退的洪水，前往一間市區醫院，展開我們的工作。

卡崔娜颶風把紐奧良變成了一座現代鬼城，其死去的神經系統在我們經過時發出怪異的訊號，倒塌的樹木擋住了道路，而在六線道的 I-10 公路長著雜草的路邊，充滿棄置的汽車，不是破爛的舊車，全都是新車，車主沒油後就隨意把車丟在路邊。這座鬼城方圓百里的加油站，要不是油都已經被加光了，就是遭到警方徵收，如同城市的生氣也已被榨乾。

巨大的機場幹道成了一條幽深寂靜的水道，習慣在路易斯安那州的沼澤逡巡的救援汽艇四處遊走，搜索倖存者，穿過埋在褐色汙水中的麥當勞金拱門招牌。我們吃水相當淺的船隻經過洪水淹沒的街道時，底部會撞上沉沒汽車的車頂，腫脹的屍體面朝下浮在惡臭的水中，飢餓的流浪狗從半淹沒的建築屋頂嚎叫，還會不時舉起腳，因為鐵皮實在太燙了。

在某些災情最為慘重的地區，洪水把整座木屋從地基連根拔起沖走，使得煤氣管線漏氣，浮到水面上，有時還會引發火災，根本是人間煉獄。

而在第九區，走投無路的警察暫時接管一間遭到洗劫的超市，當成臨時據點，因為警察局已經被淹沒了，他們找來一大堆紙箱建立了陣地，並用一大排手推車，其中一輛裡面還塞著美國國旗，權充臨時入口。

祝融吞噬了花園區美麗的古老木造房屋，即便消防隊員還在，水管卻沒有足夠的水壓可以救火。雖然歐斯底里的媒體報導有暴民四處打劫，還攻擊救援直升機，但我們經過的大多數民眾，都是一些走投無路的人，就坐在他們的房子外面，紙板上寫著「很餓，拜託幫幫忙。」

被抓的搶匪大都是那些已經厭倦等待救援的人，決定自力救濟，他們很多人最後都到了中央公車站用鎖鏈圍起來的臨時監獄，那是路易斯安那州惡名昭彰的安哥拉監獄（Angola prison）典獄長布爾．凱恩（Burl Caine）設立的，眾人推舉他負責處理違法事宜。

第一天我們就跟著卡托迪醫生一起到紐奧良其中一間大醫院，開始處理遺體，醫院的人員都已撤離，但他們留下一張陽春的清單，記錄了軍隊協助他們撤離之前，他們把病患的遺體留在哪裡。卡托迪醫生表示有具遺體留在樓上的 MRI 室中，我們把醫院的門撬開，並涉過大廳深至腳踝的積水，大家很顯然是在夾縫中求生存，我們看見遺棄的毯子、排泄物、寫著「救救我們」的紙板、空罐頭。整個地方就像一座烤箱，因為緊急發電機位於地下室，一下就被洪水淹沒，使得水災第一天這裡的空調就被切斷，MRI 室的門鎖住了，所以我問卡托迪醫生要不要把門破壞掉。

他點頭同意，於是我開始用斧頭破門，我絕不會空手離開，但一名護送我們的警察大聲叫我停下來，他說：「等等，你不能把金屬拿到 MRI 附近。」

我看著他好一陣子，然後回答：「你很可能是對的，但我覺得已經停電了，所以我打算冒險。」

我砍破牆壁找到開門裝置，門終於開了，我們在裡面發現一名女子的遺體，並用一塊背板把她抬出來。這象徵我們在紐奧良的工作終於展開，而且將持續好幾個月，那年我們以南亞大海嘯展開，後來又處理了一樁發生在賽普勒斯的棘手空難，最後則以颶風作結。

*　*　*　*　*

我總是把媒體當成朋友，並把他們視為應變行動中的夥伴。

我帶我女兒到南非約翰尼斯堡的種族隔離博物館時，還給她看了一系列由一群得獎攝影師「碰碰俱樂部」（Bang Bang Club）拍攝的照片，這些照片記錄了種族隔離政策結束後發生的暴力，卻也促成南非史上第一次自由選舉。我和她解釋這些攝影師一開始是怎麼被攻擊，但非洲民族議會（African National Congress）後來向人民解釋，要是沒有這些照片，那他們的故事就不會傳播出去，後續的事件也「不會發生」，這也就是為什麼，自由的媒體對當責制度和改革很重要。

所以後來那天我才非常失望，當時卡托迪醫生和我正四處看看，卻發現有一群攝影師聚在一起拍攝某個東西，我們認為那是一具遺體，他們在拍攝這件事情讓人非常沮喪沒錯，但我們在意的不是這個。

隨著我們逐漸接近，攝影師作鳥獸散，我們發現地上其實是一具假人，只是刻意擺設成棄置遺體的樣子，更糟的是，我後來還在其他幾張相片裡，看到同一具假人。這就是為什麼某些執法人員會把媒體視為敵人，我想讓媒體瞭解的是，每次我們在追查發現「遺體」的回報時，都是在運用珍貴的資源，而浪費在假消息上的任何資源，本來都可以用在處理真正的遺體上。

至於遺體的照片，我們也非常小心，當媒體在我們身邊時，會盡量不要透露遺體的身分，因為我們不想要某個家屬或某個孩子在長大時，擁有的最後一張親人照片，是出現在某本雜誌或某份報紙封面上的遺體。即便大眾可能認不出那是誰，但家屬很可能會認出來。

卡崔娜颶風是迄今美國史上損失最慘重、死亡人數最高的颶風，淹沒了百分之八十的紐奧良，造成約一千八百人死亡，以及一千五百億美金的損失。

在城市各處搜索，並處理警方的回報時，我們在所有可以想像得到的地方都發現遺體，包括百視達錄影帶出租店、汽車後座、教堂、戒癮中心、牙科診所，還有一具遺體掛在柵欄上，另一具遺體則是用繩子綁在樹上，很可能是在等待救援時過世，鄰居只好把遺體掛在樹上，以防洪水來臨時被沖走。

也有許多遺體是在平常會出現遺體的地方找到，包括醫院的太平間和葬儀社，這些地方也和其他地方一樣遭到疏散，職員甚至根本來不及處理一座大城尋常一天會增加的遺體。

某些死者很明顯年紀都已非常大，是遭到安樂死的脆弱病患，或是根據警方後來的起訴，是被謀殺的，下手的是那些知道他們可能撐不過撤離過程的醫生。颶風過後一年，紐奧良紀念醫院的一名醫生和兩名護士遭到逮捕，並被控謀殺，但陪審團後來決定，他們不會因自身的爭議決定遭到定罪，這也顯示了在社會秩序崩毀時，要做出決定有多麼困難。

但另一起謀殺案的起訴就有成立，而肯恩公司的某些員工在其中扮演證人，我們的員工包括鑑識專家、前任警察、法醫，受過處理遺體的專業訓練，而且也深知大規模的災難和傷亡事件，對有心人士來說可以是很好的時機，讓已經居高不下的死亡人數再增加幾個，或是趁亂藏匿屍體。

這就在紐奧良的丹齊格大橋（Danziger Bridge）上活生生上演，隨著城市的社會秩序在水壩潰堤的幾天內隨即跟著崩毀，一群下班的警察在橋上遇見一個非裔家庭，竟二話不說直接開槍，也許他們是因為媒體一直報導黑人青少年混混四處打劫，甚至攻擊搜救團隊，據說是趁機向本來就不是以種族多元著稱的紐奧良警方復仇，而心生不滿才開槍。

但不管動機是什麼，他們最後殺死了一名十七歲的少年和一名四十歲的男子，男子有智能障礙，背後中槍。肯恩公司在審判中作證，因為我們負責處理棄置在街上的遺體，我們認為遺體相當可疑，老實說，要分辨被槍殺和溺死的人，其實沒有那麼困難。那幾名警察一開始宣稱他們先遭到攻擊，但一名目擊者表示，是他們先「像突擊隊一樣」朝手無寸鐵的民眾開槍，經過兩次審判後，這些警察被判有罪、入獄服刑。

＊　＊　＊　＊　＊

我們總計處理了超過七百七十五具遺體，其中有一天就處理了二十二具，而每一具遺體都是一場悲劇。當然還有聖瑞塔（St. Rita）安養院，這是一座擁有鋁製牆壁的整潔建築，但我們抵達時看起來就像恐怖片裡的場景。

這座建築當時還被洪水阻隔在紐奧良東南邊的郊區夏梅特（Chalmette），此地是林木茂盛的鄉間，就位於海灣邊緣，由於和外界隔絕，安養院在颶風襲擊後，仍保守了其可怕的祕密超過一個禮拜。我們動用了好幾艘平底船和一艘汽艇，才渡過洪水，抵達這個一度曾負責照顧老弱的安養院。

你在裡面可以看到老人和他們的照護者最後走投無路、垂死掙扎的種種跡象，因為洪水在半個小時內就淹到一百八十公分高，從前方的窗戶看進去，可以看到有一張桌子釘在窗戶上，並由一台電動輪椅固定。接待櫃台上放著一把斧頭，倉促封好的門和窗戶旁，則是散落著槌子和釘子，電動輪椅和推車的輪子連在一起，可能是來自撤離前混亂的最後時刻，也可能是某種向神祈禱試圖阻擋洪水的路障，擔架依然立在門口，還有許多床墊，可能是院方想辦法要把病患運出去。

院方認為他們面對的只是另一次熱帶風暴，就和他們先前安然度過的那些一樣，所以他們儲存了發電機、食物、飲水，並討論如果要撤離這些臥病在床的孱弱病患，過程一定會相當漫長又艱辛，而且其中某些病患已經八、九十歲了，有可能會害死他們，他們的考量因而看似頗為合理。

但這卻是致命的誤判，而且他們對吞噬安養院的洪水完全沒有任何準備。

在護士和職員的協助下，想辦法在水淹進來時逃到屋頂上的二十四名病患，最終都成功獲救，但那些臥病在床和坐輪椅的病患則不幸溺死，死前還尖聲求救。

我們的團隊踏過幾乎三十公分高、覆蓋所有東西的汙泥，成群蚊蚋飛來飛去，而這裡曾經是一座公認管理相當良好的潔淨安養院的事實，則讓眼前的髒亂更加觸目驚心。我們在滿地的厚重汙泥中，發現了一具包在浴簾裡的年老病患遺體，另一名老太太則是死在輪椅上。

我們也在城市各處的安養院和老人照護設施找到許多遺體，這些老人畢竟是紐奧良最脆弱的群體，但是聖瑞塔安養院是截至目前最震驚的場景，其中的罹難者也導致後續冗長的法庭攻防，最終由院方勝訴，他們認為他們已經做好應對颶風的準備，怎麼可能料到城市的水壩就這麼潰堤。

即便是那些成功逃出淹沒的城市，前往休士頓太空巨蛋（Houston Astrodome）和紐奧良會議中心（New Orleans Convention Center）的災民，在炙熱下度過數天的飢餓和乾渴後，也不一定能活下來。

軍方的直升機終於開始運送數以萬計疲憊的災民前往路易阿姆斯壯機場（Louis Armstrong airport）後，醫療團隊在機場設立了分類中心，試圖拯救那些好幾天沒有服用藥物的慢性病患者，包括糖尿病、高血壓等。

在紐奧良郊區的這座機場中，精疲力盡的醫生湊合著用塑膠購物袋和膠帶製作造口袋，並用行李車把那些病重的患者移到比較安靜的走廊，志工會陪伴他們走過人生最後一程。在最初幾天內便有許多人過世，光是撤離第一天，就有一萬三千人由軍方的直升機一波波運往機場，對許多人來說，航站就是他們的終點，機場也設立了額外的停屍間，來收容那些渡過最初的災難，卻沒能挺過隨後混亂的罹難者。

水災過後數個月後我們仍持續工作，工作差不多到一個段落後，墨西哥灣沿岸又生成了一個新的颶風莉塔（Rita），那年是當時美國史上颶風最多的一年，我們返回休士頓的旅程也相當緩慢又艱辛，因為隨著我們越來越接近城市，有數以萬計的人正要逃離颶風。

有鑑於剛發生在紐奧良的悲劇，莉塔颶風毫不意外帶來了史上最大的颶風撤離行動，總計有四百萬人在逃難。幾個禮拜後，則是換威瑪颶風（Wilma）侵襲加勒比海和佛羅里達州，而且根據水災的紀錄，那次颶風也曾毀壞我和我老公現在於西礁擁有的這棟房子。

我從來都不知道當時那對老夫妻寫給女兒的信，最終有沒有成功送達，我們把信交給當局，但我懷疑在隨後的混亂和淹滿城市街道的髒水中，那封信早就不見了。

第十二章　只有神和科學知道

我並不是一直都從事讓失蹤的遺體重見天日的工作，我以前也負責藏匿遺體。世界上大量身分不明的遺體和一樣多的失蹤人口數量，一直都讓我非常困擾，這個問題一部分是來自第一線救災人員缺少專業訓練，遺體和發現遺體的地點常常會告訴我們許多資訊，但是就像學習和理解外語一樣，要瞭解其中的資訊，也就是那些意義重大的細節，會需要技巧和練習。而在許多情況下，也需要頑強的決心，以追蹤這些資訊引導我們前往的各個不同方向。

我在學校修習刑事學時，正好開始學到 FBI 的行為科學小組，這是一個試圖瞭解連環殺手心理的小組，他們的成果很多都是從調查犯罪現場和遺體而來，以理解殺戮背後的方式和理由。我覺得讓第一線救災人員在正式開始工作前，擁有學習機會，這點非常重要，不幸的是，通常這種機會都不會太多，而我們也為此付出代價。

我先前曾負責訓練執法人員，教導他們如何尋找及處理遭到藏匿的遺體，通常是謀殺案的受害者，我用的遺體都是真的，由同意在死後把遺體貢獻給科學研究的死者提供。

我會用大部分兇手使用的方式來藏這些遺體，也就是埋在淺坑裡，通常是整具遺體完整埋進去，因為肢解遺體要花非常多功夫，而且也很難運送。從我的經驗看來，兇手通常不會想花太多功夫在遺體上，但他們確實會有某種習慣，以及能夠預測的行為模式，只是需要觀察。

幸運的是，現在有所謂的「屍體農場」，一次會有幾十具遺體曝露在外、泡在水中、呈半掩埋狀態，讓科學家可以研究屍體腐爛的過程，雖然有些人會覺得這很恐怖，甚至是對死者的褻瀆，但這對鑑識科學來說非常重要。這些遺體讓法醫能夠透過研究屍體上細菌排放的氣體，還有以腐肉維生的蛆生長的情況，精確判定死亡時間，這在審判過程中至關重要，此外，透過檢驗腐爛遺體身上特定的化學物質，也能協助警方尋找失蹤人口。

我剛入行時全世界只有一座屍體農場，現在則大約有六七座，都位在受到保護的地點，困難之處在於，很少執法人員會去親自跑一趟，雖然他們已經從研究中受益，但我認為，如果親自參加實務工作坊，會帶來更多好處。

第一次看到屍體，特別是腐爛或是擁有某種外傷的屍體，是件很難受的事，可能會需要一段時間才能平復，看到遺體、聞到臭味、聽見聲音帶來的震撼，將影響專注力，讓人遺漏犯罪現場中重要的線索和細節。我們看到的屍體所處的狀態，其實也並非常態，所以大部分的人一開始都會很錯愕，不知道該怎麼辦，有些人則會開始吐或是轉頭離開現場，然而，不斷接觸就可以減少震驚。

如果第一次接觸可以在受到控制的環境下進行，就能夠有支持，而且可以預做準備，因此在實際碰上犯罪現場時，也會更容易處理。我認為這件事困難的地方在於，我們看到的東西都能和自身連結，因為這是另一個人，而對許多人來說，他們看到屍體的第一個想法，就是躺在這裡的可能是他們自己，或是他們認識的人。

有時候如果有新的屍體農場開張，他們都會請我寫封推薦信，向當地機關解釋屍體農場的重要性，並爭取支持，因為當地機關可能會覺得這類研究中心非常怪異。

屍體農場的起源相當有趣，世界上第一座屍體農場是在一九七二年設立，當時田納西州的一名法醫比爾・巴斯（Bill Bass），受託調查一座南北戰爭軍官的墳墓，當地警方發現墳墓好像被挖開過，而且裡面的遺體看起來非常可疑，不僅色澤粉嫩，還完好無損，他們認為一定是有兇手把新鮮的屍體棄置在這座百年老墳中。但是分析了遺體的牙齒和服裝之後，法醫確認這具遺體確實是威廉・夏（William Shy）中校，他的遺體因為密封的鐵棺和高超的防腐技術，而奇蹟般保存下來。

很明顯，我們需要更多有關屍體腐爛過程的研究，因此世界上第一座為了在各種不同的環境中，從開闊的空地和淺坑，到水槽和後車廂等，觀察屍體腐壞的設施，就這麼成立了。

隨著我後來的經驗越來越豐富，我也理解到我們有多需要屍體農場，我有次在下課後和一名警探聊天，他想給我看一些照片，聽聽我的意見，照片上是一具在北加州山區發現的遺體，遭到嚴重損壞，他們相信是被熊攻擊導致。我雖然同意遺體非常破碎，卻懷疑照片中清晰可見的綑綁痕跡是出自人為之手，我從來沒聽過有動物會拿繩子勒死人。

我能理解有些人反對拿真正的遺體來進行研究和訓練，但這對健康照護和法醫訓練來說，都非常重要，從生理反應的角度來看，和臉部辨識有關的神經系統，和處理創傷回憶的神經系統相同，這就是為什麼，我們不太建議在驗屍時找人來認屍。因為根本沒用，我覺得我太常在解釋或爭辯這點了，總之，人們看到遺體或是某個場景時，很可能會帶來創傷，而創傷很可能會影響人們處理資訊的能力，我們都會漏掉某些東西。

蒐集遺體死因的資訊，幾乎和處理遺體本身一樣重要，大家都想知道發生了什麼事，而且他們想要真相，當你看著家屬，特別是橫跨好幾個世代的家屬，如何面對摯愛生死未卜的情況時，你很明顯可以理解，他們的過橋旅程，和那些擁有確定資訊的家屬相比，一定會相當不同。

也就是說，對那些沒有答案或資訊的家屬來說，過程一定會更為艱辛，因為摯愛就這樣消失了，沒有留下任何訊息。想像你有一個親人只是出門去上班，然後就再也沒有回來了，得知出事了，卻沒有其他資訊，是件非常糟糕的事，未知會超過已知，這種情況發生時，人類設想的未知情況，常常會比實際發生的情況，還要糟糕數百倍。

我們花了一點時間，和紐西蘭政府解釋家屬涉入可能帶來的結果，他們正在討論要重新進入派克河礦坑（Pike River Mine）。二〇一〇年十一月，此地發生了嚴重的沼氣爆炸事故，共有二十九名礦工列為失蹤，而且應該已經身亡，因為第一次爆炸後的幾個禮拜內，還陸續發生了三次爆炸。但沒有人能真的確定，因為沒人能進入他們工作的礦坑，經過將近十年後的現在，政府正在研擬新的搜索方案，許多人都認為礦工的遺體永遠都拿不回來了，可是家屬當然完全無法接受。

事故發生七年之後，二〇一七年紐西蘭工黨的競選政見之一，便是承諾設立派克河搜索機構，這是一個由政府出資的機構，負責評估能否重新進入礦坑，又該如何進入。難過的是，這卻不會和派克河爆炸三個月前發生的聖荷西礦坑（San José Mine）事故搜救一樣順利，當時三十三名智利礦工全部順利獲救。

我擔心的，是如果搜索團隊發現任何跡象，顯示有任何礦工成功逃過一開始的爆炸，這會對家屬帶來什麼影響，要是發現了一座營地，就像那些智利礦工建立的一樣呢？如果是個菜鳥負責主導整個任務，然後決定這個事實對家屬來說太難以承受呢？

在這類情況下，無論找到什麼證據，都應該開誠布公讓家屬知道，只要這是所有家屬都想知道的資訊，那他們就必須在政治領袖、媒體、全世界之前，知道這些消息，無論這些礦工是否逃過一開始的爆炸，並在後續過程中死亡，或是爆炸後隨即罹難。

這表示需要受過專業訓練的團隊，不受任何政治因素干預，我沒有在暗指什麼，我不是說紐西蘭政府插手了這件事，我認為他們的政府和人民都非常棒，我只是在闡述世界各地可能發生，有時候也真的發生的狀況而已。家屬有多常沒有辦法獲得正確的資訊，這件事讓人非常驚訝，因為他們根本沒有機會直接和參與搜索行動的人員接觸。

處理完商務部長朗．布朗不幸罹難的 CT-43 空難兩年後，我接到一通來自美軍驗屍處的電話，我當時已經不在李堡，也不再擔任五十四連隊的指揮官，而是正在加州進行另一項新的軍方任務。美軍驗屍處曾和上次空難罹難的一名年輕女子的雙親談過，他們認為，根據找到她屍體的地點推測，她應該在空難中存活下來，並試圖爬到其他地方求援，最後孤單、冰冷、痛苦地死在距離撞擊點數百公尺外的灌木叢中。

我可以理解這樣的想法，畢竟她的雙親沒有去過現場，他們懷著這個痛苦的想法超過兩年，當時確實有一個人活過空難，卻在不久後因重傷死於醫院，我通常也會把這些人算在死於空難的人數裡面，他們只是和其他人在不同時間死去，因為無論給予再多醫治，有些傷勢就是會取人性命，只是有些人撐得比較久而已。

作為搜索行動的一部分，我們也記錄了發現遺體的地點，包括距離、高度等，我們沒有座位表，所以不清楚罹難者在機上的位置，但我們知道發現遺體的地點。如前所述，這架飛機當時直接撞上山壁，然後解體成數千片散落在山區和附近的小村莊及山丘上，如同我們預期的，撞擊的衝擊力使座位和遺體飛離撞擊點之外，而我們發現這名年輕女子的地點，便是重力引領她所到之處。

我和她的雙親聯絡上，並用我當時做的筆記和他們解釋整個搜索過程，我的筆記也有提供給軍方，她的雙親人很好，和其他人一樣，也很積極參與各式協會，不僅推動飛安升級，也確保美國的家屬援助法案同樣適用於政府擁有的飛機。然而，想到我其實很早就能回答他們的問題，讓他們早點結束這樣的折磨時，我還是非常挫折。

找到失蹤摯愛的遺體，等於找到了生命最基本問題的確鑿答案，那就是：「我的摯愛真的離我而去了嗎？」

你可能不喜歡這個答案，但至少你現在有答案了，而且可以開始沉澱，然而，沒有遺體，並因此被渺茫的希望和懷疑折磨，是世界上最痛苦的事。

在大型傷亡事件和失蹤之前，人類歷史上還有各種戰爭，我們現在活在一個快速變遷的時代，科技發展也日新月異，DNA鑑定的技術正是發展最快的技術之一，如同我們在席尼．萊斯利．古德溫的案例中所見，現代的鑑識科技可以回到過去找出死者的身分。因此我們可以期待戰爭不會再造就「不知名的士兵」，甚至連某些在過往戰爭中犧牲的無名士兵，身分也逐漸水落石出。

在一九五〇年展開、為期三年的韓戰中，大約有七千七百名美軍士兵屬於「行動中失蹤」，其中某些最近終於得以回家，他們遲來的歸鄉之旅，是來自美國和北韓之間短暫緩和的關係。而這正是這個領域的領導者，也就是軍方，這麼多年來一直在規畫並試圖完成的事，唯一的限制就是能不能取得遺體。

美國國防部位於夏威夷檀香山，由其戰俘暨失蹤官兵確認署（Defense POW/MIA Accounting Agency）負責管理，造價八千萬美金的鑑識實驗室，已經擁有百分之九十二過世韓戰士兵的家族DNA資料，因為對多數韓戰士兵的親屬來說，他們當時大都還是小孩，距離並沒有非常久遠，所以他們都還活著，能夠提供相關的基因資料。相較之下，身分還沒確認的七萬兩千名二戰士兵中，只有百分之四有相關的基因資料可供比對。

隨著二戰步入尾聲，軍方花了好幾年的時間，把臨時性的公墓整併成大型墓園，同時如果家屬要求，也會把身分確認的士兵遺體送回故鄉，比較難處理的是那些無法辨識、在集中營中消失、在監禁期間遭到處決的遺體，有許多都被當成無名屍埋葬。

今日，如果要取回過往戰爭中的遺體，在搜索任務正式展開之前，都必須先進行研究，世界各地許多軍隊都保存了大量的檔案，包括單位日誌、戰役紀錄、遺體地點等，而且現在有許多都已經解密。此外，那些為政府、家屬、軍人協會工作的人，現在也都能取得這類資訊，他們也這麼做了，卻發現事情沒有這麼簡單。

有許多年的時間，特別是在美國，國防部和他們位在夏威夷的實驗室，都扮演權威的機關，針對先前的戰爭是否已進行過遺體搜索，他們擁有最終決定權，但卻沒有人可以驗證資訊的真偽。無論家屬提供什麼線索，負責處理先前戰爭遺體的軍方單位都必須負責，我覺得我可以理解這點，更重要的還有背後的動機，因為在軍中，沒辦法讓所有人都回家是種恥辱。

深深烙印在所有層級的所有領導者心中的，就是要為手下負責，我當指揮官時問手下，以及我現在派人出去執行任務，他們回來後我問的第一個問題，都是總共有幾具？所有人都找到了嗎？因此，如果必須由家屬自己搜索遺體，國防部的某些人可能會將其視為一種挫敗，然而，對其他人來說，一切都是關乎官僚體系，而他們的任務就是保護整個體系，他們的體系。

此外，也有人擔心，隨著找到越來越多遺體，過往犯下的錯誤也會遭到揭露，而這很可能就是背後最重要的因素。但是國防部不瞭解，而我了然於心的，則是任何錯誤都能夠受到容忍，大家甚至都會期待是搞錯了，按照當時的科技來說，二戰結束時成功找到並埋葬的遺體數量已相當驚人，但其中還是有一些錯誤，而且永遠都不會是一個小錯而已，因為如果認錯了一個人，很有可能就會連帶搞錯其他人，但大眾難以接受的，是他們遭到阻礙。

對家屬來說，時間非常寶貴，而且他們把自己視為解決方法的一部分，令人遺憾的是，在那些家屬最後成功的案例中，大多數都是他們和美國政府對簿公堂。我有時也常被要求提供一些可行的案例，比如說，最近有人就請我提供在一九四一年日軍入侵菲律賓時，喪生的七名美軍的家屬，一些有用的資訊。

你可能會覺得，因為這些士兵都戰功彪炳，其中一人是在二戰中第一個獲頒「榮譽勳章」（Medal of Honor）的士兵，另一個則是史上唯一一個被敵人處決的美國將軍，應該花更多心力尋找他們的遺體才對。但是並沒有，這七個人，包括一名在惡名昭彰的「巴丹死亡行軍」（Bataan Death March）中存活下來，最後卻死於戰俘營的士兵，他們的遺體據信都是埋在馬尼拉美軍公墓（Manila American Cemetery），此地位在馬尼拉附近，先前是麥金利堡（Fort McKinley），墓碑上就簡單寫著「無名氏」。

家屬花了多年時間尋找、和這些士兵的同袍談話、埋首在軍方的喪葬紀錄中，只為了找出摯愛埋葬之處，但軍方現在卻拒絕重新挖出這些遺體，部分可能是因為官僚體系本身的問題，部分則是因為七人中的其中一人，二十三歲的中尉亞歷山大．「山迪」．尼寧格（Alexander "Sandy" Nininger）的遺體先前就曾被挖出來，而相關的檢測無法證實他的身分。然而，如同我們在鐵達尼號的案例中看到的小男孩，老舊的 DNA 鑑定技術可能無法檢測更為古老的遺體，現今的技術準確率應該會更高。

不管從任何標準來看，尼寧格都是一名真正的英雄，他前去救援一支正遭受猛烈攻擊的部隊，用步槍和手榴彈堅守陣線，對抗日本狙擊手的火力，最後卻犧牲成仁，死後追頒榮譽勳章。他的死對姪子約翰・派特森（John Patterson）來說，仍是相當痛苦的回憶，他最後一次看到舅舅是在一九四二年尼寧格出發前往戰場前。

現在已垂垂老矣的派特森最近向媒體表示：「他是我一生的英雄，他死時我才六歲，而我至今仍然記得我母親聽到他過世時的反應，她整個人都崩潰了，我覺得她從此之後都變得不一樣了，因為他們非常親近。」

雖然有「不會拋下任何人」的高貴情操，但對某些人來說，現實卻是一座緩慢運轉的巨大官僚機器，在本質上便會避免任何可能引發爭議的決定，因而尼寧格的案子現在還卡在法院裡。

可不是只有美國才會發生這種情況，差的遠了。我常問別人他們覺得二戰最後一座墓園是何時啟用時，他們通常會猜是一九五〇年代的某個時候吧，最晚頂多一九七〇年代，完全錯誤。

德國軍人最後一座大型墳墓是在二〇一九年啟用，共有超過一千八百三十七名士兵長眠在俄羅斯伏爾加格勒（Volgograd）附近的羅索什卡德國戰爭公墓（Rossoschka German War Cemetery）。另一座於二〇〇〇年啟用的公墓，則是位於俄羅斯西部的城市斯摩倫斯克（Smolensk）附近，此地是一九四一年納粹入侵蘇聯時的主要戰場，總共埋葬了三萬名士兵，但目前只有一半的身分經過確認。

德國仍把士兵屍體埋在二戰東部戰線的原因，是因為他們一直無法進入該區，直到一九八九年柏林圍牆倒塌為止，三年後，德國的戰爭公墓委員會開始和蘇聯瓦解後的俄國當局合作，開始尋找及辨認德國士兵的遺體，他們最後發現了八十萬具遺體，數量相當驚人。最後總共有七萬名德軍士兵埋葬在斯摩倫斯克附近的杜克夫斯納公墓（Dukhovschina cemetery），規模比位在法國北部和比利時的德國戰爭公墓還大上不少。

德國現今得以安葬其士兵的主要原因，是因為尋找失蹤的遺體一直以來都需要視當時的政治和法律限制而定，當然還有那些實際的限制，對現代國家來說，戰時的歷史可能很難承受，而且政客也不會想處理這個燙手山芋。

例如二〇一三年時，日本首相安倍晉三拜訪靖國神社，就引起軒然大波，飽受各方抨擊，因為在二戰中失去數百萬條人命的中國，將靖國神社視為日本軍國主義侵略的象徵。也是因為同樣的理由，日本直到近年才開始在他們二戰時和美國作戰的各個太平洋島嶼上，搜索失蹤士兵的遺體。

另一個這些遺體得以重新埋葬、確認身分的原因，則是因為科技的進步，已經能夠輕易辨識遺體的身分，進而成功減弱政府先前讓死者「就地安息」的想法，即便死者的家屬這麼多年來，都一直受到沒有墳墓可以緬懷親人這件事折磨。

其中一個讓人震驚的案例，便是美國空軍中尉麥克・約翰・布萊希（Michael John Blassie）漫長的回家旅程。一九七二年五月，二十四歲的戰鬥機飛行員布萊希，奉命開著他的蜻蜓式轟炸機，到越南南部戰火綿延的安祿（An Loc），攻擊包圍南越部隊的北越部隊，但在這趟任務中，他的機翼卻被防空武器擊中，導致飛機墜毀在敵軍掌控的區域。直到五個月後南越重新控制該區域，美軍的驗屍部隊才能取回遺體，那時遺體已經被熱帶的酷熱和環境化成幾根骨頭和降落傘的碎片。

這具遺體似乎是布萊希沒錯，但是也有另一架美國軍機墜毀在同一個區域，所以遺體運回夏威夷時只有標示著「疑似麥克．布萊希」，而美軍的中央身分辨認實驗室，也只給了遺體一個正式的官方編號「X-26」。

一九七三年，隨著越戰因《巴黎和平協定》（Paris Peace Accords）簽署落幕，美國國會也批准建立一座新的紀念碑，來紀念這些在南亞奮鬥並犧牲生命的軍人，但他們要完成這次紀念儀式，還少了一具必須放在首都華盛頓廣場墓碑下的無名士兵遺體，就在二戰和韓戰的紀念碑之間。

即便當時的遺體鑑定技術已經有所進步，要找到合適的遺體仍然不是一件容易的事，所以要一直到一九八四年五月，也就是布萊希過世十二年後，軍方才決定要選擇中尉的屍體，裝在軍方的棺木中，運往華盛頓，並接受二十一響禮砲的致敬。布萊希的棺木是放在美國海軍「布魯頓號」（USS Brewton）的直升機機庫中航經太平洋，運往夏威夷，全程七天的旅程中，都有水手和海軍官兵誓死捍衛棺木。

不管在哪裡，大部分無名士兵的遺體永遠都會有人守護，象徵為國家做出最終犧牲的軍人，永遠都不會孤身一人，他們的墳墓也不會遭到玷汙。

布萊希中尉因而成為越戰的無名英雄，即便軍方某種程度上其實知道他的身分，然而，就和鐵達尼號中的小男孩一樣，懷疑永不逝去，調查記者一路追蹤遺體的旅程回到安祿附近的地區，使得布萊希的家屬發現遺體的真實身分。

一九九八年五月十三日，軍方重新開棺，並將遺骨拿去進行DNA檢定，使得遺體的身分終於蓋棺論定，兩個月後，布萊希中尉的遺體就由家屬重新埋葬在家鄉聖路易，越南再也沒有無名的美軍士兵了。

從英國第一次把一戰後失蹤和死亡的九百萬名士兵的其中一名，列為「無名屍」，並將其埋葬在西敏寺後，這名士兵一直以來都是能夠從那場「終戰之戰」中，回到家鄉安息的唯一一人，直到福克蘭戰爭情況才有所改變。英國的士兵大都埋葬在死亡地點附近，包括比利時、法國北部、散落在各個戰區的墓園等，但這並不代表他們遭到遺忘或是孤身一人。

即便到今日，距離一戰結束已經過了一個世紀，在比利時伊珀爾（Ypres）的曼寧門（Menin Gate），每晚八點交通仍會暫停，樂隊則會開始演奏〈最後的守望〉（Last Post），這個紀念儀式除了德軍在二戰時占領此地曾被迫中止外，從一九二八年起每晚都會舉行。

曼寧門也記載了所有在一戰中失蹤的大英帝國士兵姓名，我曾造訪該地多次，每次都非常感動，偶爾還會發現有人的名字遭到刪除，因為士兵的遺體已經找到，並經過確認，終於回家了，也能看見許多小小的塑膠紅花放在不同的名字下，伴隨著手寫的紙條，紀念早已遠去的親人。

隨著時間不斷流逝，英國政府也逐漸理解，家屬會比較希望能夠自行選擇，是否要讓摯愛留在遙遠的戰二戰結束後，英軍少將歐德．溫蓋特（Orde Wingate）的遺孀洛娜．溫蓋特（Lorna Wingate），曾向現今伊莉莎白女王的叔叔，數十年後因愛爾蘭共和軍的暗殺炸彈，死在自家漁船上的蒙巴頓伯爵（Lord Mountbatten）請求，挖出丈夫的遺體，並帶回家鄉舉行家族葬禮。溫傑特將軍也是一名豪傑，曾帶領「緬甸遠征軍特種部隊」（Chindits）抗日，並在一九四四年因空難死於印度。但即便兩人曾一同服役，蒙巴頓伯爵仍表示這是英國政府的政策，溫蓋特將軍的遺體應該留在原地。

諷刺的是，溫蓋特將軍的遺體其實曾經移動過兩次，最後也沒有回到家鄉，而是到了美國的阿靈頓國家公墓，成為六十名埋葬於此的外國人之一，因為他失事時搭乘的是美國陸軍航空兵團（US Army Air Corps）的飛機，身旁也是美軍的機組員。墜機之後，當地村民隨即將屍體埋在亂葬崗中，後來還回報屍體都已無法辨識。

一九四七年，英國政府則是把所有的遺體都移到位在印度的英帕爾戰爭公墓（Imphal War Cemetery），這是屬於英國的軍人公墓。接著在一九五〇年，美軍在世界各地尋找失蹤士兵的遺體時，又把屍體給挖了出來，因為空難中有美國人罹難，並把所有遺體都移回阿靈頓國家公墓。

第十三章 亂葬崗和戰區

波士尼亞與赫塞哥維納圖茲拉（Tuzla）廢棄的鹽礦外，有數百具屍體放在架子上，有些裝在屍袋中，有些則是包在塑膠裡，一九九五年的冬天非常寒冷，使得屍臭不那麼重。不像在海地，你就算閉著眼睛，光靠鼻子還是能找到停屍間。

陪我到礦坑的其中一名波士尼亞警官指向成排的屍首，屍體放在古老隧道粗糙牆邊的木架上，很多都沒有名牌，也沒有任何可供辨識的特徵。當時我擔任第五十四後勤連隊的指揮官，受派到圖茲拉為美軍基地建立驗屍處。

警官開口問我：「你什麼時候才要來幫我們處理這些？」

我看向他，只能聳肩回應：「抱歉，這不是我們負責的。」

圖茲拉和附近大部分地區一樣，都經歷戰火肆虐，人民已疲憊不堪，維和任務基本上是失敗的，但不是因為維和部隊的問題，而是來自當地政治情勢、炸彈攻擊、大量的處決，或說謀殺，所造成的各種問題。

這次並不像在海地，五十四連隊在北大西洋公約組織同意於巴爾幹半島駐軍後沒多久，便先讓主要部隊一步前往當地。戴頓協定在一九九五年感恩節前不久簽訂，我的手下接到假期取消的通知，幾個小時後就踏上旅程。先是帶著我們所有驗屍設備抵達德國，接著便直接前往波士尼亞的第三大城圖茲拉，這座城市以古老的鹽礦聞名，我們抵達時才剛剛從塞爾維亞人的炸彈攻擊中恢復元氣。我們的單位在一處仍由瑞典人和其他斯堪地那維亞部隊佔領的基地落腳，他們都屬於聯合國失敗維和任務的一份子。

北約在當地的目的從一開始就很明顯，那就是防止再有人喪命，這件事情非常重要，卻也相當困難，至於重建這個國家並建立長久的和平，就得交給別人負責了。

盟軍的指揮階層中，沒有人曾經考慮過，要如何處理二戰後歐洲大陸上規模最大的傷亡，所帶來的遺體。我的指令非常簡單：找出並帶回所有在履行職務、維護戴頓協定的途中，喪生的北約士兵，針對少數的外國職員也比照辦理，他們死在一個沒有任何官方法醫可以依法開立死亡證明，或運送遺體回到家鄉的國家。甚至連處理非北約人員的遺體時，我也會因為上級的關係非常難過，這就是軍隊的死板之處。

要在巴爾幹半島維持長久的和平，幾乎是不可能的事，我完全理解這點，而我是個軍人，所以必須遵守上級的命令，但是在執行時卻非常難受。這時我已經見識過各式各樣的死亡，不管是意外、恐怖攻擊、謀殺等。但是在巴爾幹半島，死亡完全是工業規模，我只有在書上看過，或是如果我先前發射了飛彈，才可能會造成這種規模的傷亡。

和許多人一樣，我以為這都已經是過去式了，但並不是，那時是一九九五年，這些事情就在我們眼前上演。但我們的領袖卻根本不理解這點，或者是不想去理解吧。

他們不想處理死者，不想幫助失去摯愛的家屬找到他們失蹤親人的答案，我們只是在原地踏步，拖延悲傷，也讓這個被殘酷戰爭撕扯成一片片的國家遲遲無法開始療傷。起草和平協定的那些人只想往前看，不想回顧過去，並承認那些他們也曾參與其中的暴行，而回顧過去的其中一個關鍵，便是照料死者。

如同在空難或天災後，將確認身分的遺體交還給家屬，是件非常重要的事，同樣的過程如果把規模擴大，也能幫助一個受戰火蹂躪的國家療傷，特別是一個充滿亂葬崗的國家，亂葬崗裡的無名屍首象徵了許多沒有解答的問題。

許多失去全家，也不知道遺體下落的人，並不想「忘掉一切、繼續生活」，美國和北約的高官幾乎是如法炮製了狄托（Marshal Tito）的方式，他是二戰時的共產黨游擊隊領袖，後來領導南斯拉夫長達數十年。我覺得這令人非常難受，狄托的方式便是忽略過往的爭端，他確實對統一國家貢獻良多，但國家能夠統一全是因為軍隊，而不是來自正確的長期經營方式。

但我每次只要一提到亂葬崗的問題，都沒有人想要插手。我於是指出，如果可以取得遺體，就能回答戰爭結束後所有人都會問的那些基本問題：我的摯愛還活著嗎？他們是怎麼過世的？又是在哪裡過世的？有了這些問題的解答後，人民就可以開始適應新生活，並瞭解人生永遠改變了。這個方式或許對某些人沒用，但對大多數人都很有用。

然而，如果沒有遺體，那麼大部分的人根本連這個過程都無法開始，只會困在暴力又痛苦的過去，並成為無窮無盡的謠言及猜測的受害者：「嘿，我上次見到你兒子是在某個營地，所以他很可能還活著。」

＊＊＊＊＊

一九九五年我抵達波士尼亞時，人們都還在追逐那些祕密基地的傳聞，據說失蹤的人都還活著，只是遭到監禁，因為有太多人無緣無故消失了，總共有四萬人。於是大家開始問，他們會在哪裡？他們不可能全部都被殺……有可能嗎？大家知道這是一場慘無人道的戰爭，但是人們通常很難一下就理解這種大規模的暴行，反倒是很快就會抓住一些渺茫的希望。

我始終不確定我們為什麼不想插手，有可能是因為某種集體的愧疚或恥辱，有些人會覺得，如果不是發生在你的國家，那就不關你的事，我不同意這種看法，有這麼多國家都這麼強大，也應負起相應的責任。

二戰的猶太大屠殺過後，許多國家都說過「不會再發生了」，但我們還是這麼站在一旁任其發生，一次又一次，而且這次我們甚至不能怪在冷戰的緊張局勢上。我們就站在一旁，看著八十萬人在盧安達被彎刀屠殺，我們就這樣扭著雙手看著巴爾幹半島出現集中營和大屠殺，而柯林頓總統害怕地看著索馬利亞武裝分子把黑鷹直升機機組員焦黑的屍體拖出來，在摩加迪休（Mogadishu）遊街示眾，然後問：「怎麼有人會做出這種事？」

所以我們就只是別開目光，忽視不看人性最黑暗的那一面，一九九五年決定轟炸波士尼亞的塞爾維亞人基地並終結戰爭，是個好的開始，但卻來得太晚，到了那個時候，大家根本已經不在乎死者，所以我們也忽視死者。

同時，我卻看著那些我們懷疑是戰爭罪犯的人，大搖大擺地走在波士尼亞的街道上，但我們並沒有任何職權可以有所作為，每次我跟上級講到這件事，他們就回我：「上尉，這不是我們的事。」

狄托建立了這個基本上是個共產政府的國家，但也有一些自由經濟改革和西方政府的方式，所以即便早期採高壓統治打壓異己，許多人還是認為其非常成功。很多人可能都記得一九八四年在塞拉耶佛舉辦的冬季奧運，但我十一年後來到此地時，絕對是他媽的人事已非。

狄托採用簡單粗暴的方式，也就是禁止談論任何族群議題以及剷除異己，來壓制越演越烈的種族和民族衝突，包括波士尼亞人、塞爾維亞人、克羅埃西亞人、斯洛維尼亞人之間，以及基督教和穆斯林之間。這種無視過往恩怨的作法，例如克羅埃西亞人在二戰時就選擇和納粹站在同一陣線，塞爾維亞人則是在德軍入侵時付出慘痛代價，在狄托在世時還算管用。

然而，在他死後十二年，柏林圍牆倒塌後，所有世代積怨一次爆發，在巴爾幹半島引發一系列戰爭，可說弔詭地重演了百年前在此地挑起的爭端，後來甚至導致一戰。而且這些宿怨，並不會因為圖茲拉和塞拉耶佛的街上出現美軍和北約士兵就會一夕消失。

別忘了，拉特科・穆拉迪奇（Ratko Mladic）將軍的波士尼亞塞爾維亞人軍隊，一路暢行無阻開進雪布尼查（Srebrenica），屠殺八千名穆斯林時，也有聯合國部隊在場，這隻來自荷蘭的部隊負責保護所謂的「和平區」，最後也沒有任何人出來負責。戰爭結束後那幾年間，我不管來到巴爾幹半島的什麼地方，都只會遇見受害者。所有人都告訴我，他們才是無辜的，每個人都失去了某個人，但內戰時的暴行永遠都是其他人幹的。

宿怨依然持續沸騰，遺體身分確認的速度卻相當緩慢，墓碑上沒有名字，受害的波士尼亞人也永遠沒有一個真正的處所可以憑弔。

有時候，我會親自去看看那些亂葬崗，只是要瞭解一下情況，以免哪天命令真的下來，需要我們做點什麼，開車經過這片戰火肆虐的鄉間，我注意到根本沒有什麼年輕男子和中年男子，要不是被殺了就是已經逃離。我們會駛經全毀的村莊，或是人去樓空的村莊，因為有太多地雷還沒清除，有時候鎮上則是大都完好無損，只有一兩間建築物遭到破壞，這時你就會理解，這些房子裡住的是錯誤的民族。

有時我們則會經過不久之前都還是前線的地方，並遇上「窮人版路障」，也就是穿著不合時宜戰鬥服裝的軍人，他在路上放了反坦克地雷，並告訴我們此路不通，如果我提醒他我帶著無線電，隨時可以呼叫更多火力支援，那麼這場爭辯的結果便無庸置疑。

偶爾我也會飛到塞拉耶佛，前往各種不同的聯合總部辦公室，其中一間辦公室就位於一九一四年六月二十八日那天早上，奧匈帝國的斐迪南大公展開那場致命旅程時，所住的同一間飯店。開過街上，我看見波士尼亞士兵花了好幾年在天寒地凍中挖掘的壕溝防線，讓我想起我在書上讀到的一戰戰場。

那些時候，我不禁思索在加夫里洛・普林西普（Gavrilo Princip）暗殺大公八十年後，我們真的有學到什麼教訓嗎？我也發覺「不會再發生了」和「不能在這裡發生」這類詞彙，多半是一廂情願，而不是現實，同時如果我們再度疏忽，那麼要再次開戰其實也不是那麼難的事。

幸運的是，一九九五年時，出現一個組織下定決心要解決巴爾幹半島大量無名屍的問題，非政府組織「人權醫生組織」（Physicians for Human Rights）的領導者，來自美國的法醫威廉・哈葛倫（William Haglund）醫生，矢志要將雪布尼查大屠殺的兇手繩之以法。我和其他許多同行，都認為哈葛倫是在死亡調查及戰爭罪的審判中，引進鑑識科學的先驅，他對工作鞠躬盡瘁，甚至在亂葬崗附近紮營，以避免有人試圖掩蓋及摧毀證據。

哈葛倫和他在人權醫生組織的團隊，展開了緩慢又痛苦的挖掘及分析，並花了好幾年蒐集證據，最後終於成功將波士尼亞塞爾維亞人的領袖雷多萬・卡拉季奇（Radovan Karadzic）和他手下的頭號將軍穆拉迪奇，永遠丟進海牙國際法庭的大牢中。

但在巴爾幹半島各地鑑定上百萬具遺體的工作，根本不是任何非政府組織可以負荷的。苦行僧般的投入也不足以改變這個政治情況複雜的環境，在這裡過往的積怨仍未化解，還必須好說歹說讓從前的死對頭願意攜手合作，需要大量的外交和政治手腕，因為如果某個政府覺得自己受到不公平對待或是遭到歧視，就可以直接中止挖掘，調查團隊只好空手而歸，必須要有更多努力才行。

一九九六年，柯林頓總統或許是因為當初始終猶豫不決，遲遲才對波士尼亞發動後來證明其實是大獲成功的軍事行動，所以心懷愧疚，因而呼籲成立「國際失蹤人口委員會」（International Commission on Missing Persons，簡稱 ICMP），該委員會將在巴爾幹半島設立據點，負責蒐集在四年的內戰中，散落各地的數萬具失蹤無名遺骸的 DNA，並進行相關測試。

我和美軍來到波士尼亞的四年之後，再次和肯恩公司回到此地，協助 ICMP 建立必須的守則和流程，以完成這項龐雜的任務。我們雇用了全職及兼職法醫，他們負責訓練當地的職員，以在他們離開後繼續進行任務，畢竟最後這仍是一個巴爾幹半島人民必須自己解決的問題，而且每個國家都希望遺體由自己人處理，因為他們始終都不相信其他人。

我回到那個我服役時在圖茲拉去過的隧道，裡面依舊充滿屍體，雖然不確定是不是我先前看見的那些，而且也不只這座隧道而已。在整個波士尼亞，都有存放無名屍的倉庫，通常是樸素的水泥建築，擁有破掉的窗戶，裝在塑膠屍袋裡的遺體和屍塊，就這麼放在架子上，數量多到數不清。用來檢驗和辨識這些遺體的工具，也相當陽春，我發現金屬桌上放著頭骨，卻只有一把刷子可以用來清理，我們必須建造新的設施，並引進現代設備，同時訓練相關的鑑識人員，但這一切都和政治有關。

如果我們在波士尼亞挖開了一座墳墓，我們也必須在塞爾維亞和克羅埃西亞各挖一座，因為即便波士尼亞塞爾維亞人可能是殘忍暴行的兇手，兇手卻不只他們。我們開挖時無論種族和國籍，也不是要指責誰，這是在政治和法律上的必要讓步，如此才能順利讓遺體回到親人手上，

而要辨認遺體，只能依靠當地居民的幫助，因為你必須向民眾採集生前的 DNA 樣本，這樣才能找出遺體的身分。我花了一個禮拜在附近奔波，和政治領袖見面，並對每個人都宣稱自己是其他

人惡行之下的無辜受害者，感到非常驚訝。每次談話的開頭都是一樣的，會有一杯茶，還有一句：「你必須理解，我們是受害者。」

ICMP的規模此後不斷擴大，這個組織現在已讓巴爾幹半島各地亂葬崗的無名屍中，百分之七十的身分水落石出，包括雪布尼查大屠殺中百分之九十八的罹難者。ICMP在波士尼亞的亂葬崗中採用的DNA鑑定技術，使其在辨認戰爭、逃難、天災的死者上，成為首屈一指的機構，而且他們的鑑識專家，後來也曾加入許多我參與的救災工作，包括卡崔娜颶風和二〇〇四年的南亞大海嘯。

ICMP的規模也已拓展到前南斯拉夫地區之外，並在海牙設立一座新的永久總部，同時其職員的專業知識也蓬勃發展，近幾年他們甚至會協助鑑定死在加州野火中的焦屍。目前他們則是在處理二〇一五年的難民潮發生時，留下的無名屍首，當時有上百萬人為了逃離敘利亞、利比亞、漠南非洲的戰爭和飢荒，試圖從陸路或凶險的水路前往歐洲，可說是史上規模最大的難民潮。

ICMP是這類組織中最龐大的一個，此外也有其他許多小型組織在調查失蹤人口，拉丁美洲就有很多，我曾和其中一些合作，提供訓練和諮詢，等我退休之後，我也希望可以助他們一臂之力。

而其中最有希望，卻也最讓人心碎的失蹤人口調查計畫，便是要尋找在薩爾瓦多內戰中失蹤的孩童，當時政府從父母身邊奪走孩童，有時候也會順便殺了父母，接著其他家庭會收養這些孩子，並告訴他們父母已經身亡，但其實並沒有。現在這些孩子都已長大成人，父母也還在尋找他們，因此在一九九四年時，展開了一項計畫，先蒐集父母的DNA，讓那些認為自己當時曾經遭到綁架的孩童，可以進行DNA檢定，到了一九九六年，這項計畫已經成功讓二十九個家庭團聚。

我從這類計畫中學到的一件事，就是身分是基本人權，波士尼亞的亂葬崗最讓人困擾和難受的一點，便是兇手常常會肢解屍體，並把屍塊和遺物棄置在不同的亂葬崗，這樣不僅會讓家屬更加痛苦，因為這就好像他們的摯愛根本沒有存在過，同時也能遮掩行跡。

相較之下，海珊算是一個比較俐落的屠夫，他至少會讓受害者的遺體保持完整，不過他手上也沾滿無數鮮血就是了，海珊的手下會讓受害者列隊，這樣屠殺起來才會比較有效率，但這也讓海珊終於遭到推翻後，挖掘遺體時較為方便。我本來以為這至少能讓處理遺體的過程，不像波士尼亞那麼複雜，但我不久後就發現，伊拉克也有自己的複雜問題，讓人非常頭痛。

＊＊＊＊＊

美軍把往南離開巴格達的高速公路稱為「坦帕路」（Route Tampa），這條路直直穿越沙漠，經過巴比倫，抵達波斯灣的港口巴斯拉，最後則是抵達美國盟軍的後方基地科威特。

坦帕路也直直穿過海珊舊時的殺戮戰場，也就是他試圖藏匿遺體之地，但他沒有很努力就是了，因為這個伊拉克獨裁者想要讓人民清楚知道，起身反抗他會有什麼下場。你會遭到綁架，蒙著眼睛被帶到一片荒野中，然後就在會成為你葬身之地的淺坑邊，後腦吃上一發子彈，你夠幸運的話，事前不會遭到折磨，如果你真的非常幸運，你的家人也不會和你在同一個地方團聚。

二〇〇三年四月，海珊政權垮台後的那段時間，上萬人沿著坦帕路及附近的道路前進，穿越棕櫚樹和稻田，以及兩側長著樹木的細流，河流從巴比倫時代就開始灌溉農作物。其中許多人都是伊斯蘭教什葉派的朝聖者，數十年來第一次可以自由前往南方，到聖城納謝夫（Najaf）和喀巴拉（Kerbala）慶祝他們的節日。

但其中也有許多人，是在找尋另一種靈魂，他們在找的是多年來在這個地區消失的死者和失蹤者，謠言已經流傳了好幾個月，在半個世紀以來第一份獨立的報紙上，出現許多不可靠的傳聞，描述農夫在美軍開始轟炸之前，目睹軍方的卡車於黑夜抵達，囚犯被帶出監獄，再也沒有人看見，隨後附近的沙漠傳來槍聲。在美軍佔領後的混亂中，絕望的家屬三三兩兩外出尋找失蹤的親人，大部分是步行，有些則是搭著快解體的計程車和小貨車。

通常都沒有人負責監督這類倉促的亂葬崗挖掘，沒有警察在監督犯罪現場，因為警察自己就是罪犯，在美軍的第一枚炸彈落下時，便拋下職責，逃之夭夭。擠滿淺坑的男男女女都是普通人，有些人帶著鏟子，有些人則是徒手挖掘，挖到手都裂開，覆著一層塵土。

他們的眼神狂亂又絕望，同時卻也充滿希望，那是好幾年來沒有答案的悲傷和痛苦，以及最後終於能將摯愛埋葬在「和平谷」（Wadi Salaam）的希冀。和平谷是位在納謝夫的巨型公墓，號稱世界上最大的公墓，而且也很快就會塞滿那些在二〇〇三年夏天駭人的內戰中，喪命的死者，內戰的陰影仍未消散。

許多人都帶著失蹤人口的家庭照，或是身分證，但大部分的人其實都明白，沒有人能從照片認出他們的兄弟、父親、姐妹、兒女。因而他們改以把親人失蹤那天的打扮牢牢烙印在心中，像是藍色的塑膠涼鞋、條紋上衣、特定款式的皮帶等，他們知道戒指和首飾會是親人在進入阿布格萊布監獄（Abu Ghraib）的大門後，第一個被偷走的東西，也可能是落入當地無所不在的祕密警察手中。

他們就這樣開始挖掘，直到挖到第一團糾結的屍體，通常大概只需要挖三十到六十公分，海珊的劊子手會把墳墓挖的又長又直，但非常淺，畢竟瞭解擅闖的後果，誰又有膽來這裡偷雞摸狗呢？只要一有遺體或是發黃的四肢從臭氣薰天的坑洞中挖出來，就會有一聲淒厲的「真主至大！」人群接著便會衝上前檢視遺體。

至於無人認領的遺體，則是會由當地的宗教慈善組織移至公墓埋葬，這些人通常都和在戰爭爆發後湧進伊拉克的各式政治團體有關，大部分都是從鄰近的伊朗而來。而那些有親屬認領的遺體，則會送往巴格達的中央停屍間，等待過勞的法醫開立死亡證明。

停屍間本身則是遺體獵人的目標。母親會前來詢問有沒有任何失蹤兒童的紀錄，不斷和工作已經堆得跟山一樣高的法醫攀談，襲捲整個混亂城市的暴力，又帶來了新一波的遺體。

我在二〇〇三年夏天前往巴格達時，就曾看見這些痛苦之人，不過我並不是到巴格達協助挖掘或驗屍，就像在波士尼亞時一樣，美軍並不會協助當地療傷，而是任其在內戰爆發後繼續腐爛。此外，美軍和英軍也有更迫切的任務，海珊竟然逃過圍捕，而且他的支持者已經組織了一支游擊隊，每隔幾天就會傳來盟軍士兵身亡的消息。城市各處都有大型汽車炸彈爆炸，因為伊拉克不設防的邊境讓數以萬計的伊斯蘭聖戰分子、蓋達組織恐怖分子、伊朗特務，如潮水般湧入這個國家，對抗剛抵達的「惡魔」。

其中一起汽車炸彈事件，就是我來到巴格達這個戰區的原因。每次我帶訪客參觀辦公室時，都有不少人會停在我們蒐集的防彈背心和頭盔前，卻不知道有時候我們真的必須前進戰區。沒人覺得恐怖分子或激進分子會攻擊聯合國，聯合國的維和任務過去確實被攻擊過不少次，飛機曾被擊落，特使也曾遭暗殺，但卻沒有針對組織本身，或是由安理會指派的代表，發動過攻擊。

畢竟聯合國並不是要執行美國的占領，而是要協助重建這個傷痕累累的國家，所以就像在峇里島的澳洲人，聯合國在伊拉克的高層，也從來沒想過組織本身會成為目標。這就是為什麼，他們在維安欠佳的運河飯店設立基地，和美國設在綠區銅牆鐵壁般的總部相比，他們的安檢根本就相當寬鬆，而這也是聯合國刻意要營造區別之處。

這項任務的巴西籍負責人賽吉歐．維耶拉．德．梅羅（Sergio Vieira de Mello）就曾表示，這樣的便利讓伊拉克人可以前來求助。不幸的是，這也讓當地渴望成為蓋達組織領袖的恐怖分子阿布．穆薩布．阿扎卡維（Abu Musab al-Zarqawi），派出的自殺炸彈客，能夠開著一輛載滿爆裂物的卡車，直直撞進德．梅羅辦公室下方一堵脆弱的煤渣磚牆，爆炸造成建築的西側全毀，德．梅羅本人和二十二名職員不幸罹難。

就像在將近十年前，奧克拉荷馬市的聯邦大樓遭到炸毀後，管轄權相當混亂一樣，這座位於美軍占領伊拉克的聯合國建築，情況也非常混亂，飯店本身雖然絕對屬聯合國管轄，但是在一個遭到外國勢力占領、政府無法獨立運作的國家中，沒有人知道該如何是好，情況也瀕臨失控。

聯合國秘書長辦公室於是聘請我們找出德．梅羅和罹難職員的屍體，並確保他們能回鄉安葬，因而我們的工作便是突破軍方的繁文縟節，讓死者平安回家，但說來容易做來難。

我們面對的第一個挑戰，就是根本沒有可以往返巴格達的航班，當地機場在戰爭後還沒重新開放，跑道上充滿古早伊拉克航空（Iraq Airways）飛機的焦黑殘骸，同時伊拉克的路上還充滿武裝盜匪跟越來越多的游擊隊。我聯絡了一個在英國皇家空軍的朋友，他把我們弄上一架英國航班，從布萊斯諾頓（Brize Norton）飛往英國控制的巴斯拉，再安排我們搭上一架軍用的 C-130，前往巴格達。

就連要離開機場也出現了問題，因為我們的英國軍機降落在情況複雜的巴格達國際機場，聯合國的司機禁止進入，而聯合國本身除了充斥官僚程序，還非常重視這類管轄權。護衛隊好不容易找到我們之後，司機告訴我他是隸屬聯合國安理會，不是秘書長辦公室，而他必須打衛星電話獲得上級的許可，所以我們只好等他。

終於抵達運河飯店後，攻擊的景象可說歷歷在目，這棟低矮的水泥建築被卡車炸彈開腸剖肚，即便近來炸彈攻擊頻傳，約旦大使前幾天也才剛遭到攻擊，卻沒有人費心用透明絕緣片封住窗戶，這種材質可以讓玻璃承受爆炸後不至於碎裂得太嚴重。破碎的玻璃對建築物造成嚴重損害，血噴得牆上到處都是，位於爆炸正上方的特使辦公室，也是一片狼藉，充滿碎裂的椅子和桌子，還有天花板掉下來的瓷磚。

我到的時候美軍已經移走屍體，但我仍四處搜索，檢查有沒有屍塊遭到遺落，在建築中走動時，完全可以知道這裡的安檢有多鬆散，我後來寫了一份簡短的報告給秘書長辦公室，分享我的發現。畢竟如果他們的思維是永遠不會有人攻擊聯合國，因為聯合國是中立的，那他們對無情的戰火和恐怖主義，根本就是一無所知，而且他們可能也已遺忘一個明顯的事實，那就是在美英聯軍攻入伊拉克前，有將近上百萬的人民在聯合國實施經濟制裁的十年間死亡，因而當地人對此地散落的遺體不會有多少憐憫。

結果根本不需要我的報告，聯合國在這次攻擊後便撤出伊拉克，他們失去了二十二人，包括本來是未來聯合國秘書長潛在人選的特使賽吉歐．德．梅羅，以及他的幕僚和其他幾名人權專家。這就是大型傷亡事件的威力，如同在摩加迪休墜毀的黑鷹直升機，以及後續血腥的救援行動所帶來的震驚，導致美軍在一九九三年撤出索馬利亞，這起針對聯合國辦公室的炸彈攻擊，也迫使聯合國撤出伊拉克。

事發後衝進現場的美軍除了照料傷者外，也把逝者的遺體移至美軍在巴格達國際機場的停屍間，這個停屍間也是所有戰死的美軍，準備送回多佛空軍基地的港口停屍間前，短暫停留之處。美軍的驗屍官在政府主張管轄權後，已經派出一支小組，來蒐集死者身上的證據，並協助驗屍。

只要我們牽涉其中，比起和他們爭論，最好還是跟以前一樣和軍方合作比較合理，雖然我們比較偏好把所有遺體移到約旦處理。不管怎樣，為了確認屍體身分，他們需要家屬的資料，於是我們展開整個程序，開始從罹難者的家鄉取得身分證明文件，以協助確認身分，例如牙科紀錄和親屬的DNA 資料等。

我們處理的途中，其中一名穆斯林女性罹難者的家屬，詢問她的遺體可否到清真寺，遵循伊斯蘭傳統清洗，這其實並沒有聽起來那麼簡單，因為巴格達當時情勢還很混亂，不久後就會再度爆發動亂，對抗西方的占領。美軍、志工、外交官天天都面臨火箭砲、炸彈、自殺炸彈客的威脅，有時候只是一個伊拉克平民在繁忙的檢查站走向美軍士兵，然後竟然當面開槍，每一天都會出現另一起這類無恥的襲擊。

但我們的目標一向是盡可能滿足家屬的需求，所以我們詢問了合作的當地聯合國職員，看看有沒有哪座清真寺是安全的，因為罹難者是遜尼派，所以必須是遜尼派的清真寺，此外，由於是死於爆炸，所以遺體並不完整，但伊瑪目仍是能為棺木祝福，我們可以拍照給家屬看。

當地職員表示他們知道一個地方，結果卻是位在巴格達最危險的地區，遜尼派的極端分子已經集結起來，正對美軍發動攻擊，不過職員也告訴我們，伊瑪目會讓我們安全通過，也會感謝我們的所作所為，於是我和一名女同事，就和伊拉克司機把遺體載去清真寺。

當時聯合國為了處理爆炸事件而派駐巴格達的保安官屯妙（Tun Myat，音譯），聽聞我們的行動後，也出現在清真寺中，他想向遺體致敬，但這完全在計畫之外。我可以理解他的心意，但他抵達時帶著大批武裝護衛，伊瑪目並不同意，我和屯妙解釋這點，還有官方護衛隊越來越常成為伊拉克叛軍的目標。我們迅速結束儀式，離開清真寺，幸好沒有節外生枝，也順利照顧到死者和家屬的需求，而在聯合國事後的檢討中，屯妙也被拔官。

我們面對的另一個挑戰，則是軍方在驗屍官抵達之前，便已把所有伊拉克國民的遺體交還給地方當局，我們曾告訴他們不要這麼做，因為這些人是死在聯合國的建築中，會出現某些管轄權爭議。我們的目標是確保遺體都送還給正確的家屬，同時也要找到這些家屬，因為他們理應獲得聯合國的協助，然而，卻有一名我服役時教導過的後備上校，覺得自己比較厲害，因此我們在過程間時有衝突，我猜我並不像我自認的是個好老師。

我們在鄰近的約旦首都安曼（Amman）設立家屬援助中心，因為伊拉克實在太過危險，而且也沒有能為遺體進行防腐處理的設備，我們也和軍方驗屍處達成協議，包括開立死亡證明以及認屍的細節等。

聯合國的職員來自世界各地，這表示要取得必須的資料可能很困難，而且當時聯合國也沒有專門採集 DNA 樣本、指紋、牙科紀錄的計畫，甚至沒有職員親屬的詳細資料，我們建議他們以及所有會長期將員工派往危險地區的公司，都應建立這樣的資料庫。

我們一直沒辦法找到其中一名女性罹難者的相關資料，因而無法確認她的身分，軍方驗屍處也不想放人，這我們可以理解，然而，我們也知道這些事件都高度政治化，在這個案例中，女子的家屬則是向約旦政府抗議。他們在抗議的時候，我們正把所有身分確認的遺體用軍機運往約旦，以進行防腐處理並運回母國，總共有十六個國家牽涉其中。

而在機場裝運遺體時，有名美國國務院的官員跑來問我，為什麼我們要讓航班停飛，並關閉約旦的領空，但我根本沒能力做這種事，我於是打了幾通電話詢問。結果是因為女子的家屬向政府抗議，約旦國王於是下令關閉領空，一定要等女子的遺體上機才開放，所以我和約旦官員聯繫，問他們能否接受拿回一具沒有死亡證明的遺體，還有他們可不可以在當地確認遺體的身分。

他們同意了，我接著問美軍的驗屍官，在上述的前提下，他們可以放心把遺體交給我們嗎？我們其實都蠻確定這是正確的遺體，因為罹難者中只有幾名女性，而其他人的身分都已確認，所以透過刪去法，這應該就是我們要找的女子沒錯。

如果手上有完整的失蹤者和身分已確認遺體的名單，整個過程會比較容易，但因為軍方先前已經交還幾具伊拉克人的遺體，所以我們還是沒辦法百分之百確定。總之，我們仍是把遺體準備好，並裝上飛機，班機終於獲准起飛，更重要的是，也獲准降落。

然而，這並不是我最後一次到巴格達。那些遭到忽視的亂葬崗仍讓我感到困擾，所以當聯軍的臨時政府，基本上也就是美軍的占領政府，在隔年問我能不能研究看看挖掘這些亂葬崗的可能性時，我馬上飛回巴格達，並前往其中幾個地點，包括位於北部庫德族自治區的幾座亂葬崗。他們想要把海珊一九八〇年代末期用毒氣殺死的數百人重新挖出來安葬，這些毒氣攻擊事件，讓海珊手下的將軍得到「化學阿里」的稱號，其中最慘絕人寰的一樁，便是一九八八年在庫德人的村落哈拉布賈（Halabja）施放芥氣。

聯軍政府和庫德族人的心願，都會在後勤上造成負擔，我和庫德族人解釋，我們擔心毒氣會殘存在死者厚重的衣物中，所以必須先進行一些測試，看看死者身上是不是還留有毒氣。我服役時花了很多時間，學習如何處理受汙染的遺體，這可以達成，但需要花上大量時間跟後勤支援。

不過無論如何，我們還是會和臨時政府談談，庫德族已經承受多年的苦難，在這個他們認為自己終於可以發聲，並成為政府一分子的時代，他們的其中一個目標，便是建立紀念館，不僅保存遺體，也是在提醒全世界，他們經歷了什麼。

我接著又陸續在不同旅程中，前往伊拉克的其他亂葬崗，有一次甚至預計到綠區準備和臨時政府的領導者保羅．布雷默（Paul Bremer）開會，但會議卻在我抵達的前一刻取消。有件事很快便相當明顯，那就是巴格達的美國當局想把遺體挖出來的唯一原因，就是要拿來在未來的審判中對付海珊，二〇〇三年夏天時海珊還在逃亡，但現在已經被抓。

這蠻合理的，但本來可以有更深遠的效果，就跟在波士尼亞時一樣，眼前就有個機會，可以讓我們從巴爾幹半島的歷史中學習，從處理當地亂葬崗的寶貴經驗中學習。因為如果美國能把死於海珊手下的伊拉克人遺體，交還給絕望的家屬，就能安撫緊張的情勢，特別是幫助其中一個家庭，更是相當適合療癒國家的傷慟。

年輕的什葉派激進份子穆克塔達．薩德（Moqtada al-Sadr）那年夏天正在建立自己的軍隊「救世主軍」（Mahdi Army），後來更會成為聯軍的麻煩，而他的家人正是遭到海珊謀殺，埋在某座亂葬崗中。我很確定如果找到他的家人還有其他人的遺體，就能扭轉局面，聯軍也擁有記載所有亂葬崗位置的地圖。

我真的不在乎是不是由我們負責這項工作，但一定得做，所以我投注的是自己的時間和資源，我甚至取得了一個老朋友查理．威爾森（Charlie Wilson）的幫助。他是來自德州的前任國會議員，以試圖說服美軍在一九七九年蘇聯入侵阿富汗時，提供當地的聖戰士軍火而聲名大噪，幸好沒什麼人對這個提議有興趣。

那場戰爭後來看起來並不像「大獲全勝」，反而比較像是蘇聯在阿富汗摔了一跤。但是二〇〇四年時，聯軍臨時政府的領導者保羅．布雷默，迅速將權力移交給倉促成立的伊拉克政府，跟他們說要舉辦公正自由的選舉，然後就搭上飛機拍拍屁股走人了。

所以不久之後，隨著伊拉克爆發激烈的內戰，又多了好幾座亂葬崗，而這場內戰也讓大部分中東國家受到牽連。

相較之下，波士尼亞則成為一個穩定的國家。

我不會說這全都是因為他們有好好處理亂葬崗，找出遺體的身分，並歸還給家屬，部分是因為即便到了現在，都已經過了二十五年，還是會陸續有一些遺體的身分受到確認。有許多因素都會影響國家的和平，但是我認為，無論這段歷史有多黑暗，理解並接納自身的歷史，都會產生改變。

世界上最痛苦、最悲傷的事，莫過於親人生死未卜，這很嚴重，彷彿搭上一台情緒的雲霄飛車，卻永遠不會停下來，某天你充滿希望，相信摯愛會打開門走進來，這很罕見沒錯，但確實有可能發生，例如一九七二年被綁架的七歲男童史蒂芬・史特納（Steven Stayner），便在一九八〇年逃脫，成功返家。但其他日子你可能會很絕望，會對放棄希望感到愧疚，渴望回到正常生活，這就是許多失蹤人口的家屬經歷的情況，無論來自什麼國家，信仰什麼宗教，情感上的折磨都是共通的。

現在想想留在國家上的傷痕，上萬個家庭經歷這種集體的傷慟，所以在戰爭結束後，根本無法得到哪怕是一絲的和平，因而尋找遺體、確認身分、撫平亂葬崗中痛苦的回憶，至少是其中一個方法，能夠讓惡名昭彰的歐洲火藥庫巴爾幹半島維持穩定，卻把伊拉克推入更黑暗的深淵。

第十四章　確認身分的理性與感性

我從一九八〇年代就開始在執法單位工作，接著負責經營一間協助辨認上萬具遺體的公司，因而見證了遺體身分確認程序的長足進步。

在現實生活中，DNA 通常並不是辨認遺體身分時會想到的第一個方法，雖然 DNA 在辨認屍塊或無名屍時很有用，我們也確實會使用，但仍然不是像電視影集描述那樣，所向披靡的法寶。老派的指紋或牙齒辨識，仍是我們最愛用的方法，特別是指紋，因為這樣比較簡單，成本也比較低，速度又更快，一般的警官都曾受過訓練，知道如何採集指紋，而且大部分的警察單位中，也都有專家能夠辨識指紋的特徵，進而找出獨一無二的指紋。

牙科紀錄也同樣有效，你可以在停屍間用小型 X 光機，拍下死者的牙齒狀況，就跟拍攝活人的沒什麼兩樣，接著就有可能發現這些紀錄和某個牙科診所，恩，比如說俄亥俄州的某具無名屍吻合，如果你有理由懷疑這具無名屍是來自俄亥俄州的話啦，鑑識牙科專家甚至能從牙冠、填充物、補牙，去比對現存的資料。只要一拿到墜毀班機的乘客名單，或是倒塌建築的訪客名單，我們就會派出一整支團隊，去蒐集這類資料，填充物都會有各自獨特的形狀，會和牙醫鑽開的洞吻合。

有時候如果遺體毀損得太過嚴重，或是卡在殘骸裡，無法輕易搬動，我們就會使用可以伸進嘴巴的感應器，來尋找任何可供辨識的特徵，所以確認身分的程序，甚至在取回遺體之前就可以展開。某次還有一名調查人員跑來找我，給我看他覺得是一塊貴重黃金的東西，結果根本就是一塊填充物，而其真正的價值，就在於焦黑的牙齒還連在上面，讓我們可以用來辨識身分。

比對指紋、牙齒、醫療紀錄是最簡單的方法，因為可以和實際存在的物理特徵對照，我在受訓時，學習的第一件事就是如何採集指紋，從前指紋還是儲存在紙卡上，必須依靠專家以人工方式比對，可能要比對數百份到數千份，現在已經全都數位化了，儲存在FBI的自動指紋辨識系統（Automated Fingerprint Identification System，簡稱AFIS）中，供其他執法單位利用。此外，有時候即便手指上的皮膚在空難中遭到毀損，或是隨著時間腐爛，還是可以在非常精細的手套上重新復刻，鑑識專家會戴上手套，重新採集指紋比對。

但要確認大型傷亡事件中的遺體身分，並不只是比對指紋和牙齒這麼簡單，而是必須擁有嚴謹的程序和紀錄，同時也要有一套管理數百種紀錄的方法，因為這些紀錄，是要由先前從未合作過的人一同蒐集、檢視、決定，要把這些紀錄和那些透過訪談數百名家屬得來的紀錄交叉比對，接著試圖解決訪談中浮現的問題。

＊＊＊＊＊

二〇一〇年，我們負責處理一起空難，班機原訂從南非飛往荷蘭，卻不幸墜毀在利比亞，我們那時便必須確認一名南非男子的身分，他在青少年時期逃離種族隔離政權，並搬到英國。而他住在英國時曾發生過一次車禍，腿中裝了一塊鋼板，鋼板上有追蹤編號，這種狀況一般來說都蠻容易確認身分，但接著他的兄弟來到我們的家屬援助中心，並告訴英國警方，死者的指紋一定不會和多年前申請簽證時的指紋吻合。這時他的兄弟才承認，在種族隔離期間，死者曾被南非警方逮捕過，為了逃離南非，他必須申請英國簽證，英國卻要求不能有犯罪紀錄，所以兄弟倆暗中交換了身分。

這為我們帶來了一個不尋常的問題，一方面，利比亞當局並不在乎，因為遺體不會待在他們國家，英國也不在乎以前的簽證，因為他們不會起訴一個死人，南非更是不會擔心一個死在國外的國民，甚至也不會起訴他，因為當年的政權早就已經垮台超過二十年。但我們不可能在知道實情的狀況下，開立錯誤的死亡證明。

我於是打給南非警方的法醫部門，跟他們解釋這個問題，對方請我們把還活著的那名男子送回南非，我們也通知他，他會被留在機場確認身分，用的是原先的出生證明，這樣我們也能確認死者的身分。他對這件事還蠻泰然處之，飛回南非，並在假裝成兄弟的數十年後，協助警方建立自己的真實身分，我們最後終於能夠開立死亡證明，並把遺體交還給他。

只要肯恩公司在大型傷亡事件後負責停屍間，我們都會馬上設立分類站，裡面會有一名法醫、一名攝影師、鑑識人員，還有那些可以在死者身邊工作的人，像是處理防腐事宜的人員和病理學助理等。

收到遺體後，我們會把沒有透過連結組織和軀幹連在一起的所有屍塊，都登記成分開的屍塊，你絕對不能假設一根連著白色袖子的手臂，是來自穿著同一件白色衣服的軀幹，這種事時有所聞，像是警察或消防隊員在高壓的情況下工作，或是發生在戰區，就會造成一具棺木中有三條手臂或三條腿。

因為在初步驗屍過後，遺體會存放在冰櫃中，等到 DNA 結果出爐，再重新拼湊分開的屍塊，這個動作通常會是由沒有參與原先行動的人員進行，接著就會把屬於同一具遺體的各個屍袋放在一塊，不會再打開來確認。「遺體」到我們手上之後，我們就會發現多出的四肢，然後整個程序就會停止，重新進行確認，我很想說這種情況非常罕見，但我在我們負責的許多事故中，都曾遇過。

我們的分類團隊接著會填好一張清單，記錄還需要開設哪些進一步的驗屍站，並開始分類遺物，除了從中辨識死者身分外，也防止遺物遭到更多毀損。這個過程包含攝影、採集指紋、牙齒、X 光、病理學、法醫學、DNA 樣本採集，如果是處理戰爭中喪生的遺體，我們還會另外用 X 光機掃描一次，檢查看看有沒有什麼還沒爆炸的爆裂物藏在遺體內，可能會對整個驗屍團隊造成威脅，全部確認無誤後再開始工作。

遺體接著會在停屍間各處流動，每個驗屍站都負責不同部分，至於會驗到多麼精準，則是取決於我們是不是只要確認身分而已，或是要進行完整的驗屍，以採集相關證據，供未來的起訴或審判使用。

分類團隊的另一個任務，便是要把遺體和其他物質分開，我們曾處理過一起直升機失事，村莊的長者送官方代表團一頭羊當作禮物，一開始的鑑識團隊竟誤把某些羊骨當成人骨，我們的鑑識人員再次檢查，發現這根本不是人類，進行進一步調查後，我們才得知直升機上有一頭羊。

我們有預先做好的資料夾，上面有現成的條碼和標籤，這樣我們一到現場就能馬上開工，我們會把每塊屍塊都標上號碼，同時也會決定如果屍塊損毀太過嚴重，就不會拿來鑑定。這類屍塊我們稱為「鑑定價值有限」，也會標上編號，但會馬上進行冷藏，只有在我們真的百分之百確定遺體身分時，才會拿出來鑑定，如此一來，整個體系便能先專心處理比較容易判定的部分。

你開始工作時，並不會知道這塊屍塊是從同一個死者身上找到的其中一塊，還是就只會找到這麼一塊，DNA測試需要不少時間，我們不想讓過程有不必要的延誤。甚至在我們進行這部分之前，我通常都會先和最後負責決定的法醫談談，他會負責開立死亡證明，並問「遺體還是屍塊？」我必須知道目標是要確認所有失蹤者的身分，還是需要找出所有屍塊的主人，這是個大部分的人從未想過的問題，根本都不會想問。

如果是在我們擁有名單的事故中，像是空難，或是倒塌的建築物埋了許多人在裡面，我們會建議只要找到所有失蹤者，就停止程序，因為這樣就能滿足所有人的基本需求，不會再讓那些想要埋葬死者，準備好過渡到新生活的人難受。

不然的話，這個程序可能會無止盡延伸下去，這個概念聽起來很簡單，但我們就曾處理過一起只有三十三名乘客的空難，最後卻取回超過九百塊屍塊，在另一個案例中，則是有一具遺體碎成兩百八十九片。

例外狀況則是我們沒有名單，或是類似九一一事件這類恐怖攻擊，還有二〇一五年三月，我們處理的日耳曼之翼航空九五二五號班機空難（Germanwings Flight 9525），班機原訂從巴塞隆納飛往德國杜塞朵夫（Dusseldorf），卻墜毀在法國的阿爾卑斯山區。在這類事故中，我們想確保恐怖分子或兇手的遺體，不會和受害者的混在一起。日爾曼之翼九五二五號班機是被二十七歲的副機長安德列亞・魯比茲（Andreas Lubitz）故意開去撞山，他長期隱瞞自己的憂鬱症，當天似乎經歷了某種致命的精神崩潰。

班機的機長在起飛後二十分鐘離開駕駛艙去上廁所後，魯比茲便把通往主艙的門鎖上，並把飛機的飛行高度從大約一萬一千五百公尺改成三〇・五公尺，航管曾試著聯絡他，但沒有收到任何回應。駕駛艙的黑盒子錄到，魯比茲拉著一四九名無辜的受害者和他一起自殺時，呼吸很明顯非常平順，而班機的機長，三十四歲的派崔克・桑登海默（Patrick Sondenheimer）上完廁所回來時，發現通往駕駛艙的門鎖住了。

他一定覺得是某種機器故障，而且也很可能沒有馬上意識到，飛機高度逐漸下降是出於人為操控，因為飛越山區的飛機，常常會頻繁變換高度，而且高度逐漸降低和俯衝也不一樣，在他試圖重新進入駕駛艙時，飛機就墜毀了。

飛機墜毀的山區離小村莊勒佛內（Le Vernet）不遠，村莊則位在土魯斯（Toulouse）南方約六十五公里處，全機無人生還，而且所有遺體都因撞擊遭到嚴重毀損，所以雖然我們知道乘客名單，遺體的狀況卻讓我們無法確認哪塊屍塊屬於哪名死者，只能依靠 DNA 測試。

* * * * *

遺體搜索行動和驗屍程序進行時，我們也同時在向家屬蒐集資料，通常會是在家屬援助中心進行，而蒐集資料的程序，包括牙科和醫療紀錄等，則是稱為生前程序，程序的其中一部分，便是會詢問家屬他們想要收到幾次遺體確認通知。

他們會想在確認摯愛已經死亡時收到一次就好，或是只要一發現新的屍塊，就通知他們，也可以是在整個驗屍過程結束，找到所有的屍塊並完成建檔後再通知，但這通常要等到事故發生後好幾個月。

許多人都很害怕做這件事，不願和家屬分享這項資訊，但是如果家屬以為程序已經結束，卻發現在辦完摯愛的葬禮後，還有更多遺體，他們可能就會做出不同選擇，這種情況發生時，可能會非常棘手，現在家屬並不是因為親人過世生氣，而是因為整個過程，他們當然有權利生氣，應變系統應該可以做得更好才對。

在肯恩公司負責處理認屍的空難或事故中，以及我們完成驗屍程序，並蒐集好所有生前紀錄後，我們都會設立所謂的「認屍委員會」，調查人員會在其中檢視某個死者所有的紀錄，並將其和我們取回的所有遺體資料比對，進而推測出遺體的身分。這個過程相當重要，因為有時從家屬那邊取得的資料，可能會和鑑識專家在驗屍時發現的資訊衝突。

例如在某個案例中，死者的當序遺屬是她的祖父，因為她的父母也在同一場空難中過世，我們詢問祖父一系列基本問題，包括「你孫女有打耳洞嗎？」等，他都回答有，但放在停屍間中的遺體並沒有耳洞。進一步調查後，我們發現這名祖父上一次見到孫女，已經是好幾個月以前，所以他並不能完全確定，而根據整體的資訊，我們最後還是確認了死者的身分。

我們永遠不會使用，也不會接受的認屍方式就是現場認屍，因為有過太多案例，就連親近的家人或重要他人，都有可能會犯錯，所以我們必須一再學會這個慘痛的教訓。這類錯誤可能有很多原因，包括沒有認真檢視死者，而是注重在其他別人可能也擁有的特徵上，像是衣著，也有可能是遺體已經過許多處理，變得和初次指認時不一樣了，或是編號編錯，也沒有人願意負責。這對災區的家屬來說尤其難受，他們不瞭解都已經親自來認領遺體，為什麼還會出錯延誤。

驗屍過程結束後會有四種可能，第一種就是正確指認，第二種是尚未指認，表示如果我們取得更多資訊，或擁有更多家屬的 DNA，應該可以找出正確的身分。像是在埃及航空九九〇號班機空難（EgyptAir 990）中，就有幾名埃及軍人搭上飛機，家屬當時卻不願提供資訊，所以我們就有幾具遺體雖然有 DNA 紀錄，卻沒有其他紀錄可供比對，後來三不五時就會有家屬前來提供 DNA，然後我們就會找到紀錄，接著便能交還遺體。

第三種可能則是那些無法辨識的遺體，表示我們雖然有遺體，但在現行的科技下，無法辨識其身分，這類遺體通常是非常小的屍塊，不是所有的組織都採集得到 DNA，第四種則是失蹤，也就是沒有找回任何遺體。

無法辨識和失蹤的狀況，對家屬來說是最難受的，因為大眾媒體灌輸的概念，是所有人都找得到，而且沒有遺體，某些地方當局也無法開立死亡證明。在這類案例中，我們會利用手邊現有的證據向法院申請，但只有在取得家屬同意後，我們才會這麼做。

管理大型傷亡事件的停屍間時，我們會盡量當成家屬就在身旁看著我們，有很長一段時間，鑑定和驗屍程序都是以方便處理的原則進行，所以會打開下巴，這樣比較好採集牙齒資料，或是切下手掌來採集指紋。但是根本不應該這麼做，我們也不會這麼做，這會讓家屬非常難受，會讓他們覺得自己的摯愛好像只是某個物品。

一九八九年夏天，倫敦的遊艇「女爵號」（Marchioness）在泰晤士河不慎撞上挖泥船沉沒，負責的法醫命令鑑識人員切下罹難者的手掌，五十一名罹難者中，總共有二十五人的手掌遭到切除。法醫認為這樣會讓指紋採集更為容易，因為泡水的遺體已經開始迅速腐爛，但是因為許多罹難者都是同志，而且也沒有就肢解徵得家屬的同意，所以恐同症的傳聞在警局和法醫辦公室不脛而走，後續的法律調查拖了將近二十年。

就像大部分的情況，之所以會出現這種萬不得已的驗屍方式，是因為某些主事者先前根本沒有處理過這麼大型的傷亡事件，而且也不瞭解集體悲傷的力量。法醫在事故發生後幾天才放假回來，因此必須採用很有效率的驗屍方式，所以或許不是出於惡意，但是不用說，真相根本無法為家屬帶來慰藉。

特別是對某名母親來說，她在事故發生後四年，才發現女兒的手掌被忘在法醫的冰櫃裡，出庭時她想當然爾大力抨擊法醫：「他剝奪了我對我女兒的權利，我不能握著她的手最後一次，也不能和她吻別。」但是最後，這名法醫保羅・納普曼（Paul Knapman）仍是拒絕辭職，後續還繼續擔任了十一年法醫。

＊＊＊＊＊

驗屍程序也可能受到催促，因為有些人認為交還遺體比交還正確的遺體還重要，二〇〇三年五月，一架載著西班牙維和部隊，從阿富汗結束任務返國的烏克蘭包機，烏克蘭地中海航空四二三〇號班機（UM Flight 4230），停留在土耳其加油時因濃霧墜毀，共造成機上六十二名維和部隊和十三名機組員身亡。

西班牙加入美國在九一一事件後發動的戰爭，一直都充滿爭議，為了趕著把士兵的遺體運回西班牙舉行國葬，官員不斷向法醫施壓加快驗屍流程，卻造成嚴重的錯誤，法院經過調查後發現，六十二名士兵中幾乎有一半的人身分搞錯，使家屬取回錯誤的遺體。

負責簽署官方聲明，表示遺體身分確認無誤的西班牙將軍文森・納法羅（Vicente Navarro），後來卻把錯推給土耳其法醫，土耳其方面則認為，是因為西班牙急著將遺體運回國內，所以在嚴重損毀的遺體上，省略了DNA鑑定程序。

經過冗長的法律訴訟後，這名將軍在二〇〇九年遭判三年徒刑，還有另外兩名軍官也被判有罪，必須入獄服刑，西班牙學到了慘痛的一課，而我親眼見證。

二〇一〇年，離判決宣布還不到一年，就有一名西班牙警官因為海地大地震，於聯合國的建築物中喪生，一名非常高階的西班牙外交官，私下請我幫忙確認那名西班牙警官的身分。當時這個請求讓我有點驚訝，因為西班牙擁有警官的指紋紀錄，而且他們自己的鑑識團隊也正在檢查遺體，但我能夠理解，這名外交官是要百分之百確保同樣的悲劇不會再次上演。

更讓人震驚的，還有二〇一〇年四月，波蘭總統因墜機死於俄羅斯，這是波蘭二戰後最嚴重的空難，不僅總統列赫・卡欽斯基（Lech Kaczynski）和夫人在其中喪生，還有幕僚長、其他高階將領、十八名國會議員、一名前總統、一名總主教，以及惡名昭彰的「卡廷大屠殺」（Katyn massacre）受害者的數名家屬。

這個層級非常高的代表團，原先預定要前往俄羅斯參加大屠殺的紀念儀式，那場屠殺造成兩萬兩千名波蘭軍官及知識分子喪生，就在七十年前，他們被蘇聯祕密警察圍堵在斯摩倫斯克附近的樹林，並遭到殘忍射殺，當時蘇聯試圖攻佔波蘭，還把這場屠殺怪在納粹頭上。

原本該是和解的時刻，卻在波蘭班機於降落時不幸墜毀後，成了一場大災難，又是濃霧惹的禍，機上九十六人全數罹難。

飛行員原先可能因為天氣狀況不佳想要改道，但後來還是決定按照原訂計畫，畢竟機上的乘客都是重要人士，而且眼前也沒有其他選擇，附近並沒有其他機場可以降落，另一架原先預訂大約在同一時間降落的班機，後來雖然成功降落，卻是遠在四百公里外的莫斯科。此外，斯摩倫斯克機場本來也不是專供國際航班降落，所以法律並沒有規定航管員必須會說航空通用語言，也就是英文。

接著，在空難發生後，遺體的搜索和驗屍工作，從一開始就遭到俄羅斯當局亂搞，他們竟然派義務役士兵到機場搜索遺體，後來發現某些遺體上的信用卡不見了，其中一張還被盜刷超過一千元美金。俄羅斯也堅持自行進行空難調查，並拒絕把飛機殘骸交還給波蘭，讓華沙當局震怒。

當時波蘭的反對黨正好是由過世總統的雙胞胎兄弟雅洛斯瓦夫．卡欽斯基（Jaroslaw Kaczynski）領導，雖然根本沒有任何證據可以證明，但他和黨內的其他人，都認為飛機是被俄羅斯給打下來的。

二〇一五年，卡欽斯基的政黨掌權後，重新展開調查及驗屍，讓波蘭舉國震驚的是，檢察官發現許多遺體的身分都弄錯了，就連總統的棺木中，都有另外兩名罹難者的遺體混在一起，而大主教彌隆．霍達考斯基（Miron Chodakowski）的棺木，只有上半身是正確的，下半身則是軍方主教塔德烏斯．普洛斯基（Tadeusz Ploski）將軍的屍首。

這完全是一場天大的災難，原先為了撫平猜疑鄰國之間血腥歷史，並讓卡廷大屠殺的死者安息的任務，卻造成更多傷慟。對家屬來說，更是雙重的夢魘，有些人想要死者安息，其他人則是打算追根究柢，找出事情背後的複雜真相，其中一名罹難者的女兒便連絡了肯恩公司，詢問我們能否協助確認，政府交還給她埋葬的遺體，究竟是不是她父親。然而，因為整起事件的調查是由波蘭的檢察官進行，我們無權管轄，所以沒辦法幫她，這些家屬很有可能永遠都無法得知真相。

埋葬無名屍及無法辨識的遺體，也和找出遺體身分同樣重要，在大多數的屍塊都找到主人後，剩下的屍塊很容易遭到遺忘，這又是大家低估的另一件事，也再次彰顯對所有遺體做出妥善的計畫和安排，是多麼重要。

這些屍塊仍然屬於遺體的一部分，並不是什麼醫療廢棄物，應該以尊重的方式埋葬，家屬也應知道這些屍塊的存在以及埋葬地點。雖然許多人都可以接受火化，包括我在內，卻不是所有人都能接受，而且火化之後便木已成舟，所以我們還是選擇使用土葬。

二〇一一年，美國媒體報導在伊拉克和阿富汗戰死的數百名美軍士兵遺體剩下的屍塊，原先是以極高的待遇和尊重，移至德拉瓦州的多佛空軍基地存放，後來卻遭到焚毀，骨灰還隨意灑在維吉尼亞的一座垃圾掩埋場中。將近三百名士兵的家屬如此信任空軍，能夠以尊重的方式處理他們摯愛的遺體，然而，軍方的官僚組織卻不知道到底該拿這些細小的組織碎屑和骨頭怎麼辦，這是在某個遙遠戰區，被土製炸彈炸死後，無可避免的結果。

諷刺的是，那座垃圾掩埋場就位在南軍將領石牆・傑克森（Stonewall Jackson）的手臂埋葬的地方，東方五十公里處，傑克森在錢斯勒斯維爾戰役（Battle of Chancellorsville）中不幸被友軍射殺身亡，他的手臂還有自己的花崗岩墓碑，上面就刻著：「石牆・傑克森的手臂，一八六三年五月三日」。而他的手臂當然也逃不過被軍醫扔在眾多屍首中的命運，這在十九世紀的戰場上十分常見，直到被一名軍方的牧師「拯救」。

錯愕的士兵家屬當然非常憤怒，後來空軍甚至宣布，重新比對數千份檔案，找出這些屍塊的來歷，成本實在太高，也太花時間，這更是火上加油。但是當地居民的舉動卻相當真誠，新聞報出來後，居民自發組織在一起，在腐爛的垃圾堆和壞掉的日用品間，豎立了一座石碑，紀念儀式在一名高中小喇叭手的樂聲中展開，退伍軍人協會的機車隊則是綁著美國國旗繞場一周，向這些軍人致敬。花崗岩石碑上的訊息非常簡潔雋永：「紀念那些抵達天堂的美軍士兵，他們為了我們的自由付出了終極的代價，我們永遠感謝他們。」

第十五章　DNA和「CSI效應」

世界上第一起使用DNA破獲的謀殺案是在英國，而英國也是DNA鑑定的先驅，當時位於英國中部的萊斯特（Leicestershire）警方，正在追查兩起十五歲女孩遭到姦殺的命案，卻一無所獲，一起發生在一九八三年，另一起則是一九八六年時，發生在臨近的村莊。

他們經過多年調查，都沒有發現決定性的證據，有名嫌犯沒錯，一個擁有學習障礙的十七歲男孩，但他只承認犯下第一樁謀殺案，否認第二樁也是他所為。嫌犯可能會因各種原因，承認自己從未犯下的罪行，特別是那些沒有受過教育，或是擁有某種發展障礙的人，他們很可能會在警方訊問時受到驚嚇，因而認罪。

不過，資深警探並不會就這麼放下案子，許多人都會在下班後花費自己的時間和資源去追查線索，總是在尋找某個可能遺漏的細節，或是其他能夠帶來幫助的新線索，這就是他們對受害者和家屬的奉獻。

隨著萊斯特的案子即將永遠石沉大海，警方決定試試由附近萊斯特大學（University of

Leicester）的基因學者研發的新技術，科學家從死者身上取得殘存精液，並檢驗其中的 DNA，後來發現兩個樣本確實都是來自同一人，卻不是來自遭警方拘捕，從而認罪的嫌犯。

在沒有嫌犯卻擁有犯罪現場 DNA 證據的情況下，警方找來一名行為心理學家，根據年齡、背景、潛在的案底，列出了一份可能犯下如此駭人罪行的嫌犯名單，接著請住在臨近地區，符合年齡範圍的嫌犯，提供 DNA 樣本供測試。

起初還是一無所獲，但是某天晚上在一間酒吧裡，一個名叫伊恩・凱利（Ian Kelly）的麵包店員工，和朋友坦承他的一個同事，一名二十幾歲，名叫柯林・皮區佛克（Colin Pitchfork）的男子，請凱利代替他提供 DNA 樣本。凱利說皮區佛克不想提供自己的 DNA，是因為他已經代替另一個朋友提供樣本，他的朋友擔心警方會因一起搶案找上門來。酒吧內的一名女子偶然聽到這場對話，並向警方回報，皮區佛克於是遭到逮捕及定罪，他被判處三十年徒刑，DNA 的時代也開始了。

DNA 檢定技術近年來有非常驚艷的進步，你只要花點小錢，從「23andMe」這類公司買個測試包，之後採集一小撮唾液樣本，再寄回實驗室，就能追溯到好幾百年前的祖先，或是找到你從來不知道自己擁有的親戚。

而在敘利亞的戰場上，美軍的特種部隊幾乎是馬上就辨認出伊斯蘭國領導者阿布・巴克・巴格達迪（Abu Bakr al-Baghdadi）的屍體，巴格達迪在特種部隊攻入他的藏身處時，不慎於逃脫隧道中引爆炸彈自爆身亡，他驚慌失措的孩子們也一起陪葬。巴格達迪的死訊在海豹部隊花了十五分鐘比對DNA後，隨即公布。不過一般來說現場檢驗的時間最快大概需要花上九十分鐘，美軍在八年前抓到賓拉登時，這種技術甚至都還沒發明。

DNA在驗屍過程中的運用，和犯罪調查時類似，包括從死者身上或犯罪現場採集樣本，接著試圖比對，在犯罪調查中，警方會試圖把樣本和直接的來源比對，這種方式比較容易，而在大型傷亡事件中，樣本則是要和家屬的DNA比對，所以比較困難。

直接比對是把未知的樣本和已知的比對，但家庭比對並不屬於直接比對，而是透過數據分析，比對從數名失蹤者家屬身上採集的樣本，看看死者是不是有超過百分之九十九的機率，和這些人擁有關聯，而不是其他人，所以如果需要比對的樣本越多，難度就越高。

為了要進行身分辨識，我們會採集兩種DNA細胞，粒線體DNA和nDNA，nDNA通常比較好採集，因為在軟組織裡就可以找到。然而，我們比較常運用的是粒線體DNA，又稱mtDNA，因為這種DNA可以在骨頭中找到，骨頭比較容易在空難或大火的嚴重損害後留存下來，而且在死亡多年後仍然採集得到，但mtDNA只會在母系遺傳，所以一定要有母系親屬，才能進行家庭比對。

如前所述，在停屍間中會有一站專門負責採集DNA，負責這一站的法醫，必須知道如何採集樣本，一定要使用殺菌過的工具採集，以避免汙染，這同時也能確保採集到的所有標本都有清楚的標示。

我在驗屍過程中看到的大部分錯誤，都不是科學出錯，而是行政程序或是一些文件上的錯誤。細節非常重要，比如說，有時候屍塊只有非常小一塊，實驗室拿到的樣本就是全部了，所以鑑定結果寄回來後，竟然沒有任何東西可以比對，因為在測試時用掉了，這是我們必須跟家屬解釋的事。

樣本接著會送到合格的實驗室，由專業人員處理，可以透過把骨頭磨碎或是用含有特殊酵素的試劑溶解組織，來破壞細胞的構造，並順利取得其中的 DNA。樣本在試劑中溶解後，就會移到特別的儀器進行擴增，並記錄其中的 DNA 資訊，以前都是利用膠體來記錄，現在則都是轉成數位形式，可以再印出來。

這項技術本身就是一門藝術，如果樣本擴增的時間不夠久，就無法產出可供辨識的資訊，可能只會有四個基因座，這樣頂多只能說骨頭是來自男性，卻無法確定是哪名男性，但如果擴增時間太久，也有可能破壞 DNA，幾乎就像在烤蛋糕，差別在於每個樣本的狀況都不一樣，取決於一開始的樣本品質。

接下來會得到的，或是我們希望得到的，便是一份含有二十個重要的短縱列重複序列（short tandem repeat，簡稱 STR）基因座，以及牙釉質形成素（Amelogenin）的資訊，牙釉質形成素是用來判定性別的依據。當然有些國家使用的是同樣的二十個重要基因座，但不是所有國家都用這二十個，所以處理牽涉多個國家的大型傷亡事故，是件相當困難的事，因為不只是要尋找配合的科學家，也關乎各個國家的法律規定。

結果會是一份獨一無二的遺傳輪廓，可以告訴你這些屍塊和其他不一樣，但卻不會告訴你屍塊的主人是誰，所以必須在空難留下的數百塊或數千塊屍塊上，不斷重複這個過程，這就是為什麼需要花上好幾個月的時間才能完成。

上述過程進行的同時，我們也會試圖採集直接樣本和家庭樣本，以和死者的樣本比對，如果有直接樣本是最好的，但沒什麼人會留下這類樣本，蒐集家庭樣本比較困難，我們必須先找出合適的家屬，說服他們同意提供DNA，接著再進行採集。在某些地方，家屬不信任科學，或是不願提供樣本，我們要成功的話，就必須搞定這些問題，國家本身的位置和目前的政治情勢，也會有非常大的影響，大家會擔心向專制政權提供太多個人資訊。

幾年前，我們曾和澳洲當局合作，處理在前往澳洲途中身亡的難民遺體，他們因為船隻在太平洋的聖誕島（Christmas Island）附近翻覆而溺死，此地是地球上最偏僻的地方，而他們極其渴望投入澳洲安全的懷抱。

很多難民都是為了逃離阿富汗、伊朗、中東地區的戰爭和壓迫，而家屬並不想和這些違反法律、離開國家的親人扯上任何政治關係，在這些地方，僅僅是和膽敢逃離的難民扯上關係，就會引來牢獄之災。有時候則是根本沒有家屬，所以我們必須從死者的家中或辦公室蒐集資訊，並試著透過這些東西描繪 DNA 檔案。

在另一個案例中，我們手上則是有一具死於空難的遺體，但卻沒有正確的牙齒紀錄、指紋、足跡，罹難者很小的時候就被領養，所以我們也找不到任何血親。我們於是和他的養父母討論可否到他們家採集指紋和 DNA，養母恰好提到她蒐集了所有子女的乳牙，問題搞定。我們把牙齒送到實驗室，產生 DNA 資訊，其中一筆就和遺體直接吻合，得到這個資訊後，遺體的身分終於真相大白。

DNA 也可能揭露塵封的祕密，像是有一次，有一名男子死於空難，我們從他女兒那邊採集了 DNA 樣本，卻發現兩人根本沒有血緣關係。

由於 DNA 測試非常複雜，所以通常為了要比對死去父親的樣本，我們會採集女兒和母親兩人的 DNA，這聽起來可能很違反直覺，因為夫妻之間也沒有血緣關係，但是只要找出母親的遺傳輪廓，我們就能從女兒的樣本中移除這部分，剩下的部分就能拿來比對父親的 DNA。如果還是沒辦法成功比對，那有可能是實驗室出了什麼行政疏失，像是技師拿錯樣本，或是登記錯結果，那我們就會找另一間實驗室再測一次，這也是為了管控品質，但是有時候還是不會吻合。

無論在什麼時候發生，這在年輕人的生命中都是一個有點尷尬的時刻，但在失去摯愛時更是格外痛苦，我們和男子的前妻談過，她默默承認自己有個男友。但這也造成了另一個棘手的問題，那就是誰有權獲得遺體？從法律上來說，擁有權利的是當序遺屬，但是因為這個「父親」和年輕女生的母親已經離婚，那麼在一般情況下，當序遺屬應該是剛成年的女兒才對。

可是 DNA 鑑定卻顯示他們根本不是父女，而負責處理這件案子的法官也知道這件事，他更是不可能核發遺體，幸好最後在這樁案子中，我們還有其他地位等同當序遺屬的家屬。

我和那名母親談過，她說她不想讓女兒在這個痛苦的時刻得知真相，我告訴她我不會主動提供資訊，但也警告她，如果她女兒問起，我是不會說謊的，她同意了。這是一個困難的決定，但是如果家人願意彼此溝通，處得也不錯的話，那這或許就是最好的決定，畢竟，父親的涵義相當廣闊，不只是提供精子的人而已。

這名年輕女子的案例結束後，我們在給家屬的 DNA 提供表格上加了一句話：「在某些罕見的情況下，DNA 鑑定結果可能會對血緣關係，帶來意想不到的影響，如果發生這種情況，你想接到通知嗎？」

就算是在過去，人們也還沒準備好接受埋藏已久的家庭祕密重見天日，像是子女其實是收養的。在一九六〇年代，甚至有些婦產科醫生，會把自己的精子和不孕症丈夫的混在一起，卻沒有告訴來求醫的夫妻，他們可能一輩子都被蒙在鼓裡。

隨著 DNA 鑑定技術不斷演進，這類驚喜也越來越普遍，但是還有不少非常驚人的醫學奇蹟出現。例如就有一名美國男子，從一名德國捐獻者身上獲得骨髓移植，來治療白血病，卻在手術過後四年的最近發現，他精子裡的 DNA 竟然是捐獻者的而不是自己的，就連採集口腔 DNA 都會同時出現兩人的 DNA。由於每年都有數萬人接受骨髓移植，這有可能會對我們的工作或執法機關辦案造成影響，所以可說非常重要。

我在空難或其他大型傷亡事件發生後，採集 DNA 時，常常需要和當局及家屬討論不少相關事宜，包括解釋相關的法律和倫理問題，以及和 DNA 鑑定有關的隱私問題。這些事情可能常常會變動，也可能會受犯罪調查的發展影響，另一方面，鑑識科技的進步，也可能會回過頭影響執法單位，特別是在家屬比對這部分。

＊＊＊＊＊

為了促進美國各州之間的 DNA 檔案比對，FBI 建立了「綜合 DNA 索引系統」（Combined DNA Index System，簡稱 CODIS），雖然各州都有自己的執法系統，而且因當地或州層級的案件遭到逮捕的嫌犯人數，也遠比聯邦案件還多，但是就算這些嫌犯都會強迫提供 DNA，他們卻常常在各州之間遊走，所以為了要讓 DNA 比對更有效率，就必須建立全國性的系統。

警方在犯罪現場採集到 DNA 樣本之後，會先到自己州的資料庫查詢，如果有吻合結果，程序就會終止。但是如果沒有結果，就會將資料提供給 FBI，和綜合 DNA 索引系統中的「國家 DNA 索引系統」（National DNA Index System）比對，如果比對成功，FBI 就會請繳交樣本的實驗室，和樣本吻合的實驗室聯繫。不像電視上演的一樣，FBI 其實不會擁有樣本的具體資訊，只會有遺傳輪廓而已。

聽起來很簡單吧？但在實務上卻頗為困難，首先必須要先有共通的標準，包括該檢測哪一個基因座，吻合的定義又是什麼。在二〇一七年之前，主要是檢測十三個重要基因座，但其實許多實驗室在鑑定遺體時都比較喜歡採集十六個，但在二〇一七年之後，FBI 把重要基因座的數目從十三個提高到二十個。

隨著遺體鑑定過程讓我們對家屬 DNA 的知識越來越豐富，FBI 也瞭解到鑑定結果不會再是直接吻合，而是顯示資料庫裡的某個人和樣本有血緣關係。這也引發了各州之間一系列的討論，包括人民是否能行使「第四修正案」保障的權利，又該如何保護人民，防止不正當的搜索和扣押，並和科技的快速發展取得平衡。這是非常棒的技術，像是英國警方在二〇〇一年至二〇一一年間，就進行了超過兩百次家屬搜索，並藉此偵破四十樁重大犯罪。

這個議題近年也因郵寄 DNA 測試網站，像是「Ancestry.com」和「23andMe」等的普及，再次受到廣泛討論，這類網站有很多都能讓大眾找到自己祖先的起源，或是填補族譜的空缺，這樣的功能也為加州某個檢察官辦公室的調查人員保羅．霍斯（Paul Holes），提供了破解歷史懸案的機會。

他花了多年時間，將懸案現場的 DNA 和這些網站的資料比對，二〇一八年，霍斯在其中一個網站「GEDmatch」上，找到了加州史上最著名、也最殘忍的懸案「金州殺手」（Golden State Killer）的一筆吻合資料，正是來自家屬。

DNA 的鑑識用途剛開始起步的一九七六年至一九八六年間，金州殺手在加州地區犯下超過一百起搶案，殺害十二人，強姦四十五人，看似永遠逍遙法外。

但是並沒有，殺手一名七十三歲的表親把自己的 DNA 上傳到「GEDmatch」上，並被霍斯發現，雖然連結很薄弱，仍顯示兩人是親屬，這樣的證據就足以重啟整件案子的調查，警方調查了男子的整個家族，試圖尋找任何在凶案發生的時間地點。住在加州的親戚，其中便有一人符合這個條件，七十二歲的前任警官約瑟夫．詹姆斯．迪安傑羅（Joseph James DeAngelo），警方順利取得搜索令，並從嫌犯曾經碰過的廢物上取得 DNA 樣本，不到四個小時，他們就獲得了金州殺手的直接吻合，終於將他繩之以法。

當然，我們還有我所謂的「CSI 效應」，一整個看著犯罪調查影集的世代，都相信 DNA 可以在幾個小時內，破解所有不明的身分，如同我們在金州殺手的案例中看到的，這確實有可能，但大家忘記的是，在這四個小時的比對之前，霍爾可是花了整整七年比對網路上的 DNA 資料，事實上，他真的花了非常久的時間，等到嫌犯遭到逮捕前不久，他都已經退休了。

用手上的 DNA 樣本，去比對某個已知的身分，和要確認某塊骨頭的主人是空難中一五〇名罹難者的哪一個，或是在九一一事件中，拿著一塊焦黑的屍塊，而屍塊的主人很可能是三千個來自世界各地的失蹤者中的任何一個，是非常不同的兩件事情。

我可以同理那些從電視影集瞭解鑑識科技的人，因為我小時候也是看著一九七〇年代的《昆西法醫》（Quincy）長大，這齣戲講的就是同名的洛杉磯法醫破解一樁又一樁光怪陸離的凶案。這類犯罪影集激起了我對犯罪學和執法機關的興趣沒錯，但通常誇大了 DNA 鑑定的速度和能力，所以我常發現自己必須管理其他人的期待，因為在現實生活中，DNA 鑑定可能要花上好幾個星期，甚至好幾個月，而且有時候還可能根本就不會有結果。

我處理的其他 DNA 事宜則和犯罪審判有關，我曾擔任維吉尼亞州鑑識科學及醫學機構（Virginia Institute for Forensic Science and Medicine，簡稱 VIFSM）的委員，後來更成為主席，這是一個非營利組織，負責協助鑑識人員和病理學家的訓練、教育、研究。主席也必須負責維吉尼亞州鑑識科學部鑑識科學委員會（Commonwealth of Virginia Department of Forensic Sciences Forensic Science Board，簡稱 DFS FSB）的相關事務，這是一個依法設立的委員會，宗旨便是監督鑑識科學部，鑑識科學部則是州政府之下的犯罪實驗室，為維吉尼亞州的執法單位提供鑑識服務。

VIFSM 最著名的一點，便是我們和犯罪作家派翠西亞．康薇爾的關連，她筆下最知名的角色，法醫史卡佩塔，即是以維吉尼亞州的總法醫瑪切菈．費耶羅為原型，我在九一一事件發生後那段痛苦的日子，從德州前往五角大廈的車程中，就曾諮詢過費耶羅。我也在 VIFSM 的委員會和她一起合作，當時我駐守在李堡，我認為她是法醫病理學界的佼佼者，同時也是一名很好的朋友。

維吉尼亞州鑑識科學部在一九七〇年代和一九八〇年代，曾聘請一名相當用心的鑑識專家瑪莉．珍．波頓（Mary Jane Burton），她有一個習慣，就是會把拿來採集血液、精液、其他體液樣本的棉花棒頂端剪下來，並黏在檔案裡。

這個習慣非常特別，一來是因為當年的習慣是所有類似的樣本，在幾年後都會全數銷毀，除了謀殺案以外，此外也因為當時 DNA 鑑定技術尚未發明。但波頓仍是孜孜不倦將所有樣本保留下來，這批樣本後來便和其他上萬個裝滿案件檔案的紙箱，一起塵封在大型倉庫中長達數十年，DNA 鑑定則在外頭的世界飛快演變。

波頓於一九九九年去世，兩年後致力於推翻冤案的「冤獄平反協會」（Innocence Project），就接下了一名非裔美國人馬文．安德森（Marvin Anderson）的案子，他因為一樁不是他犯的強姦案白白坐了十五年牢。安德森入獄服刑時年僅十七歲，一直堅稱自己的清白，但是即便他已因假釋出獄，仍是背負著冤罪的汙名，不僅找不到工作，還必須被貼上性犯罪者的標籤。

冤獄平反協會於是聯絡了鑑識部部長兼 DNA 研究先驅保羅・費拉拉（Paul Ferrara），請他重新檢視安德森的檔案，而費拉拉便是在爬梳波頓留下的檔案時，發現她會保留所有案件棉花棒樣本的習慣，安德森的判決因而遭到推翻。

這使得鑑識部面臨一個巨大的法律問題，倉庫裡有好幾千份案件檔案，代表可能有數百人蒙受冤獄之苦，同樣令人擔憂的，還有這也代表仍有許多罪犯逍遙法外，因為有人代替他們吃了牢飯。

鑑識部本身很明顯無法處理這樣的法律後果，所以在二〇〇四年，當時的維吉尼亞州長馬克・華納（Mark Warner），便下令鑑識部重新檢視百分之十含有未經檢驗生物證據的性犯罪和謀殺案檔案，一年後，又有三人成功翻案，州長於是下令全面檢驗所有未經檢驗的證據。

下一個問題則是該先檢驗哪些樣本，又要如何通知當事人，特別是那些在重新檢驗時還在坐牢的人。

DFS FSB 的委員會由實驗室負責人、法醫、州警局局長、刑案律師、鑑識專家、一名當地公民、一名當地警長、VIFSM 主席、還有我本人組成。負責的刑案律師史提夫・班傑明（Steve Benjamin）認為，應該重新檢測所有樣本，也應準時通知所有當事人，我同意這個作法，不幸的是我們寡不敵眾。

委員會花了許多時間，爭論要檢測哪些樣本，有些人建議根據當事人的犯罪類型來決定次序，我於是問那要先起訴哪一類囚犯，眾人建議性犯罪和謀殺案。

問題是某些因性犯罪遭到逮捕的人，根本不會以性犯罪的名義入獄服刑，因為檢察官擔心他們手上擁有的證據不足以說服陪審團，所以他們會給被告機會，讓被告以次要罪名認罪，像是搶劫等，如果你已經有一連串案底，那其實判決會和性犯罪差不多。

某些被告也很可能會同意，因為他們這樣就能以搶劫罪名入獄，而不是背著強姦犯的汙名，這可能會讓你在洗澡時被人捅上幾刀。而在這整個過程中損失的，還有本來某些鑑定結果其實可以上傳到 CODIS 上比對，進而逮到真正的罪犯，讓街頭少一個暴力分子。

針對鑑定對象的爭論持續了非常久一段時間，久到我的主席任期都已經結束。維吉尼亞州已經展開這項通知計畫好幾年了，讓那些命運能被科學進步扭轉的人，知道自己很可能是被冤枉的，雖然其中很多人都已經過世了，但他們的家屬仍是能從中受益。

這就是為什麼，我認為犯罪實驗室應該要永遠獨立於警方，因為鑑定帶來的優勢和幫助總是會在檢察官這邊，這會讓被告處於不利位置，但其實應該是要採取無罪推定原則。

就像我在擔任副警長時學到的，警察有非常大的權力，他們可以剝奪人們最基本的自由權，因而對警察或事故的罹難者鑑識人員來說，這其中確實有種非常危險又真實的吸引力，去尋找他們心中認為的事發證據，而不是事實真正留下的證據。警察很可能會帶著某些證據到實驗室，並和鑑識人員說：「嘿，幫我確認這些。」

但實驗室不應該確認任何事才對，而是要提供客觀的事實，你永遠不應該帶著成見前往犯罪現場或大型傷亡事故現場，因為你會看見那些根本不存在的跡象，然後試圖捏造事實，好符合你的假設。一切看起來可能都很合理，卻都不是建立在事實之上，而沿著錯誤的道路前進，很容易就會帶來災難性的後果。

第十六章　痛苦世界

某種程度上來說，處理死者便是在保護生者，即便有些死者是勉為其難才願意吐露他們的故事，大部分死者都很順從，而我們工作的另外一面，則是在家屬援助中心處理死者的家屬，和他們一同合作認屍，並交還遺體和遺物，這使得我們會曝露在某些最為原始的人類情緒之下。

在大型傷亡事件中，我們通常會舉行簡報和家屬說明各式流程，簡報應該以公司的執行長或當地的政府官員，向家屬致哀開始，先表達他們的遺憾，接著處理生者的需求。然而，大部分的執行長和政府官員，一開始都會想要討論事故的過程，但參加的倖存者和家屬都知道發生了什麼事，他們不知道的是原因，而且這也不是他們最在意的事，他們在意的是接下來會怎麼樣，還有這對他們來說在實際上代表什麼意義。

這就是大部分的公司和政府出錯的地方，基本上來說，他們是要試著拆除一顆已經爆炸的炸彈，家屬知道人都會出錯，而他們會隨著時間消化這件事，但他們期待的，也是他們有權期待的，則是後續會專心處理事故造成的影響。

這類簡報可能會非常情緒化沒錯，在某場班機墜海後的簡報中，一名死者的父親扯開衣服開始大吼：「誰來照顧我受傷的心？你們讓我心死了！」而且嚴格來說，這並不只是隱喻，後來發現他心臟確實有毛病，而他過世的兒子正是幫忙支付相關費用的人，在他的文化中，父母年老後理應由子女照顧，因而他不但非常傷心，還覺得遭到背叛。

在另一場簡報中，則是有一名焦急的女士，她擋住會議室的入口並大喊：「在我得到答案前，所有人都不許離開！」而且當然，那些當官的沒半個會想面對這些正經歷人生低谷的可憐人。所以這就變成我常做的事，這屬於照料生者的一部分，而且總是必須有人來做，很多事都是這樣。

這個過程常常以一通電話展開，通知我發生了事故，飛機失蹤或墜機、炸彈爆炸、天災等，有時候我則是會從新聞上看到。某天我待在我們英國的倉庫，整理一些準備寄到美國的東西時，辦公室接到一通來自 BBC 的電話，他們想要採訪我，有一架漢莎航空班機剛在阿爾卑斯山墜毀，甚至在我回答那個通知我有電話找我的人之前，另一個人就跑進來告訴我，漢莎航空來電，說他們有一架班機墜機了。我當然是接他們的電話，而不是接 BBC 的。

這時要做的第一件事，就是馬上設立緊急聯絡站及資訊中心，負責處理來自罹難者親朋好友的電話和電子郵件，親朋好友獲取基本資訊的同時，我們的主要目的其實是開始蒐集罹難者和家屬的資訊，我們必須描繪一幅圖像，包括失蹤者的身分，以及事故的範圍和規模。卡崔娜颶風發生後數周，路易斯安那就是沒有做到這點，才會造成許多問題，可以有很多緊急聯絡站沒問題，但只要有一座資訊中心和資料庫就夠了，所有人都把資訊匯集於此。

有很多人都以為，航空公司或其他人可能會有某種資料庫，記錄所有登機乘客的資訊，其實並不存在這樣的東西，他們只有基本資訊而已，其他所有可能囊括在里程系統中的資訊，通常都是來自不同系統，而且資料也不如我們想像中這麼容易取得。接著則是乘客名單，沒什麼人真的知道乘客名單上寫了什麼，而且每間航空公司也規定不一，在所有我處理過的空難中，我都還沒碰上任何資訊準確完整的乘客名單。

比如說，如果我搭聯合航空的美國國內線，那我的名字就會變成羅伯塔．詹森，因為我使用了我的中間名縮寫「A」，而在乘客名單上，中間名會和我的名字結合，變成「Robertta」，名單上也會有座位號碼和累積里程數，但是再也沒有羅伯特了，只有羅伯塔。如果有人問聯絡中心的接線員是不是有個羅伯特在飛機上，而接線員剛好面臨極大的壓力，或是不了解自家公司使用的系統，他們就很有可能回答機上沒有這個人。

同樣地，我的家人也有可能是在非常緊張的狀況下打進來詢問，而他們以我的中間名安卓稱呼我，我在進入軍校之前都叫安卓，後來才都用羅伯特，所以他們可能會問安卓呢，不是羅伯特，也可能會問是不是有個詹森，但在美國的某些地區和世界各地，詹森都是一個菜市場名，所以一台飛機上有可能會有好幾個詹森。

初步應變中很重要的一部分，便是試圖建立一份可靠的名單，上面記載受到直接影響的當事人，我們稱為PDA，以及他們的家屬資訊，我們必須在追蹤當事人或家屬打進來的過程中，逐步建立這份名單。沒打進來的人也可能是個重要的線索，九一一事件時辨識恐怖分子身分的第一個線索，就是大部分的劫機者，都不會有人打電話進來詢問他們的情況，這非常不尋常，而在一起你懷疑可能是人為操作的事故中，這點可能會派上用場。

緊急聯絡站和資訊中心也負責通知家屬，他們的摯愛可能發生事故，通知這件事本身就非常艱難，我還在當警長的時候，有些人根本不願意開門，因為他們對我要帶來的消息早就心裡有數，在電話上更難，但電話是最快的方法，因此在大型事故中也最為普遍。

我們追蹤到家屬正確的電話號碼，或是他們打進來後，我們會先自我介紹，接著以清晰但充滿同理心的方式，告知他們噩耗，我們也會詢問電話另一頭震驚的家屬，需不需要派人過去陪他們。家屬擁有足夠的時間，可以開始消化噩耗後，我們就會通知他們後續的步驟，可能會有人在不久之後聯絡他們，或是如果他們準備好了，我們也會告訴他們家屬援助中心會在哪邊成立，還有他們如果願意來一趟的話，應該攜帶什麼資訊，包括當事人的醫療和牙科紀錄等。

我們接著會幫忙安排行程，很多時候都是搭飛機，我們會通知航空公司家屬要來了，所以他們會受到特殊照顧，畢竟我們是請人搭飛機前來空難現場，這可能會很困難，但大部分家屬仍會願意搭機，我覺得這是因為大家都很清楚，有時候事情就是會出錯。我也認為對家屬來說，不去尋找摯愛下落的恐懼，壓過了摯愛可能遭遇不測的恐懼，如果航空公司的班機有提供報紙，而且報紙可能會報導這類空難時，我們會請航空公司先把報紙撤掉。

＊＊＊＊＊

下一步就是設立家屬援助中心，位置應該要離事故地點越近越好，家屬援助中心是個安全的地方，讓失去摯愛的家屬可以享有舒適的住宿，還應該要有會議室和工作室等空間，並提供優質的飲食。所以大型飯店就是最好的選擇，我們會訂下幾間房間，甚至包下整棟飯店，當然有時候家屬之間也會互看不順眼，所以我們必須快速掌握狀況，並把這類家屬分開，最好是安排在不同飯店。

如果事故是發生在小鎮，例如墜毀在阿爾卑斯山的日耳曼之翼班機，當局已經接管所有可用的旅館，來設立緊急應變中心，並供職員住宿，那就代表我們必須找稍微遠一點的旅館。

決定家屬援助中心位置最重要的因素，就是挑選一個能夠容納所有家屬的區域，此外，如果家屬沒辦法前往主要的援助中心，我們也會設立小型的附屬設施。

設立家屬援助中心的目的有三個，第一，這是一個安全的空間，家屬可以在此透過一系列的簡報，獲取相關資訊，一開始應由執行長或官員對傷亡致歉開場，這並不是出自愧疚，也不是因為所有人都期待這種行為，大家期待的，是一個活生生、擁有情緒的人。他們希望有個人可以告訴他們，已經存在一個系統可以照料他們，並協助他們度過這次事故，但上位者都會抗拒，因為他們覺得這表示自己必須負責。

如果航空公司的總裁能夠站起來告訴大家：「我對各位不幸失去摯愛，感到非常抱歉。」整體氣氛就會出現非常明顯的改變，我就親眼目睹過很多次。

當然一定會有賠償的環節，律師和會計師會決定人命的價值，這絕對無法避免，但是不需要走到訴訟這一步，也不需要搞得很難看，在這種情況下，我認為訴訟是家屬憤怒的延伸，這種憤怒則是來自沒有人試圖道歉，或表示自己是來幫忙的。這是因為主事者注重在事故本身，而非後續的處理上，如同我先前所說，你不可能控制意外，但你可以決定後續如何因應。

做簡報相當困難，會嚇到負責的人，也代表他們必須面對一個現實，就是他們身處其中，或是由他們負責的系統失敗了，或許不是公司的錯，最有可能是意外，也絕對不會是他們故意的，但無論如何，他們現在都脫不了關係，而對那些惹出人命的人來說，不管理由有多正當，還是出於意外，都會改變許多事，但還是必須要這麼做。

在這之後，簡報內容應該要專注在實際的事務上，例如整個過程如何進行、交還遺體和遺物需要多久時間、如何獲得立即的經濟援助、如何展開賠償程序、調查過程如何進行、又要花多久等等，這些都是非常實際的事務，能夠幫助家屬決定他們需要多少協助，還有他們想要在家屬援助中心待多久。最常出現問題的時候，就是決定誰要負責簡報、簡報要包含什麼內容、又在何時進行，永遠都會吵架。

像是日爾曼之翼班機事故時，在事故發生六到七天後，法國總統便宣布法國憲兵已經辨識出一百五十份DNA，家屬援助中心的家屬以為這代表他們摯愛的身分已經確認，很快就能取回遺體，這可以理解，但這不是總統的意思。

他的意思是法國憲兵針對至今從空難地點取回的三千塊屍塊，已經完成初步的基因檢測，而他們確認這些屍塊屬於一五〇名不同的死者，我們先前已經知道機上共有一五〇人，地面上也沒有人失蹤，因此這代表每個人的遺體都找得到。

但是因為根本還沒開始蒐集生前紀錄，所以甚至都還沒有任何家屬的檔案，家屬不瞭解這點，應該要有人去告訴他們這項資訊的正確意義，問題是該由誰來說？我們於是和法國憲兵接觸，請他們來和家屬做簡報，但他們表示：「不行，這不是我們的工作，這是檢察官負責的。」

所以我們後來跑到檢察官辦公室詢問：「你可以來做簡報嗎？」

檢察官則回答：「不行，這不是我的工作，這是鑑識過程，歸警方管。」

我完全懂他們的意思，沒有人想告訴家屬他們的摯愛已經變成屍塊，所以我說：「好吧，那就我來。」

因為這是我的工作，而且我知道該怎麼做，那就是提供家屬事實，或許很痛苦沒錯，但是在這個脈絡下，他們必須完全清楚事實才行。當時漢莎航空還不確定是否要讓我們來跟家屬做簡報，於是他們又經過一番討論，我真的不介意他們需要討論，呃，其實我有時候是覺得蠻厭煩的啦，但這對很多人來說都是第一次，我的問題是他們要討論多久，又會對家屬造成多久的延誤。

簡報會以幾個不同的語言進行，所以第一件事就是確定所有口譯員都清楚要使用什麼術語，「屍塊」並不是「屍體」或「四肢」，而是不管任何大小的身體組織，都統一稱為屍塊。我在正式簡報前先和口譯員進行了一次詳細的說明，接著便走入會議室面對聚集於此的家屬。

我先警告他們：「這場簡報會很難受，有些帶著小孩的人可能會希望小孩離開，有些人可能自己就無法接受，你們可能還沒準備好，因為我接下來要講的，是你們摯愛遺體的狀況，以及後續的認屍程序。」我停下來，有些人離開了，接著我便正式開始。

「如同你們所知，這是高速撞擊，這表示死者看起來不會和我們一樣，而我今天從法國憲兵那邊得知，他們發現了超過三千塊人體殘骸，也就是你們摯愛的屍塊。我也得知因為寒冷的天氣、良好的防腐、法國憲兵優秀的鑑識工作，他們目前已從三千塊屍塊中，辨識出一百五十份DNA檔案。而根據我們從乘客名單得到的資訊，機上正好就是一五〇人，我們也沒有接獲任何地面上有人死亡的回報，所以這表示，機上所有人的身分都能獲得確認，或說能夠進行確認。」

「但憲兵手上有的只是數據，也就是特別的基因分布，告訴他們這塊組織和其他不一樣，他們還是沒有名字，DNA不會說這塊是羅伯特．A．詹森的組織。這種事情不會發生，直到在座的各位家屬，提供你們自己的DNA樣本供我們比對。

我們現在已經在事故地點採集了罹難者的樣本，這是由警方進行的，但是除非他們在生前已經有提供過DNA，不然就必須從你們身上取得DNA，去進行比對。而且這不是跟電視上演的一樣，不是一個小時或一天就能處理好，很可能會花上好幾個月，我估計需要四到六個月，才能確認你們摯愛的身分，並把遺體交還給你們。屍塊的數量也可能會持續增加。」

聽到這個消息，家屬明顯都相當失望，但是他們那個時候已經因為整起悲劇非常難熬，所以至少在簡報過後他們可以說：「現在我知道這是什麼意思了。」

他們知道前方等著他們的是什麼，也知道該怎麼安排，這給了他們一條前進的路，以走出這段痛苦的時光。

不然的話，你就會發現家屬呆坐在馬賽的飯店房間內，一臉震驚，不知道該怎麼辦，也不知道這個狀態會維持多久。後來有些家屬到前面來找我，感謝我告訴他們這些事，這做起來不是很難，事實上，還頗為直接，但是就是沒人想當報喪女妖。

家屬援助中心的第二個目的，則是取得兩類資訊，第一類是那些能夠用來協助辨認罹難者的資訊，也就是生前的資訊，國際刑警組織的事故罹難者身分確認小組，擁有非常完善的生前和驗屍表格，大多數國家都會用他們的表格，我們公司也是。蒐集這些資訊可能要花上好幾個小時，而且必須由受過專業訓練的人員負責，表格總共有三十頁，涉及許多私密問題，蒐集到的資訊也必須受到保密，只會用於認屍程序，我們在流程中也加入了隱私條款，讓家屬知道資訊的用途。

表格包含的問題像是罹難者是不是有傷疤、刺青、醫療植入物、心律調節器？他們是不是擔任軍人和執法人員，或曾經過身家調查？這表示他們可能在某處留有指紋紀錄。也有一些問題蠻有攻擊性的，比如我們會問罹難者是不是有坐過牢，因為這代表他們的指紋也會經過登記。

此外，也不是所有家屬都會來家屬援助中心，所以我們也必須派人到罹難者的家中，如果罹難者是來自其他國家，組合就常常會是我們這樣的公司搭配當地警方。

我們也能同時在過程中從家屬身上取得 DNA 樣本，以及死者醫生和牙醫的聯絡資訊等。如果這些東西都沒有，我們就會討論是否要派一個小組到死者家中採集指紋或其他可能含有 DNA 的物品，例如牙刷或梳子等。這個過程中非常重要的一部分，也包括找到正確的家屬，誰會擁有最準確的資訊，人生常常不是這麼直截了當，死亡也不是。

在某場空難中，我們就詢問了一名罹難女孩的雙親，她的男友也一起來到家屬援助中心，家長回答了所有問題，我們也決定要派人去他們女兒的公寓從牙刷或梳子上採集DNA樣本，但家長離開後，她的男友卻還徘徊不去，他默默承認其實兩人同居，而她並沒有告訴家長，所以最好是到他家去採集，成功機率才比較高。

我們試圖從家屬身上取得的第二類資訊，則是當序遺屬的身分，用更專業的術語來說，就是要找到「有權直接認屍者」（Person Authorized to Direct Disposition，簡稱PADD）和「有權取得遺物者」（Person Eligible to Receive the Effects，簡稱PERE）。

在大部分的狀況下，兩者都會是同一人，而且幾乎所有的法律，都有非常詳盡的規定，定義誰的順位最優先，能夠取得遺體和遺物。不幸的是，並不是所有家屬都理解這點，而遺體如何處置，可能會造成很大的問題，像是死者是想要土葬、火葬、海葬，甚至是和已逝作家杭特．S．湯普森（Hunter S. Thompson）一樣，隨著火箭飛向天際。

如果你有遺囑或是有留下該怎麼處理遺體的相關文件，就不會有問題，我也建議我遇見的每個人，最好是兩種都備著，但我還是常常必須介入激烈的家庭紛爭中，像是子女無法決定要把家長葬在哪、要辨哪種儀式、要土葬還是火葬。我曾經請肯恩公司的代表到場見證一對家長的火葬，並在幾乎同一時間把他們的骨灰送到三名子女的手上，以安撫每個人。

我介入的其中一個案子，則是一名新婚妻子剛產下幼子的男子過世，但他也有個控制狂媽媽，很明顯對媳婦很不滿，她堅持自己是當序遺屬，但在法律上明明她兒子的老婆才是。我試圖跟媽媽解釋時她開始大吵大鬧，於是我把她拉到旁邊私下談談，這時她才告訴我最困擾她的是什麼，她哭著說道：「他不應該先走，我才是該走的那個啊！」

我回答我理解，接著問她如果她兒子還在，他會想要什麼，我告訴她：「妳有個角色要扮演，你有一個一歲的孫子，而你的兒子才剛跟老婆結婚，那你的孫子要從誰那邊知道爸爸的種種呢？在他的成長過程中，誰要負責告訴他，他爸是個怎樣的人？如果你選擇成為他生命的一部分，那妳就是他們之間的橋梁，但妳不能和媳婦搞壞關係，因為是她負責掌管一切，她是你兒子的老婆，也是妳孫子的母親。」

在這類情況下，你必須非常直接，因為問題不會這麼簡單就消失，而且要是不處理這麼重大的情感問題，以後一定也不會有好結果。

家屬也可能會不知道其他更高順位的家屬存在，這不是常態，但確實發生過。

某次我做完家屬簡報後，加拿大大使跑來找我，問我為什麼沒人和她某位國民的家屬聯絡，我問她是哪個人，她於是把名字給我。結果我明明才剛跟那個人的兄弟講完話，大使不知道這名兄弟的存在，我們也不知道死者在加拿大有家人，因為死者有雙重國籍，他在加拿大搭上飛往巴黎的航班時，用的是加拿大護照，接著他又換成埃及護照，搭上飛往埃及的航班。對埃及航空來說，他是埃及人，班機不幸墜毀時，埃及的家屬忘記提到加拿大的家屬，於是我們自然而然開始讓他們互通有無，並和死者的老婆聯絡上。

家屬援助中心的第三個功能，就是提供家屬一個場所，讓他們可以聚在一起，消化剛發生的事故，其中很重要的一部分，便是親自前往事故地點。

這又是另一件很多人試圖避免的事情，包括政府官員和航空公司等私人公司，但我們卻不斷證明，這件事對家屬來說很重要。當然這必須經過事先規畫，要在遺體從現場運走之後才能進行，也必須由醫療人員和心理諮商師陪同，我們會事先告訴家屬現場的情況，包括景象和氣味等，家屬援助中心裡大概有百分之九十的家屬會想要親自走一遭。因為摯愛的遺體常常會需要好幾個月的時間才會歸還，所以事故現場可以說是第一個實際跡象，告訴他們摯愛已經過世了，以及發生的意外。

家屬援助中心也不只是給成年人的，像是有一名十六歲的青少年，人生已經永遠改變，因為他的父親剛剛死於空難，他剛好有機會可以坐在所有人都無法進入，只對他和其他一小群家屬開放的失事地點附近。

而當他突然開始暴哭時，在場沒有人會評斷他，也不會有人覺得他很軟弱或很怪，因為在場也會有另一個年輕人，出現同樣的反應。他也有可能開始大笑，因為想起那些和父親有關的好笑回憶，如果他是在家裡這麼做，別人可能會覺得他很無情或發瘋了，因為大家面對剛剛失去摯愛的人，常常不知道該怎麼做，或是該說什麼才能安慰他們。

二〇一〇年泛非航空班機墜毀在利比亞首都的黎波里的空難，更是彰顯了這件事的重要性，班機原先預定從南非飛往荷蘭，因而機上有很多荷蘭人，而荷蘭政府以為前往失事地點會讓家屬很難過，所以鼓勵家屬不要前往。但還是很多人來了，我們讓他們知道親人是在哪邊喪生，這些家屬回家之後，和其他沒有來的家屬提到整個過程非常感人。

荷蘭政府因而在事故發生一段時間後，組織了第二趟旅程，但那時殘骸已經清理完畢，我們也都撤離了，所以這趟旅程並沒有帶來和第一趟旅程相同的意義，當時家屬親眼看到飛機殘骸。

＊＊＊＊＊

協助家屬是件困難的事，也很常表示必須代表家屬和政府交涉，而通常我必須使出殺手鐧的情況，都是政府扣住遺體的時候。

這起爭議是因為一架飛往其他國家的國家航空公司班機，在回程時墜毀，和我聯絡的總統一直堅稱飛機是因為爆炸墜毀，另一個國家則堅持是因為維修問題導致墜機。實際上兩個國家就是在互踢皮球，A國說B國機場的安檢太鬆，B國說A國自己飛機修不好，雙方都沒有任何讓步的跡象。

因此A國拒絕歸還來自不同國家的罹難者遺體，家屬等了半年都等不到遺體，哀慟可想而知，所以我寫了封信給A國的總統，請他基於人道主義的立場，從首都的法醫實驗室歸還遺體。

我寫道：「歸還遺體過程無法解釋的延誤，加上缺乏資訊，以及謠傳遺體被拿來當成政治籌碼……將會持續損害國家航空公司以及A國政府的名聲。」我也指出這麼久的延誤，除了會對家屬帶來巨大的傷慟，在我這二十多年來處理大型傷亡事件的經驗中，也根本是前所未見。

我的信有禮又尊重，並且給對方一個台階下，可以推給行政上的延誤，雖然事實並不是如此，而我也知道除非透過其他失去人民的國家領導人協助，不然我的信不可能直送總統或產生任何影響，所以我也運用管道，請大使把信寄給其他國家的領導人。我從來沒有收到回信，但遺體在不到一個禮拜內就歸還給家屬了。

第十七章 巨浪

想像上萬名素未謀面，分散在十幾個不同國家的人們，一同合力拼湊人類歷史上最巨大，也最複雜的拼圖，之後再加進另外數百個極度慌亂的人，他們會在調查人員的路線上亂跑，而調查人員正想辦法解謎，最後再把那副拼圖換成死者的遺體。這樣就能給你一個大概的印象，讓你瞭解處理二〇〇四年聖誕節隔天早晨，襲擊南非、印度、東南亞、印尼等地沿海的巨大海嘯，所造成的二十五萬具遺體，這個艱鉅任務，是怎麼樣的情況。

對許多經歷這場巨浪及其餘波的人來說，整場災難的規模根本無從想像，海嘯是由一場位於蘇門答臘附近海床的地震引發，威力是廣島原子彈的兩萬三千倍，而海嘯剛好在聖誕假期來襲，則使得情況更形混亂，因為許多政府領袖自己也都還在度假，其中不少人有好幾天的時間，都完全無法理解情況有多嚴重。瑞典外交部長在海嘯當晚甚至還跑去看電影，但泰國其實是許多斯堪地那維亞人熱愛的避冬地點，而且死亡人數已經快速攀升至數千人。

我認為對許多人來說，這次災難的規模，大到他們根本無法相信這會發生在現代，大家根本不知道如何應變，甚至連該做什麼都不知道。有些災害影響的是特定地區，比如隔年發生的卡崔娜颶風，就只會影響當地居民，所以雖然死傷可能超過數千人或數萬人，影響終究還是有限。大家都會得知風災的消息，但很多人根本不會受到影響，就是因為如此，所以要一直到某個東西來到眼前，或是他們關注的議題突然有了面孔或名字，大家才會開始行動。

想想南非的種族隔離制度就好，這是一個可怕的體制，但是美國人和其他國家的人，並不知道他們該怎麼做，才能對抗這個位在遙遠國度、無孔不入的壓迫系統。可是隨著曼德拉遭到囚禁，非洲民族議會突然之間就有了面孔，其他國家的人就可以開始同理及協助，你可以捐錢給曼德拉，而透過這樣的方式，你就是在對抗種族隔離。

另一方面，海嘯等大型災害則是會襲擊一大片區域，也會對分布在這片廣大區域的人們帶來影響，這場海嘯總共影響了三十三個國家，有些只受到輕微損害，某些則是遭遇嚴重損害，例如瑞典和德國。當然還有新冠肺炎疫情這種災害，幾乎所有人都會受到影響，要不是自己染疫，就是認識的人染疫甚至過世，還有失業跟失去房子，以及因為恐懼和永無止盡的隔離擔心受怕等，可以說同時造成數十億個災難。

如果海地大地震顯示了死亡的不公，那麼二〇〇四年殺死更多人的南亞大海嘯，則是讓我們知道，要平等對待大型傷亡事件的所有死者，是件艱鉅的任務。海地政府可以簡簡單單把上萬具屍體埋進亂葬崗，但在泰國和印尼，以及其他地區受到地震衝擊的數萬名遊客遺體，各國政府都想要尋回，並在確認身分後運回母國，這造成了複雜的問題。

*****

劇烈的地震是在當地時間的週日早晨來襲，對我來說則是聖誕節當晚，隔天早上，巨浪就襲擊了印度洋沿岸的各個國家，還有泰國和印尼的某些地區，把整座城鎮沖走，從地球上抹除。

在泰國熱門潛點的潛水者，表示巨浪來襲時，他們覺得自己就像在一台超巨大的洗衣機裡，在比較遠的地方，像是南非，海浪雖然比較大，卻也沒有特別大，只是打上濱海道路，短暫吸引遊客的注意，他們在看到其他地區的嚴重災情後，才想起有這件事。

是澳洲當局告訴我們慘烈的情況，並尋求我們的支援，初步的回報傳回坎培拉，在澳洲人這個時節最愛去的熱門海灘和城市，已經有數千人死亡，到了那個周日中午，我們就已經在進行相關安排，並把所有職員都召回。

由於泰國是東南亞最受歡迎的旅遊勝地，我們很明顯必須把行動基地設在這裡，我馬上跳上飛機，聖誕節假期結束了，對我的家人來說，我這年幾乎都不會看到他們，因為我忙著處理海嘯、重大空難、飛到伊拉克、卡崔娜颶風，根本都不在家。

但當然我們那時都不可能知道我會離家那麼久，不過他們也習慣了，至少他們是這樣跟我說的，我的注意力都在手邊的任務上。我在隔天抵達曼谷，直接去見派駐當地的澳洲大使比爾・派特森（Bill Paterson），他是一名經驗豐富的資深外交官，但也才剛抵達當地，他接到外交部的電話，通知他提早一個禮拜上任時，正在澳洲的家中打包。

他抵達曼谷後，甚至都還沒機會把上任文件呈交給泰王，就已搭上直升機飛往普吉島附近的拷叻（Khao Lak），當地已經尋獲超過兩千名外國遊客的遺體，正在等待確認身分。

「我們搭直升機進入村莊，景象觸目驚心，空氣中佈滿塵埃，靠近之後氣味就會穿透過來，是一種我從未聞過的獨特氣味，大家都說聞過之後就不會忘了，我也這麼覺得。」比爾後來這麼告訴某個記者。

幸好澳洲執法單位和泰國當局合作狀況相當良好，在海嘯襲擊之前兩國關係就很不錯，因為泰國是這個區域打擊毒品和組織犯罪的重要盟友，雖然比爾才剛到不久，他馬上就進入狀況，開始監督各式行動，這是件好事，因為他不僅是個傑出的領導者，也是名優秀的外交官。

我不認為澳洲政府和某些歐洲政府處得很好，比爾瞭解泰國，他知道泰國人的難處，以及如何把事情搞定，最重要的是，他也知道怎麼引導他們，同時給他們留點面子。這不是在說泰國政府很無能或缺乏組織，沒辦法進行這樣的行動，恰恰相反，只是他們習慣的是自己處理逝者的方式，不是西方那套，如果雙方角色互換，也會是一樣的情況。

在泰國，遺體就是遺體，沒有名字，不代表那個人，用名字稱呼一具屍體其實是在打擾死者，很可能會讓死者無法安息，泰國也沒有大型停屍間和葬儀社，只有一些小型設施負責處理偶爾發生的恐怖攻擊，其他所有遺體都會送往寺廟火化。

第二，在歐洲國家，是由警方負責處理死者，泰國也一樣，除非有需要進行調查，鑑識單位就會介入，當時泰國的鑑識單位是由染著一頭耀眼紅髮的法醫龐緹・羅哈娜蘇南（Pornthip Rojanasunand）帶領，她看起來比較像歌手蒂娜・透娜（Tina Turner）或是前衛的紐約時尚設計師，而不是鑑識專家，羅哈娜蘇南的許多著作和獨樹一格的髮型，使她成為泰國的名人。

不過她和警方處得不是很好，事實上，當時還有一家泰國報紙刊載了一則漫畫，中間是一架放著遺體的擔架，一邊是她，另一邊則是泰國皇家警察（Royal Thai Police）局長努帕多・松汶薩（Nopadol Somboonsub），兩人各自面向不同方向，松汶薩是個好人，也是個傑出的領導者，但兩人對行動的方針有些歧見。

在這樣的背景之下，我和比爾前往了各個災區，沿海地區的災情可想而知最為嚴重，我們於是決定把基地設在普吉島，這裡曾是當地的旅遊業重鎮，但現在整座城市大部分都蓋著一層乾掉的泥巴，街道一片狼藉，寺廟也堆滿腫脹的屍首。

我學會最好不要一直想著四周的災難，有這種傾向的人通常撐不了多久就會崩潰。然而，就在我抵達的幾天前，這些泰國沿海的觀光勝地還擠滿帶著小孩的快樂家庭，享受著期待已久的假期，在潔白的沙灘上踏踏海浪，或是在飯店的泳池邊閒晃。手上拿著雞尾酒和暢銷書，年輕的背包客存了好幾個月的錢，才能來到這裡，並展開一場大冒險。

我們抵達海灘旁的希爾頓酒店會議室，準備展開第一場工作會議時，就清楚知道遊客的天堂在一夕之間變成地獄，希爾頓酒店相較之下沒有受到太嚴重的損害，但是空氣中有股味道，我們大部分的人都很熟悉，那就是屍體腐敗的氣味。搜尋了幾天後，我們終於找到氣味的來源，海浪把一具遺體卡在下方的商店和我們會議室中間的狹窄空間中。

起初遺體都是運到寺廟，所以露天的寺廟不像往常飄著燒香的味道，而是充滿乾冰的氣味，乾冰快速運抵此地，以避免大量遺體在酷熱下快速腐敗。我們會走到寺廟附近，然後就看到數百具遺體參差不齊地排在外面，有些是放在簡陋的木棺中，但大多數都是包在塑膠布或骯髒的尼龍布裡，這些布是從死去遊客住宿的飯店倉促拿來的，因為泰國政府的屍袋早就用完了。

也有不少遺體就這樣擺著，旁邊放著乾冰，是軍隊拖來防止腐壞的，骯髒塵土上的遺體以及放在他們胸口和腳上的潔淨乾冰之間的對比，是幅相當震撼的畫面，特別是乾冰還會散發出陣陣霧氣，使得整幅景象更為空靈。而從確認遺體身分的角度來說，腐敗可能會造成很大的問題，不僅會使指紋變得模糊，也可能會讓我們錯過特別的刺青。

泰國政府派出軍隊維持秩序，而死者的親友，其中很多人本身也都是剛剛逃離死劫，則是在這幅恐怖的景象中找尋摯愛的蹤跡，邊用手帕摀住嘴巴，邊打開屍袋或掀開塑膠布。

沒有倒塌的飯店牆上，以各種語言寫滿絕望的訊息，包括泰文、英文、德文、瑞典文、中文等，還有失蹤者的描述以及他們最後一次出現的地點，也常常附有令人心碎的照片和聯絡的電郵地址。我們用澳洲軍方的直升機進行空中調查並搜索遺體，家屬常常會要求登機，協尋他們的親人。

我們的目標是盡早啟動整個程序，而我們首先遭遇的挑戰，便是羅哈娜蘇南醫生和松汶薩局長之間的不合，這是泰國內部自己的問題，卻對整個國際行動帶來巨大的影響，因為在確定各自的職責之前，我們根本不可能開始。最後大家決定，泰國人的遺體由羅哈娜蘇南醫生負責，外國人的遺體則是由松汶薩局長的團隊處理，輔以國際團隊的支援。

接下來則是要解決國際團隊的合作方式，在規模這麼大的任務中，有兩件事情非常關鍵，首先要確定整個程序如何運作，接著派正確的人到正確的崗位上，但是紙上談兵當然都很簡單。大家都想處理自己的同胞，這代表要審慎決定由誰負責哪個區域和哪些遺體，因為不同國家的遊客通常會喜歡前往不同的觀光地點，例如普吉島附近的某些區域，像是拷叻，就比較受德國人和奧地利人歡迎，英國人則是比較喜歡去其他地方。

我在峇里島的恐怖攻擊時，就曾經歷類似的過程，而從一開始整個團隊的共識，就是我們不能有人說：「我們覺得這具遺體是德國人，所以我們要把遺體送到德國檢驗。」我理解來自家屬和政客的壓力，以及政客自己承受的壓力。

但這整個過程需要時間，而且還花了非常久，對大部份人來說，如果他們沒有和你一起登機，那也不會和你一起降落，所以你需要大家的共識和同意。我們需要所有人都同意一個共同的程序，包括要採集哪些DNA樣本、資料如何交流、各自負責的地點、誰來提供整體支援等。

一開始有些團隊表示他們只要專注在自己的國民上，他們在母國面臨巨大的壓力，必須趕快把遺體運回去，家屬非常焦急，想盡快得知失蹤親人的資訊。海嘯來襲時，會把罹難者捲進海中，最後遺體可能會出現在好幾公里遠的地方，視當時海嘯的威力和飄忽的浪潮而定，也有可能會把遺體帶到內陸，卡在樹上或倒塌的建築中。

罹難者過世時則是很有可能穿著海灘褲或泳裝，因此身上不會帶著大部份我們最常用來確認身分的物品，像是錢包、身分證、鑰匙等，當然海浪的威力和中間的過程，也會讓遺物不見。那麼當每個國家都表示他們想要取回「自己」國民的遺體時，我們要怎麼分辨一具泡爛的屍體到底是哪國人或哪個種族？

就連泰國人在自己的國家搜索國民遺體時都碰上問題，因為就算透過某種奇蹟，真的認出某個人是泰國人，他們也有可能其實是其他國家的公民，像是加拿大或美國。種族並不等於國籍，而此時已經有超過五千名外國遊客失蹤，很可能已經罹難。

在其中一次令人沮喪、沒有冷氣的悶熱會議中，我跟大家說這又不是像你可以直直走進寺廟然後問說：「這裡有沒有瑞典人？有的話請舉手！」你覺得這會有用嗎？警方瞭解這點，但外交官卻搞不太懂，這也協助解釋了如果要照這樣搜索屍體，根本就是徒勞無功，所以最後所有人都同意，把所有遺體都視為海嘯罹難者，有可能是任何國家的國民，要等到跨國鑑識團隊確認驗屍的資料和生前紀錄吻合之後，遺體才會擁有姓名和國籍。

不過，讓不同國家各自負責本國罹難者人數最多的地區，就比較合理，像是讓德國負責拷叻的行動，其他國家則會負責支援，而在驗屍後蒐集到的所有資訊，都會統一送到中央的「泰國海嘯罹難者身分確認中心」（Thai Tsunami Victim Identification Centre，簡稱 TTVI）。

但某些歐洲外交官並不瞭解這整個過程，而且我想他們也不知道，泰國人光是想到有這麼多遺體沒有火化會有多不舒服，竟然還決定發出外交「通牒」，也就是一個國家對另一個國家表示，如果你不按照我的要求來，就會有嚴重後果。泰國政府當然不吃這套，這可以理解，外交部隨即威脅要把所有外國人都扔出去，而歐洲人反擊的方式，就是不要再讓國民到泰國旅遊，讓泰國經濟受到重創。

沒人知道政府的這些行為到底想要達成什麼目的，特別是罹難者家屬，比爾想方設法安撫雙方，到了那個時候，我們的設備已經都就定位了，並計畫設立三座大型停屍間、上述的 TTVI、一座運輸中心。停屍間和 TTVI 會由包括鑑識團隊在內的肯恩公司團隊負責，加上其他國家的協助，不同國家的團隊之間則是會按照慣常的方式結合，例如英國、澳洲、紐西蘭的團隊就會待在同一個地方，就算是面臨死亡，大家還是會想聚在一起。

到了這個階段，我們很明顯會需要大量的裝備，所以我們在普吉島機場設立了一間辦公室，並由澳洲航空負責支援，他們是我們在峇里島恐怖攻擊時，密切合作的客戶。

這裡成了整個行動的中心，我們開始派出各種包機和商務航班，總共運送了超過五十噸重的裝備，此外，我們倉庫的屍袋也遠遠無法應付所需，所以我們打給製造屍袋的公司，他們本來還在放聖誕假期，我們請他們重新開啟產線，並超時趕工製造大量屍袋。

設立完三座大型停屍間之後，下一步就是要設立泰國海嘯罹難者身分確認中心，中心位於泰國某間電信公司的大樓中，三座停屍間蒐集到的資訊，會在此處滙集並比對，進而確認遺體的身分。

行動的領導權每兩周會在各個國家間輪替，我可以理解這個作法，但當時這讓事情變得更為複雜，因為每個人都有自己的做事方式，我相信這應該是史上規模最大，也最複雜的跨國災害罹難者身分確認行動，光是肯恩公司就派出了九百人，在好幾個月的期間內，協助確認死者身分和交還遺體，最忙的時候有兩百人都在外搜索。

當時有許多日子都相當漫長，而且雖然我們後來搬到了澳洲政府指定的萬豪酒店，卻沒什麼人有辦法享受那裡的設施，我自己甚至都不知道有那些設施。海嘯過後好幾年後，我再次前往普吉島，就住在那間萬豪酒店，經理還記得我，帶我到房間的途中，我們經過一座非常棒的泳池，我問他這裡什麼時候多了這座泳池，他有點好笑的看著我，然後回答：「泳池一直都在啊。」在處理海嘯的那段日子裡，我每天來去匆匆，竟然完全沒有注意到這座泳池。

*　*　*　*　*　*

即便我們同意在中央系統之外，不應私下進行任何鑑識工作，國際政治仍是會帶來干預，有天某國的幾名鑑識專家就在機場被逮到，他們想把一批骨頭樣本帶回國檢驗，泰國當局和某些國家後來向該國大使明確表示了他們的不滿。

和其他國際組織一樣，國際刑警組織也加入了，還派了一支團隊到 TTVI 工作，雖然很緩慢，但混亂之中開始浮現秩序，遺體開始踏上回家之旅，同樣地，被惡水阻隔的生者也得以團聚。

某些罹難者，特別是外國遊客，都可以透過牙科紀錄確認身分，不過還是有很多工作都必須透過DNA搜尋進行，即便從活人身上採集DNA，通常只要在口腔戳一下就好，但從數千名親人失蹤的家屬身上採集樣本，仍是一件非常耗時的事，而且DNA鑑定的速度起初也非常緩慢。因此牙科紀錄在我們確認遺體身分的過程中，扮演非常重要的角色，根據估計，最後大約有百分之八十的身分確認，都是透過法醫牙醫學完成，這是這個過程的專業名稱。

到了現在，那些仍然失蹤，以及身分尚未確認的人，都成了陳年懸案，很可能永遠不會破案，他們的遺物，包括錢包、鑰匙、電子產品、手錶、首飾等，存放在警局的箱子裡，遍布海嘯襲擊的地區，而他們的遺體，則是埋在無名的墳墓中，或就這麼消散在海中。或許有一天，其中某些人的身分會水落石出，家人也能前往墓地憑弔他們。

雖然在泰國的行動算是成功，仍是有數千名罹難者的身分成謎，特別是在印尼的班達亞齊（Banda Aceh），這是海嘯災情最為慘重的地區，在悲劇後徹底重建的沿海城鎮中，會舉行紀念儀式，紀念日時漁人也不會出海捕魚以示尊重。而在某些地方，紀念碑則是被十五公尺高的水泥「海嘯塔」遮蔽，如果下次還有巨浪來襲，人們就可以逃到此地，並爬上塔頂，塔頂是露天的平台，以利空中救援，政府同時也花費超過四億美金，在整個地區建立海嘯偵測及預警系統。

觀光客回來了，帶來急需的資金，但這個地區仍是時常遭地震及海嘯侵襲，宛如一個持續不斷的致命提醒，要大家莫忘那場造成前所未有巨大傷亡的「南亞大海嘯」。

第十八章 辦公室的另外一天

我們只有幾天時間可以取回遺體，壞天氣已經逼近秘魯北部的偏遠地區，「力拓礦業」（Rio Tinto）的直升機正是在此撞上山壁，我們必須前往危險的失事地點，這是一塊雄偉的岩石，叢林拔地而起，綿延至安地斯山脈西部。

我有一支團隊，由數名巡山員、搜救志工、緊急服務處的人員組成，還有幾個肯恩公司團隊的固定成員，其中有一個是我的朋友，我都叫他「麥特老媽」，他是前緊急服務處的副處長，也負責帶領加州的搜救團隊。麥特是我們的保安官，總是會不斷盯著我，反正他一直覺得我做事不夠安全，像是怕我忘記扣上安全繩等等。

團隊中還有一名攀岩專家兼醫生基斯，但我都叫他「帳篷佬」，因為跟他一起睡在野外實在很煩，我還跟他睡過兩次勒，不過他仍是我的攀岩專家兼醫生首選。另外還有鮑伯，他也曾擔任緊急服務處的副處長，還是個後勤天才，只要他有空我總是很樂意帶上他，上述這些人就是其中幾名負責把團隊其他人帶到定點的攀岩專家。

接著還有鑑識團隊，包括一名年輕的厲害法醫，但他有點怕高還有綁在繩子上作業、調查人員、兩名同行的秘魯警官。所有人都準備好了，只要一聲令下，就會前往事故地點並攀上絕壁，當時已經天黑了，我想要在黎明時展開行動。

就是在這個時候，力拓的代表堅持，他們的承包商合約規定我們必須先接受一天的礦坑安全演習，才能開始工作。

我於是指出：「但我們不是要去礦坑啊，我們是要上山。」

代表表示：「我想這應該跟問題無關。」

他是個有同理心的好人，但規定就是規定，在其他情況下，我可能不會在乎，如果需要的話，我的團隊當然可以坐在那聽一場無聊又沒用的演講，而且只要是在合理的情況下，我也很尊重力拓嚴格的健康和安全規範，但現在就不是時候。我們才剛從美國抵達，我們先到利馬轉機，才來到奇克拉約（Chiclayo），並把所有裝備都搞定，隔天我們就會從奇克拉約往東開，在小貨車隊的護送下，渡過暴漲的溪流，抵達聖塔克魯茲德蘇卡班巴（Santa Cruz de Succhabamba）西方一百六十公尺處，並開始爬上事故地點。我們只有四天的空窗期可以運用，而且這項任務本身就已經很艱險。

我告訴代表：「看我們是要跳過這個，還是任務取消，大家解散回家。」

幾個小時後他回來告訴我們，他可以用晚上的時間幫我們上課，我只好再次解釋，讓大家多熬上半個晚上聽礦坑安全簡報，會讓他們在展開行動前就已經精疲力盡，這似乎不是很安全。最後我們終於決定可以省略礦坑安全課程，天邊露出第一線曙光時，我們就啟程前往事故地點，留下礦坑安全的未解之謎。

雖然佔據頭條版面的通常是大型事故和災難，但我們也有處理其他小型事故，而且像二〇〇八年春天這次在秘魯的小型任務，也有自己的風險，這類事故通常發生在非常偏僻、很難抵達的地區，如果出了什麼差錯，你只能靠自己。

我知道我們必須爬上一道危險的絕壁，並在濃密的叢林中用砍刀開出一條路來，所以在我們離開美國之前，基斯已經先研究過我們可能會遇上哪些毒蛇，並準備相應的血清。不幸的是，在奇克拉約的銅礦坑附近險峻的叢林中，共有多達二十三種不同的毒蛇，而基斯只找到其中三種的解毒劑，力拓公司倒楣的直升機正是墜毀在此處。所以我告訴組員，如果他們不慎被毒蛇咬到，昏倒之前最好仔細看一下是什麼毒蛇，我們的任務是取回遺體，不是再多加上幾條人命。

一個月前事故發生時，我們就已派出團隊和家屬、當局、力拓公司合作，事故當下，秘魯警方短暫進行了一次危險的直升機搜救，成功取回幾具遺體跟墜毀直升機的黑盒子。力拓公司認為應該還能為家屬做更多，所以想要取回所有遺體，並支援更全面的調查，我們的任務便是在失事的殘骸和凶險的叢林中搜索遺體。

如果搭直升機的話，會比較好到失事地點，但是附近唯一的一架直升機便屬於先前剛剛摔掉一架的力拓公司，所以我們同意直升機是沒有辦法的辦法。我們把裝備放進背包，展開這趟旅程，穿越叢林並前進基地營的過程非常艱難，我們的基地營設在三百公尺高的山脊上，就位在那面幾乎垂直的絕壁附近。

空氣又濕又熱，時常下著大雨，我們還有許多裝備要背，包括開路的砍刀、繩索、鏟子、標示開挖和調查區域的標記等。這片荒涼地帶的動植物奮力拒絕任何人類的入侵，到現在我的手上都還卡著一塊倒刺，穿越兩層手套深深埋在我的手指裡。

一般情況下，你會事先派出偵查小隊探勘路線，並了解整個地區，但我們通常沒有這種機會，因為是在和時間搶快，第一個晚上帶頭的小隊，包括我在內，在因入夜被迫停下之前，就已經到了基地營的半途，隔天我們啟程時，後方的團隊或說團隊主體，也正要啟程。

他們的隊長是傑瑞·諾沃薩（Jerry Novosad），同時也是整個行動的總指揮和我們合作過最厲害的傢伙，他在一開始就做了一個聰明的決定，他認為有些人根本就無法抵達目的地，所以他們會在原地等待，直到我們搭好基地營，並清出可供直升機降落的區域，再派直升機上來。

第二天我們又花了大概八小時，才抵達我們打算設立基地營的地點，這是一座懸崖上的平地，三面由山谷和河流環繞，直升機墜毀的山壁則是位在後方。我們為直升機清出一塊區域，搭設帳棚，並安排團隊其他人隔天上來。要到達事故地點，我們必須先爬上山脊，接著再攀上另一片平地，繫著繩索開始處理主要的殘骸，也就是卡在岩壁上的引擎和機身。

第一天我和隊上的另一名成員，來自馬林郡（Marin County）的消防員麥克，合力把殘骸最重的部分，也就是引擎移走，我們不斷上下磨擦，直到引擎鬆脫，掉到下方的山谷中，我們不能承受引擎在我們工作時自己掉下來的風險。我們接著在最近的土堆上架了篩子，並開始透過人力把一抔抔土遞給下面的法醫，法醫還在努力對抗他的暈眩，以檢查土中是否含有人體遺骸。

我有時候甚至還必須從陡峭的岩壁上垂降，因為有些遺骸卡在凸出岩壁的樹上，我們白天時在失事地點工作，並在晚間回到營地，此外，因為直升機只會在日間起降，這表示我們取回的所有遺體，每天晚上都要先埋起來，以防野生動物把遺體當成食物。每晚我們都會埋好我們找到的所有東西，並且說幾句話，一方面是出於對罹難者的尊重，一方面也是提醒自己，這些屍塊以前都是和我們一樣的人，不久之前，每個人都還有希望，也還有恐懼，接著在早晨時，我們會把遺體重新挖出來，放上擔架，再用直升機運走。

在失事地點待了四天後，我們搭直升機下山，原路返回美國，行動可說非常成功，因為我們找回了好幾具遺體、駕駛艙的黑盒子、一些遺物，而且每個人都平安回家。

＊＊＊＊＊

對團隊中的許多人來說，這是一場刺激的行動，對某些人來說則是此生僅有的經驗，而對我來說，幾乎就跟辦公室的另外一天沒什麼兩樣，一切都是從一通電話開始，我的工作中沒有正常這回事，我可能是在和跨國公司的執行長開會、應付律師或會計、面對身處人生最痛苦時刻的家屬，或是深入荒野尋找遺體及遺物。

在秘魯之旅的幾年前，聯合國曾雇用肯恩公司去取回兩架聯合國班機中的遺體，這兩架飛機是多年前，接連在一周內遭到安哥拉矮樹林中的反抗軍擊落。讓這起搜索任務更悲傷的，還有在第一起空難中過世的其中一名飛行員的兒子，也在第二起空難中過世，兒子來自南非，本身也是一名年輕的叢林飛行員，在幾乎一模一樣的襲擊中喪命時，正焦急得四處尋找失蹤的父親。

已經有些遺體遭到尋獲，但身分都尚未確認，所以沒人確定到底誰過世了，誰又有可能還活著，有一些傳聞認為這一整段時間，倖存者都遭「安哥拉完全獨立國家聯盟」（National Union for the Total Independence of Angola，簡稱安盟，UNITA）的反抗軍俘虜，不過已經過了將近十年，這種可能性應該相當渺茫，因此對家屬來說，能夠尋回親人的遺體，會是很大的安慰。

聯合國是一個非常巨大的官僚組織，通常來說我都很難忍受，但我願意和他們合作，是因為他們的工作非常重要，每個人都喜歡談論聯合國的失敗和缺點，但我總是喜歡看向他們的成功，他們在許多事情上都很成功，卻常常遭到忽略，我根本無法想像，要是沒有聯合國世界會怎樣。

自從安哥拉的內戰結束以來，聯合國維和行動部（Department of Peacekeeping Operations）的挪威籍醫生克里斯汀・哈勒（Christen Halle），就矢志將空難罹難者帶回家，而我們的任務就是要協助他。安哥拉的鄉村地區仍然遍布著四十年內戰留下的地雷，當時葡萄牙四百年的殖民統治突然告終，內戰全面爆發，已逝的黛安娜王妃生前也將移除安哥拉的地雷，當成自己的一生志業。

事實上，安哥拉目前仍是全世界地雷最密集的地區之一，大概有十億平方英尺的面積受到隱藏的地雷「汙染」，這不是一個你會想隨便閒逛的地方，更別說要尋找將近十年前墜毀的兩架飛機殘骸。

戰爭為安哥拉烙下無可抹滅的傷痕，在一九七五年到二〇〇二年間，原先一同反抗葡萄牙政府的游擊隊反目成仇，爭奪政府的控制權，成為冷戰時代代理人戰爭的一部分，蘇聯和古巴支持共產黨的「安哥拉人民解放陣線」（People's Movement for the Liberation of Angola，簡稱安解，MPLA），他們掌控了首都魯安達（Luanda），美國和南非則是支持反共的安盟游擊隊。

來來去去的戰爭造成五十萬人喪命，另外一百萬人流離失所，也對安哥拉的經濟和基礎設施帶來嚴重破壞，國內處處可見戰爭留下的廢墟。

冷戰結束後，安哥拉的戰火仍未止息，因為在一九九〇年代，血鑽石的交易使得尋求西方支援的安盟逐漸式微，其領袖約拿斯・薩文比（Jonas Savimbi）也拒絕承認在選舉中輸給安解。原先的南非政府軍由南非傭兵取代，其中便包括「執行成果」（Executive Outcomes）保全公司的傭兵，他們現在為安解打仗，對抗舊盟友安盟。

二〇〇五年，安哥拉血腥又複雜的內戰終於告一段落，安盟的領袖薩文比三年前在某個河岸遭到政府軍射殺，而這個曾經的游擊隊也變成了一個政黨，所以聯合國現在認為安哥拉的情勢已經足夠穩定，並試圖取回因運送人道救援物資途經安哥拉戰區，不幸喪生的職員遺體。

聯合國八〇六號航班是在一九九八年十二月二十六日遭到擊落，正好是聖誕節隔天，飛機屬於一間叫作「泛非國際」（TransAfrik International）的公司，聯合國聘請他們使用輕型飛機在南部非洲的戰區載運職員。他們也會用C-130這類大型運輸機運送食物、毛毯、其他物資給流離失所的難民，當時大約有三分之一的安哥拉人無家可歸。

飛行員通常都是經驗老道、想要發財的南非叢林飛行員，或是追求刺激的人，機組員則大多是菲律賓人或安哥拉人，有時也會有俄羅斯人和美國人，因為道路對卡車來說太過危險，C-130便成了為聯合國運送人員和貨物的最佳選擇，雖然就算是在空中，仍可能面臨許多風險。

聯合國八〇六號航班的機長強尼・威金森（Johnny Wilkinson）是世界上經驗最豐富的飛行員

之一，他是一名五十一歲的南非人，飛行時數高達兩萬三千個小時，大部分都是飛 C-130，而且都飛全世界最危險的地區，他的飛機曾在索馬利亞遭到掃射，而在來到安哥拉服務八年之前，他也曾在莫三比克、蘇丹、盧安達等地出過任務。

威金森會花兩個月待在魯安達的泛非公司基地，一個禮拜飛五到六天，然後再放一個月假，回到約翰尼斯堡郊區的家中，陪老婆和兩個女兒。而他的兒子希爾頓當時二十五歲，非常崇拜父親，也繼承他的腳步，在南非獲得商用飛行執照，並在安哥拉為幾間不同公司飛了好幾年，一九九八年年底，他的父母好不容易才剛說服他回家飛商務航班，他們覺得這樣會比較安全。

那天強尼．威金森和他的機組員，原先預定從魯安達飛往安哥拉的第三大城、位在首都東南方約四百八十公里處的胡博（Huambo），並在那邊接聯合國的職員登機，接著再飛往東北方有軍隊駐守的薩里莫（Saurimo），最後飛回魯安達。

但胡博正遭到安盟包圍，安盟認為這是他們的首都，四處都是游擊隊，其中某些還配有 CIA 提供給反抗軍的刺針地對空飛彈，就是我的老朋友查理．威爾森贊助給阿富汗聖戰士的那種，可以直接扛在肩膀上發射。很有可能就是這種飛彈，在聯合國的班機飛出胡博不久，展開當天第二趟航程時，把飛機給打了下來，飛機突然和魯安達的基地失去聯絡，不過這其實在戰區算是稀鬆平常，甚至在今日也常常發生，但是當同地區的其他班機嘗試聯絡卻失敗時，大家就開始擔心了。

威金森的兒子聽到父親失蹤後，便馬上動身回到安哥拉，因為沒有任何和班機有關的消息傳出，所以家屬、聯合國、航空公司都有理由認為像威金森經驗這麼豐富的飛行員，很有可能已經想辦法平安降落，因此就出現了機組員被安盟士兵俘虜的可能性。瑪莉．威金森送兒子到約翰尼斯堡的機場趕搭第一班飛往魯安達的班機時，希爾頓向她保證：「媽，我一定會把老爸帶回來的。」

希爾頓在安哥拉工作時，便已結識許多當地的叢林飛行員，他在一個禮拜後想辦法讓自己搭上一架泛非公司的班機，同樣也是預定飛往胡博。機長是一名資深的菲律賓飛行員雷蒙．當勞（Ramon Dumlao），計畫和妻兒到肯亞奈洛比過新年，雖然他再過幾個月就要退休，還是毅然決然回歸加入尋找失蹤同事的行列。他也同意把心急如焚的希爾頓．威金森偷偷帶上飛往胡博的班機，並承諾會盡量飛低，以搜尋任何和失蹤班機殘骸類似的東西。

接著他們的班機聯合國八〇六A航班，也消失在同一個地區。

一個禮拜後，聯合國成功為自己的空難調查團隊協商出一次短暫的機會，讓他們能夠前往第一起空難的地點，又過了幾個禮拜後，安盟准許他們前往第二起空難地點。調查團隊發現飛機殘骸遭到洗劫，還蓋上樹枝，以避免從空中被發現，這使得搜尋遭到阻礙，黑盒子也都不見了，調查團隊的結論是，第一架班機是被飛彈從五千四百公尺的高度擊落，第二架則是在更低的高度被打下來，因為他們刻意飛低，以尋找第一架失蹤的飛機。

他們取回了一些骨頭碎片，但很明顯並不包含所有失蹤的機組員和乘客，遺骸後來交給南非警方的鑑識團隊處理，不過沒有進行進一步的鑑定，來確認遺骸的身分。這一部分是因為在技術上來說，應由死者喪生的國家安哥拉負責開立死亡證明，同時也是因為並非所有死者都是南非人，他們同時也是聯合國的職員，這使得管轄權更為複雜。

所以失蹤者的遺體就這麼被留在安哥拉的矮樹林中，和地雷及生鏽的軍事設備相伴，直到二〇〇五年，我們受託取回最後的遺體跟在秘魯時一樣，我的第一個任務就是要評估我們會面臨的主要風險，叢林的問題是蛇，安哥拉矮樹林的問題則是地雷，因為我去過波士尼亞和其他戰區，所以對地雷有點瞭解，我後來做了一張清單，上面列出所有我們可能會遇上的未爆彈。

在安哥拉有超過七十種來自二十二個不同國家的地雷，包括俄羅斯的反坦克地雷，行人可能會不小心踩到，但因為重量不足不會引爆，還有會彈起來的反步兵地雷，像是 PP-Mi-SR 等，這種地雷非常可怕，我很討厭，在柏林圍牆倒塌前的捷克斯洛伐克有很多，觸發後會彈到腰部，然後彈射出碎片，殺傷半徑可達將近二十公尺，足以殲滅我的小隊。

聯合國給我們的簡報是要偵查這片區域，並判斷能否取回遺體，原先預定要進行兩趟任務，不過如果我們可以一次搞定也可以，但在文件上寫的是兩趟任務中的第一趟。因為這個地區非常凶險，所以我們不太想去兩趟，此外也因為我們一旦對失事地點展現出興趣，就很有可能促使當地人也回到失事地點，看看還有什麼值錢的東西。而且不管從哪個角度看，我們帶的裝備對這樣的任務來說都不夠齊全，我們只帶了挖掘用的鏟子、調查用的標示、屍袋。

我們先飛到南非接這次行動的保全團隊，這是和美國政府合作的同一間公司，全都由退伍軍人組成，其中某些曾是現已解散的「三十二營」（32 Battalion）成員，這是一個種族隔離時代的單位，指揮階層為白人軍官，主要由南非人、羅德西亞人、澳洲人組成，但手下大部分都是在戰敗後逃離祖國的安哥拉黑人。

三十二營長年在安哥拉境內從事一些偷雞摸狗的行動，後來則是部署在南非的城鎮中，負責對抗反對種族隔離政策的團體，使他們具備高度爭議性。事實上，他們在多年前也曾去過失事地點，但我們對這點相當保密，而在種族隔離政策廢除，曼德拉的非洲民族議會掌權後，三十二營也於一九九三年解散。我本來有點擔心有些成員會在我們入境安哥拉時被邊境警察攔下，幸好後來一切順利，搜查完行李後，警察揮手要我們繼續前進，接著再換搭一架私人包機前往胡博，我們必須在入夜前抵達，因為機場仍然沒有任何燈光。

我們搭的是「Beechcraft 1900D」型飛機，我也把這種飛機叫作「Dash 1900」，和我之前搭過的飛機沒什麼兩樣，但因為我也曾處理過同樣的飛機墜毀的空難，負責到場搜索遺體，每次搭飛機我總是會忍不住想到這種事！

胡博是一個整齊的小鎮，但你可以在建築物上看到彈孔或爆炸的痕跡，而且四處都有紅色的三角形標示寫著「小心地雷！」，在夜間開車相當危險，因為路上沒有照明，而且很多車子都破到不行，所以頭燈都壞了，就像深海的鯊魚一樣從夜色中出現。

我們在一間民宿安頓，準備好裝備，並和當地的警察首長及官員會合，簡報我們的行動流程，一切就緒後，我們以護衛隊形上路，開上布滿塵土的破舊道路，並透過無線電保持聯絡。路上主要的障礙是倒在路中間的樹木，但繞路太過危險，因為四處都還有地雷，隨著我發現路邊房屋的某些建材，主要是屋頂，是從墜毀的飛機洗劫而來，畢竟這都還是可以用的金屬，我可以察覺我們已經越來越接近失事地點。

出來迎接我們的村長穿著一套古怪的軍裝，古巴的迷彩服和雨衣，但很明顯是為了這個場合穿的，這還蠻合理的，因為卡斯楚曾經派遣一萬兩千名古巴士兵前往安哥拉，和安解並肩作戰，對抗南非和安盟。

雖然這裡是安盟的領地，但他們其實早就戰敗，而即便古巴人早已離開，他們的制服卻留了下來，我們也帶了禮物來，以在抵達失事地點時獻給村莊的長者，有棕櫚酒、雞、鹽巴，當作我們友誼的象徵。

村長記得飛機被打下來的那段日子，但很好奇為什麼我們會來，因為聯合國好幾年前就已經派過空難調查團隊了，我和他解釋失蹤機組員的家屬需要答案，他說他很樂意陪我們前往失事地點，並同意我們展開工作。但村長也提醒我們要多加注意，因為就在我們要前往的那塊區域，幾天前才剛有一名農夫誤踩地雷身亡，他建議我們最好小心一點。身為前任軍官和整個團隊的領導者，我親自偵查了失事地點，檢查看看有沒有隱藏的地雷，並嚴格規定團隊的活動區域。

失事地點的坑洞都還清晰可見，我們花了兩天挖掘及搜索遺體，到了那個時候，遺體都已經只剩骨頭了，我們找到一根肋骨、一個膝蓋骨、一根大腿骨、幾顆牙齒。第一架飛機的墜機地點只有四五片骨頭碎片，但第二個失事地點就有將近九十片，我們也找到了一些遺物跟一個空的保險箱，甚至還有一只全新的婚戒！

因為載我們來的飛行員整趟旅程也都繼續和我們待在一起，還問我們能不能一起前往失事地點，當然是要先聽完和地雷安全有關的簡報啦（我沒有在諷刺秘魯的那段時光），而其中一名飛行員才剛新婚不久，他在準備離開前，發現他在其中一個失事地點幫忙挖掘的時候弄丟了戒指，他向我們解釋，要是戒指搞丟他就不用回家了，所以我們大家又回到失事地點尋找，好險一下就找到了。

所有人都告訴我們，安哥拉政府絕對不會允許我們把任何遺體帶出國家，會想要自己留下來檢測，當作政治手段，但當我們向政府詢問時，他們欣然同意我們可以把遺體帶回南非，我們把遺體放進屍袋中，並在外面包上聯合國的旗幟，向他們的犧牲致敬。

照理說任務應該就這樣順利結束了，但是還有當地的俗語「TIA」，也就是「這就是非洲」（This is Africa），意指不管你在這座大陸的任何地方做事，都會有某種意想不到的狀況在下個轉角等你。

通常當你運送遺體經過邊境時，會需要官方的許可跟死亡證明，還有一卡車各式各樣的文件，但我們手上的是身分不明的骨頭，不可能會帶有傳染病，而且因為也沒有完整的屍體，所以也不可能拿來走私或是含有任何爆裂物。我們的貨物是非常脆弱的骨頭碎片，如果處理不慎，可能瞬間就會化成灰，不過仍然是可以從中取出DNA樣本，而這也是我們最終的目標。我已經事先和領導南非警方鑑識團隊的准將以及總法醫打過招呼，計畫就是把遺體帶回去，一落地就轉交給法醫人員處理。

所以我們在約翰尼斯堡的拉塞利亞國際機場（Lanseria International Airport）降落，我們搭的是從「執行航空」（Executive Air）租的包機，抵達時已經是深夜，但照理來說應該要和我們交接遺體的鑑識團隊卻不見人影。我們以為他們可能是因為太晚所以先回家了，但我們後來才知道，他們是被情報單位的人請回家的，我那時候想說，沒差啊，反正我們就先把屍袋拿著，明天早上再交接就好，所以我們就回去我們租的民宿，稍微梳洗一下，警察破門而入時，我們才剛要開始吃慶功宴。

警察表示：「把屍體交出來！」我不知道他在講什麼，所以又問了一次，他們就是一直重複：「把屍體交出來！」接著解釋他們已經掌握情報，知道我們在偷渡傭兵的屍體進入南非。

我回答：「我想中間一定是有什麼誤會，我們手上的是一九九〇年代兩起空難中的罹難者骨骸，你們的鑑識團隊應該要來拿走才對。」

但警察開始堅稱我們是在說謊，我只好把骨頭給他們看，我可以從他們的反應知道，他們完全沒料到會看到這種景象，不過他們也沒有承認是哪邊出了差錯，而是命令我們和他們一起到警局走一趟。

我們的民宿主人到了那時終於受不了，直接和警察槓上，當時南非犯罪率還非常高，她開始飆罵警察，說他們把寶貴的時間浪費在我們身上：「我女兒前幾天開車才剛被搶，你們現在還跑來騷擾我的客人……！」

警察被民宿主人飆罵的時候，我把管事的人拉到一邊，結果發現他們根本不是警察，而是南非情報局的人，他坦承警方懷疑我們是傭兵，這一部分是因為我們的保全有些是來自惡名昭彰的三十二營，一部分則是來自我們承租包機的那間公司。

他們把名字給搞混了，將「執行航空」當成「執行成果」，也就是那間私人軍事公司，說難聽一點他們就是傭兵啦，這間公司是由前南非高階軍官伊本．巴洛（Eeben Barlow）創立，受安哥拉政府雇用，和南非的老盟友安盟打仗。

通常在這種混亂的情況下，我是不會乖乖就範的，還會搬出掌管執行外交任務外國公民的《維也納條約》，比如說幫聯合國工作就屬於這類外交任務，並堅持對方必須通知我們的使館以及聯合國。畢竟我們一行人裡也包括一名聯合國外交官，但是因為我們裡面也有一個南非人，而且他還是前警官，所以這個豁免權無法適用在他身上。而且由於我的另一條規則是團隊永遠不能分散，我們於是就去了警察局。

我問對方：「你們要我們在警局待一小時還兩小時？」

逮捕我們的警官卻回答：「想得美勒，你們要在監獄待三四天。」

他們想要把我們帶上警用廂型車，但車子卻怎樣都發不起來，真的超尷尬，他們於是請我們幫忙推車，我們當然是拒絕囉，反正最後車子還是發起來了。我則是和那個情報局的傢伙搭同一輛車，他知道事情大條了，建議我最好開始打電話，那時民宿主人已經通知了我們的總公司，他們也開始聯絡聯合國、美國國防部、英國外交部。

我們抵達警察局時，負責看守所的警官不收我們，但她最後同意讓其他警官把我們關在等待區，我們就在那花了一整晚的時間打電話，保全團隊跟警方的鑑識人員也有來探視我們。而我們那名南非成員的老婆，也想辦法和某些高階警官搭上線，所以我們很快就遭到釋放。

我後來四處打聽，想瞭解到底發生什麼事，有人跟我說警方和情報機關之間存在某些權力鬥爭，本來是由警方控制情報機關，但情報機關想要脫離警方獨立，所以這些想要從警方獨立的情報員，就決定逮捕一群和警方合作，盜取死去同志遺體的傭兵，這個醜聞不僅會讓警方蒙羞，也能使情報機關的獨立過程更加站得住腳，結果他們掌握的情報準確度根本不及他們的野心。

但也有可能警方是故意拖延我們的釋放過程，因為他們希望我們鬧出一件國際醜聞，讓情報單位面子掛不住，我們也差點就走到那一步了。警方事後為這場混亂大大道歉，我也從南非情報部長那邊收到一封道歉信，但不是很重要，重要的是我們終於把遺體成功交到鑑識單位手上。

強尼．威金森的遺孀瑪莉終於接到電話，通知她兒子的遺體身分已經確認時，她的第一個念頭竟然是接下來對方會告訴她，父子兩人都還活著，要回家了，這就是希望屹立不搖的力量。然而，瑪莉還是必須把摯愛的兒子安葬在墓地中，這樣她才終於能夠去探望他，她的丈夫和其他罹難者也有一個墓碑，在兩架飛機共計二十三名罹難者中，總共有十八人的身分成功確認。雖然沒能確認所有罹難者的身分有些遺憾，但卻足以說服世人已無人倖存，後來所有的遺體都在普利托利亞（Pretoria）舉辦的紀念儀式中下葬，許多家屬都前來悼念。

第十九章　倫敦大樓煉獄

二〇一七年一個溫暖的夏日晚上，倫敦一座住滿勞工階級的大樓爆發火災時，英國首相德蕾莎·梅伊（Theresa May）領導的政府早已身陷麻煩之中，而高樓的居民還有某些是來自低度開發國家的移民。

前一年英國才正因脫歐公投陷入有史以來最大的分歧，梅伊的前一任首相、負責監督這場公投的大衛·卡麥隆（David Cameron），竟然無法展現他的領導力，選擇辭職。梅伊則是因為無法在這個意見如此分歧的議題上獲取支持，誤判政治情勢，在六月八日提前舉行大選，打算鞏固她在國會的勢力，卻反倒失去了多數黨的地位，並被迫和規模非常小，又極度保守的北愛爾蘭民主聯盟黨（Democratic Unionist Party）組成脆弱的陣線。

大選不到一個禮拜後的六月十四日晚間，肯辛頓—切爾西區的消防隊接獲警報，一座一九六〇年代興建的水泥大樓發生火警，這是政府當年推行的住居計畫，位在倫敦富裕的西區。我覺得一開始負責應變的消防隊員，可能認為這應該沒什麼大不了，因為在水泥建築中發生的火警通常都很容易控制，畢竟水泥不是什麼易燃物。

格蘭菲塔的火災危機和其他許多事故一樣，並不是由單一事件、一個錯誤的決定、或應變過程中的錯誤造成，而是有許多不同的因素一次出錯，我覺得最大的原因出在缺少合理的判斷，某個人早該在為時已晚之前，就決定撤離燃燒大樓中的所有居民。現在有太多機構嚴格管控決策過程，因為怕被告、丟工作、或被網路酸民攻擊，所以大家總會覺得遭到制肘。

英國的消防系統其實非常棒，包括安全標準、定期檢查、分區規則等，你在美國可能常常會聽到消防車呼嘯而過，這在英國卻非常罕見，缺點則是消防員都沒什麼經驗，但是在這樣的工作中，經驗是無可取代的。

火焰是一種會呼吸的活物，會遵循某種模式，而這個模式則會依照燃料、建築結構、天氣、其他因素而定，所有消防員都會在訓練過程中理解這個模式，我會知道是因為我派駐維吉尼亞州時，曾在當地擔任義消。

如果經驗豐富的消防員在建築的屋頂上看到火焰，起火點卻不是屋頂，而且他們也知道火勢不是來自屋內的話，那就表示有某種類似煙囪的結構，也就是沿著建築邊緣上升的火柱。

處理其他火災的經驗，也會讓他們理解，火勢很可能是在某種塗層之內延燒，他們也會知道如果火勢已經燒到屋頂，那就沒救了，因為熱氣會上升，無法再上升之後就會往四面八方擴散，如果建築物是正方形，火勢最終會在中央會合，吞噬整座建築。而且一旦火勢抵達屋頂，你基本上也無計可施，大部分的設備能抵達的高度介於七到十樓之間，格蘭菲塔則是有二十四層樓高，建築附近也沒有什麼空間可以讓消防車作業。

如果你以為你已經撲滅火勢，半個小時後卻發現火勢已經燒到屋頂，你就會知道火勢蔓延的速度有多快，而且也應該要開始覺得事情大條了。

但是英國的消防政策是「就地避難」，這在百分之九十九的情況下都很管用，這種措施是為那種起火點在室內的火災設計，火勢要一段時間才會燒到外面，可是格蘭菲塔的外牆恰好是鋁製塗層，以便抵禦倫敦險惡的天氣，這使得建築外側的水泥和塗層之間，產生了煙囪結構。因為夾層裡面沒有任何防火牆，使得火勢能夠一路直通屋頂，讓整座大樓變成一根用一千八百度高溫燃燒的巨大羅馬蠟燭煙火。

聽從消防隊建議的居民，發現走道和公寓中充滿致命的黑煙，等到他們決定要逃命時，早就為時已晚，因為煙霧已經濃到伸手不見五指，在找到狹窄的樓梯逃出生天之前，不用多久就會死於窒息。由於溫度實在太高，使得水泥開始碎裂，並讓支撐的鋼筋接觸到水，進而開始膨脹，這個過程稱為剝落，導致整座建築的結構開始變得不穩。

消防隊花了好幾個小時才發現，他們慣用的就地避難措施無法應用在這類火災上，但這是他們受到的訓練，已經根深柢固，所以他們在現場也無法馬上調整，做出不同的決策，他們應該有權根據自己所見來做決定，而不是死板的遵循守則才對。

我認為如果這場火災提早一個禮拜在大選之前發生，就會改變當時英國的政治情勢，甚至整個歐洲的未來，梅伊應該會輸給工黨，根本不會有脫歐這件事，這不只是因為火災本身，也是來自後續的因應。

大型災害可能會讓社會傾覆，使政府垮台，甚至引爆衝突，二〇〇四年時，西班牙經歷了史上最慘重的恐怖攻擊，蓋達組織透過手機炸毀了開往馬德里的數輛列車，造成一九三人死亡，超過兩千人受傷，就在大選的三天之前。當時主政的保守黨首相何塞．馬利亞．阿茲納（José María Aznar）試著把錯推到巴斯克（Basque）獨立分子頭上，擔心如果指出是伊斯蘭恐怖分子所為，會讓民眾把矛頭指向西班牙加入美國為首的陣營，派兵入侵伊拉克，因為這件事本身就充滿爭議。但實情很快就遭到揭露，民眾的不滿隨之爆發，同時針對爆炸案和政府試圖掩蓋事實的行為，阿茲納的政黨也在隨後的選舉中慘敗。

同樣地，孟加拉也是在經歷一九七〇年代的血腥戰爭後，才成功從巴基斯坦獨立，而戰爭爆發的原因，很大一部分便是來自伊斯蘭馬巴德（Islamabad）的政府，在致命的颶風襲擊當時還稱為東巴基斯坦的地區，並造成嚴重傷亡後，竟無心救災。

格蘭菲塔發生火災時，德蕾莎．梅伊和她的保守黨早已身陷麻煩之中，首相和肯辛頓－切爾西皇家區（Royal Borough of Kensington and Chelsea，簡稱 RBKC）議會的領導階層，從一開始就意見相左。令人難過的是，如果一開始消防隊就忽略他們的「守則」，這場火災或許就不會造成這麼多人罹難，而且如果首相和 RBKC 遵守他們完善的守則，也就是政府自己的人道救援手冊，後續的處理也不會這麼悲慘。

後續的應變當然也不是完全一無是處，中央政府設立了「格蘭菲搜尋組織」（Grenfell Recovery Organization，簡稱 GRO），負責監督在建築內部搜索遺體的工作，因為建築的業主 RBKC，很可能也會成為調查過程中的利害關係人，所以不應參與行動。

GRO 由許多努力的好人組成，來自緊急服務系統、社區服務辦公室、倫敦消防隊，並由來自另一區的主事者帶領。警方也幹得非常好，特別是考量到在燒毀的公寓中進行地毯式搜索，需要花上非常多時間，這代表每間房間都必須有人親自搜索，不會漏掉任何蛛絲馬跡。警方對家屬展現的關懷也讓人非常感動，而且他們最後也成功確認所有死者的身分，但基層的努力，卻常常會遭到遠在事件之外的高官所做的決定及行為抹煞。

這場火災是英國數十年來最嚴重的火災，讓情況雪上加霜的，是有人四處散播謠言，認為這棟建築裡住的都是「低端人口」，甚至可能涉入犯罪活動，卻能住在全英國最富裕的地區，而這時正逢脫歐激起英國的國族主義及排外情緒。這類指控非常荒謬，而且也十分不妥，因為事實上，就和倫敦的其他大樓一樣，住在裡面的大部分居民都是辛苦工作的老實人，他們的住家一樣乾淨整潔，或許有些人可能違法沒錯，但這在任何社區都有可能發生。

首相終於來到現場後，先慰問了消防隊員，卻不願意和困惑受驚的倖存者見面，這有可能是因為倖存者本來就已經很生氣，因為他們一直遭到漠視，所以只要碰上任何政府官員，怒氣就會爆發。也有可能是因為英國人就是這樣，我記得在峇里島的家屬援助中心時，當時的澳洲總理約翰．霍華德（John Howard）曾經來訪，他捲起袖子，四處走動和人談話，最重要的是，他也傾聽家屬的聲音。

但接著走進一名英國大使館的外交官，穿著雙排扣西裝，旁邊還有保全人員陪同，家屬根本無法接近，整體來說非常不好親近，也沒有傳遞出「我是你們的一份子，我是來幫忙的」這樣的訊息。大樓的居民、倖存者、死者的家屬都迫切需要受到傾聽，還有最重要的，瞭解接下來會發生什麼事。

警方已經調查並清理過一些他們懷疑可能有人身亡的公寓，但還有其他很多居民的物品都還放在裡面，可是卻因建築結構不穩而無法進去拿取，所以警方找來肯恩公司，負責把居民的物品取出來，並交還給他們。

我抵達後就直接前往事發現場，格蘭菲塔離通往倫敦的其中一條主要幹道很近，我手上拿著相機，穿著危害物質防護衣，戴上面罩，開始我的評估。我進去後馬上碰到消防隊設立在一樓樓梯井的臨時指揮所，用馬克筆寫在骯髒牆上的潦草字跡，見證了那個可怕又混亂的夜晚：「0215的窗戶起火」、「有人困在屋頂上」、「九樓有人在招手求救」、「十一樓有人掛在外牆上」，最後一條應該表示他們看到有人掛在自家的窗戶上，試圖從十一樓引起下方的注意。讓情況更混亂的，還有格蘭菲塔的樓層號碼經過重新調整，因為公共樓層也改裝成公寓。

即便整座大樓簡直是人間煉獄，其實有不少房間和空間都逃過祝融肆虐，諷刺的是，這只是使得居民更困惑也更生氣，他們不懂為什麼不能回家拿東西，某些居民甚至在火災發生不久後，從警方的調查人員那邊看見照片，發現自己的公寓幾乎完好無損。

不過就算是那些沒有受到濃煙或火災破壞的公寓，也都已開始受到黴菌影響，消防隊為了滅火，朝高樓層灌注了大概六十萬公升左右的水量，這些水都到哪去了呢？答案是往下流到低樓層，我遇到的某些居民很擔心石棉的汙染，但其實對在建築物裡作業的人來說，黴菌才是毒性更強的威脅。

此外，消防員也用斧頭和各種工具破壞牆壁和天花板，以確保火勢不會在看不到的地方悶燒，這些瓦礫也掉在居民的床上和家具上，讓場面更加混亂，櫥櫃也因為相同的理由必須遠離牆壁，過程中裡面的鍋碗瓢盆可能都碎得一塌糊塗。因為大樓遭到嚴重損害，所以必須穩定高樓層的結構，建築工人使用了在英國稱為「螺架」的工具，基本上就是可以調整的竿子，能夠彼此連結，建立支撐架構，以支撐上方樓層的重量，這些竿子會從公寓的牆壁和窗戶直接打出去，這樣才能跟外面的鷹架結合。

總之，即便有些公寓第一眼看過去好像沒什麼損害，整個狀況仍是非常混亂，而這是居民必須要知道的第一件事，卻沒人想到要告訴他們。

我告訴議會應該要好好跟居民解釋一下，他們於是建議由我來替居民簡報，我面對的群體很明顯有很多不滿就要爆發，我也看得出來他們質疑為什麼一個來自美國的私人承包商（就是我本人），能夠進到他們家裡，但他們自己卻不能。這我都能理解，我就站在那裡承受這一切，甚至還有個女人花了大概半小時把怒氣發洩在我身上，我接著才盡可能清楚地和他們解釋後續的流程，以及我們這麼做的原因，因為人們總是需要他們可以依靠的事實。

在展開任何行動之前，我們試著要做的第一件事，就是建立一幅圖像，描繪受到事故直接影響的人，這些人是誰、他們來自哪裡、他們來自什麼文化、宗教、背景，這樣我們就能試著滿足他們的需求，我自己的看法和我想要什麼並不重要，因為這和我無關。

我得知的是，居民已經抱怨大樓的公共安全一段時間了，他們覺得就算他們死掉也沒人會在乎，我也知道有些人是從那些政府無法信任的國家逃來英國，而且在他們的家鄉使用銀行系統也不安全，我還瞭解大部分的人都認為自己是格蘭菲塔的一分子，而且他們會同心協力彼此扶持，這些事情都很重要。

由於我們大多數的工作都是在處理空難，或是遭到炸彈、地震、水災破壞的建築，因此前往主人三更半夜被迫撤離的住宅搜索，實在是個有點私密的行為，和卡崔娜颶風時很像。冰箱裡都還放滿腐爛的蔬菜、櫥櫃裡放著發芽的馬鈴薯，來自不同國家的硬幣就這麼散落在櫃子上，孩子的絨毛玩具仍然放在床鋪上，來自他們在公寓裡玩樂的最後一晚。這是一幅突然遭到中止的生活景象，也是一項痛苦的工作。

我們的工作以進入每間公寓，盡可能蒐集所有物品展開，有一些外在條件限制著我們，比如建築物裡只能容納多少人，而且整棟建築只有一個出入口，也就是失火那晚，驚慌失措的居民跑下樓的那座狹窄樓梯。我們不能因為搬運重物而冒險將出入口堵住，所以我們的首要法則，就是不會取出任何比微波爐還大的東西，我們只能在上方的樓層沒有人在作業時，盡速把箱子搬出來，確保如果需要撤離時，我們不會害其他人被困住。

我們在清理公寓的同時，警方則是在搜尋仍有遺骸的公寓，遺體因為火災都只剩下骨頭碎片，而且不是每間公寓都有支撐的架構，所以我們是在和時間搶快。建築工人雖然已經進駐，但還沒有完成所有樓層的施工，我們也在同時進駐，並開始清點所有物品、拍照、取出所有我們可以取出的東西，我們不會拿廚房用具跟衣物，也不會拿已經發霉的寢具。

我們每天都會有卡車把居民的物品載到倉庫，並由另一個團隊負責把東西弄乾，試著拯救照片，並製作更詳盡的目錄。我們也會試著特別把容易歸還的物品挑出來，包括錢包、皮夾、護照等，就是那些大家日常需要的東西。雖然我們一開始的任務是從特定公寓取出物品，搜尋範圍很快就開始擴大，最後幾乎涵蓋整棟建築，越往高樓層走，受損程度就越嚴重，取回物品也更費事，這整個過程持續了好幾個月。

就算負責管事的單位做得很爛，我通常也都不會對他們太過苛刻，但是 RBKC 真的是爛到難以忍受，說他們很沒用都還太抬舉他們了，居民連最基本的事項都沒有受到通知，包括他們可以取回哪些物品、什麼時候能取回、怎麼取回等。

肯恩公司和 RBKC 不一樣，所以我們設立了一個網站，向居民解釋這些重要資訊，像是搜索的過程、黴菌的危險、需要考慮的事項等，我還親自錄了幾個問答影片，我們接到來自居民和他們律師的電話，沒人知道究竟發生什麼事，大家都焦急地想要找出還有沒有什麼東西躲過火災。

RBKC 卻要我們把網站撤掉，我們當然沒聽他們的話，他們的理由是這超出我們的職權，他們真的只想要我們把居民的物品取出來存放，不用告訴居民放在哪，但他們自己也什麼都沒做，根本沒通知居民要去哪裡領回物品。最後我們是透過格蘭菲搜尋組織的管道，才拿到居民的聯絡資訊，並通知居民到我們的辦公室來檢視他們的物品。

其中就有一名男子前來領取他的物品，我們把他的東西都擺在打開的箱子中，並放在一間巨大的教室內，他的第一個反應是我們幹嘛提供他整棟大樓的東西，我們只好告訴他，這全是從他公寓裡取出的東西，他對自己擁有這麼多東西，以及竟然能夠救回這麼多東西，都感到非常驚訝。我們接著給他看我們倉庫裡總共放著多少東西，他問我們會有他鄰居的東西嗎，我們還真的有，他說他會請鄰居聯絡我們，因為他的鄰居並不知道有東西救回來了，事情就是這樣。

同時我也在策略層面上提供了一些建議，協助政府度過這場政治風暴，我建議政府首先應該要找出所有利害關係人，並成立一個正式的小組或委員會，以便在警方結束調查後，整合所有相關行動，而且一定要讓居民參與，並讓他們自己來領導。

我警告政府，公開透明是關鍵，他們應該研究一下以前大火的案例，這樣才知道技術調查和後續的審理需要多少時間，因為我知道會拖上好幾年，你不能把所有人蒙在鼓裡這麼長一段時間，一定要告訴他們理由。我也建議要指派一個中間人來負責處理認屍事宜，就像九一一事件時一樣。

然而，政客的行為卻像以前根本沒發生過這種事，無前例可循一樣，但只要隨便上網搜尋，就會發現過去發生過好幾起類似的火災，其中一起也才剛過沒多久，就在二〇〇九年，同樣也在倫敦的另一座大樓，位於坎伯韋爾（Camberwell）的十四層「拉卡諾大廈」（Lakanal House），共造成六人喪命。我想讓所有身在其中的人，瞭解整個過程大概會花上多久，因為南華克（Southwark）的議會才剛在火災發生八年後的二〇一七年，恰巧也是格蘭菲塔火災的這年，因過失遭判有罪。

「這是一片雷區，而你們是蒙著眼睛在走路。」我警告政府。

但據我所知，政府根本就不在乎，我們繼續取出居民的物品存放，並盡我們所能協助居民救回財產，一切終於在二〇二〇年初告一段落。

德蕾莎．梅伊又多當了幾年首相，試圖推動她的脫歐方案，卻宣告失敗，但格蘭菲塔也沒這麼容易放過她，因為她竟然好意思在辭職演說中，把格蘭菲塔的善後當成自己的政績。這讓倖存者的憤怒再度爆發，當時參與救災的消防員也忍不住了，他們表示可不是保守黨政府在火場裡衝鋒陷陣，而是他們，倫敦的消防局長最後也因格蘭菲塔火災處理不力，在二〇一九年辭職，消防員還指控梅伊在擔任內政大臣時，解除對消防法規的管制，讓建商可以為所欲為。

這些消防法規很明顯需要受到檢討，倖存者組織「Justice4Grenfell」的代表也大力抨擊政府，指出根本沒有人因這起悲劇遭到起訴，還諷刺地說道：「死了七十二個人，結果沒有半個人被逮捕，這可不是什麼值得驕傲的事哪！」

我覺得她應該說的是：「死了七十二個人，結果目前為止唯一逮捕的，竟然是那些犯下完全無關罪行的大樓住戶，整個程序也沒有半點改變，不管是事前預防或事後因應，這可不是什麼值得驕傲的事哪！」

到底有沒有人會被起訴還有得等呢，因為在英國會先舉行聽證會，很可能會持續好幾年，之後如果有人有罪才會進行起訴，如果格蘭菲塔大火也跟以前的模式類似，那可能要等到二〇二三年或二〇二四年左右才會有結果。

格蘭菲塔的悲劇，點出了在每個層級都必須擁有強而有力的領導者，還有讓不適任的人負責管事，會帶來多麼可怕的後果。危機發生後，大家很快就會知道誰才是真正的領導者，能夠在壓力下做出艱難的決定，並面對那些失去所有的人，危機也會透露誰只能聽令行事，依靠幕僚、僵化的規則、大眾的意見來決定他們的作為。

至於格蘭菲塔本身，在我寫下這些文字時，仍舊矗立在倫敦的天際線上，宛如一座遭到遺棄、蓋著塑膠布的墓碑，夜幕降臨時仍會有工人在裡面作業，塑膠布後的燈火宛如點點鬼火，就像建築再度著火了一樣。總有一天大樓將會傾頹，但如果英國無法在這次的應變和調查中學到教訓，永遠都還會有下一座格蘭菲塔，而這本應是完全可以避免的事。

第二十章　復原因子

為災害做準備其實真的沒有那麼難，這表示接受壞事會發生，先準備好相關資源，等到事情真的發生時，再根據情況應變，有些人認為以一個群體來說，人類已變得相當脆弱，如果我們想要某個東西，我們只需要在手機上按一個連結，東西就會送到門口，如果食物晚幾分鐘送來，我們就會抱怨然後給負評。

心理學家甚至發明了一種新的精神疾病「手機分離焦慮」，人們只要一離開手機，哪怕只是一小段時間，就會覺得很焦慮，我們的問題並不是我們很脆弱或是很堅強，而是我們缺乏耐心、信心、領導力、自律、紀律，而且無法運用知識，同時又忽略事實。

現今是人類史上資訊最爆炸的時代，但是就瞭解歷史和以古鑑今的層面上來說，一般人都無法看清頭條隱藏的訊息，或是花時間理解其背後的意義。

二〇一七年，哈維颶風（Hurricane Harvey）襲擊休士頓，並讓我們公司總部大淹水的幾天後，我和大約六十個不同的組織通電話開會，包括私人組織和當地層級、州層級、國家層級的政府組織等，開會討論的其中一個議題，便是休士頓的心理健康服務提供狀況。

我對於在鴉片類藥物大流行，嚴重到美國人的平均壽命在我有生以來，竟然首次開始降低的情況下，發放苯二氮平類（benzodiazepines）等成癮藥物這件事，持保留態度，並不是說我反對在必要的情況下用藥，只是我覺得應該有更好的選擇才對。大家對災害管理都有一種文化上的焦慮，但要降低針對這類事件的焦慮，最好的方法應該是更完善的準備，不只是在政府層面上，在個人層面上也是，此外，等到事情真的發生時，也要提供民眾連貫一致的資訊。

哈維颶風襲擊休士頓時，我和老公正好待在西礁，正當我們準備要離開家裡，前往德州協助救災時，艾瑪颶風（Hurricane Irma）也朝西礁襲來，我們花了兩年在這裡建造我們的房子，而此刻這裡就位在一個剛摧殘完波多黎各的五級颶風路徑上。

我們沒有驚慌失措，我們搬來這裡時就知道颶風的風險，我研究過地圖，知道西礁的哪些區域容易淹水，我們也做好了相關的防護措施，包括取下風扇和室外喇叭，拉下防風的百葉窗，並封好汽車的排氣管，這樣才不會進水。我也把樹木修剪整齊，因為風暴可能會讓椰子變成致命武器，同時也用沙包和膠帶封好門窗，並把家具放在我們從家得寶（Home Depot）買來的排水管上，這樣就算最糟的情況真的發生，東西也不會因為水災受損，比起大水不斷沖刷、無法退去，如果水淹進來，但一下子就退了，其實不會造成什麼嚴重的損害。

我已經準備好颶風應急包，裡面包含防水布、釘子、繩索、防水膠，我們還有好幾箱食物跟一部發電機。準備好這些東西確實超他媽麻煩沒錯，但這能夠控制損害，並讓我在可能全面失控的情況下，保有一點控制權，我不能叫颶風不要來，但我也不需要在家園遭到破壞時坐以待斃。就算你不能控制事故，你也能決定怎麼應變。

對未知情況感到恐懼的焦慮，可能會讓人動彈不得，壓力也會對健康帶來非常重大的影響，用藥並不能處理核心問題，積極主動地試圖降低損害，能夠協助減少壓力，因為這會讓你覺得自己有在做事，而不是一個無助的旁觀者，此外，你做的那些事，當然也能協助災後應變。

面對恐怖主義也是一樣，我們不可能防止每一起恐怖攻擊，恐怖分子會嘗試數千次，他們只要成功一次就好了，好人則必須每次都成功，理論上來說，這根本就不可能。也永遠都會有地震、颶風、野火，這些威脅並不比過去可怕，事實上，我們現在處在更有利的位置，比前人還更容易監測及預測這些災害。

但這種知道威脅一直都在的感覺，可能會讓人們因為恐懼或困惑而動彈不得，外頭大量的資訊可能會讓人們覺得無法負荷，就像從消防水管喝水一樣，弔詭的是，過多的資訊反而會讓人無法做出充分的決定，如同遭到疲勞轟炸。

災害永遠都會帶來壓力，但是你因為覺得很有壓力，而熬上一整夜等著看風暴是不是真的會襲來，水是不是真的會淹上來，並不代表你缺少恢復的韌性，這種回復力來自時間、經驗、教育、準備。

壓力和恐慌也有很大的不同，你在森林中看見一頭熊會觸發身體或戰或逃的反應，但是如果你在前往野外之前，有花點心思查詢如何處理類似情況，你就會有個概念，知道該怎麼因應才能保住自己的小命，一邊尖叫一邊跑過森林絕對是錯誤的選擇。但這並不代表遇上熊不會帶來任何壓力，可是如果你好幾年來在爬山時都常遇到熊，你的壓力程度自然就會下降。

不妨試試從這樣的角度思考，運動會讓你的肌肉緊繃、心跳加快，剛開始嘗試時可能會滿頭大汗，覺得渾身僵硬，但是隨著時間經過，運動也會讓你的身材變好，更能應付未來需要使用體力的情況。

＊＊＊＊＊

一九九四年美國入侵海地時，我就親眼見證了海地人的韌性，你可以一眼看清誰是好人誰是壞人，好人骨瘦如柴，壞人則腦滿腸肥，這個國家如此分裂，貪贓枉法的人「口袋滿滿」，誠實的人則「口袋空空」。在國家面臨禁運的情況下，海地人可以用廢棄的汽車零件，建造一座汲水幫浦，你要活下去，就必須動腦。

快轉到我在二〇一〇年的地震發生後，再次來到海地，這個國家經歷了十六次聯合國的援助，已經變得需要仰賴其他國家的援手，我看著人們坐在坍塌住宅外的塑膠椅上，手中拿著「救命」的標語，而不是站起身來收拾，好替救援的卡車清出一條路來。第二次世界大戰時，英國和德國的城市遭到炸彈夷平，受到戰火蹂躪，被迫振作的居民組起人力鏈，徒手清理街道，一次一塊磚，這也是世貿中心在爆炸發生後最初幾天，現場清理的情況，一桶接一桶。

政治家、決策者、一般人都必須記住的一件事，就是我們能控制的並不像自己以為的那麼多，大型傷亡事件就是最佳例證，我們必須用現今還沒習慣的方式，學會接受這個事實。但我們的應變能力也遠比大多數人以為的還強，不要抵抗那些你無法控制的事，專注在你可以控制的事情上。

現今的文化告訴我們要忘掉不好的事，要向前看，拍掉身上的灰塵，回歸正常生活，但是如果我們不誠實面對過去的錯誤，或是從中學到教訓，只是覺得事情就是發生了，那我們就會不斷重蹈覆轍。

最近大家都將一九一八年的西班牙流感和襲捲全世界的新冠肺炎疫情相提並論，但又有多少人記得一九五七年在新加坡和香港爆發的「H2N2」流感疫情，這場疫情最終奪走一百一十萬條人命，包括十一萬六千名美國人？或是一九六八年爆發的「H3N2」禽流感，死亡人數也將近百萬，其中包含十萬名美國人？

這兩場疫情距離現代更近，也比較能和美國目前爆發的新冠肺炎疫情相比。但我們卻覺得我們活在百年一次的疫情中，因為我們不願想起過去可怕的事件，因為這讓我們覺得自己無法控制情況，我們征服了月球，保障生命、自由、追求幸福的權利，但是事實上，這些都不是理所當然。

這就是我們作為一個社會，不願承認的事實，這同時也剝奪了我們的求生能力，我還是個年輕的加州副警長時，政府開始引進個人安全設備，也就是所謂的定位信號，走失的登山客如果碰上麻煩就可以使用。突然之間，求援事件便大幅增加，因為大家開始覺得他們能夠不帶任何救命裝備，也不用具備在森林裡迷路還能活上一兩天的基本技能，就可以啟程前往優勝美地，反正他們只要按下按鈕，直升機就會憑空出現，拯救他們脫離險境，不論風險，也不管救援者可能喪命。

我不是在批評科技，科技確實可以拯救人命，但是科技永遠不應該取代常識、訓練、準備，科技意想不到的代價，便是剝奪你在面對艱困的環境時，所需的求生能力，舉例來說，和我小時候相比，現在已經沒什麼人會看地圖了。

我長年的經驗讓我學會了一件事，拯救我們不是其他人的責任，如果我們的廚房著火，而我們又有滅火器，那我很可能會自己把火勢撲滅，因為如果我打給消防隊，然後等到他們來，廚房的火勢早就已經燒到整間房子，我的損失很可能會更嚴重。我還是會打給消防隊啦，假如我無法控制火勢，那至少他們已經在路上了，但我還是會想辦法先發制人。

或是這麼說好了，如果我們開船出海，然後船不幸要沉了，海岸防衛隊會來救我們沒錯，但絕對不是五分鐘之內就會到，所以我們必須帶著救生衣，還要知道怎樣浮在水面上，這樣才能安全撐到救援抵達。颶風襲擊後一小時內想辦法生出水來給你，並不是政府的責任，你一開始就必須具備一些基本求生技能和自救能力。

我知道要隨時準備好是種負擔，準備一個颶風應急包很痛苦，你必須先花點錢，還要找到存放的地方，但是下次你在致命疾病擴散期間，到超市外面排隊等待，就只是想買包衛生紙時，不妨想想摩門教徒和他們的應急物資。

大多數媒體在報導颶風和天災時，常常搞錯的一點，就是颶風本身其實不是最可怕的部分，最糟糕的是後續的處理，而且根本沒有人會事先計畫到這點。我開始寫這本書的時候，北卡羅萊納州有一堆地方都泡在佛羅倫斯颶風（Hurricane Florence）帶來的水裡，上萬人成功逃離颶風的魔掌，但他們不知道該何去何從，因為距離上一次這麼巨大的颶風襲擊海岸，已經過了很長一段時間。所以他們只能精疲力盡、渾身濕透抵達內陸的避難所和旅館，而臨時住宿很快就燒光他們的積蓄。

一般來說，颶風的災民大概要等上好幾個禮拜才能回家，就算他們住在一個颶風非常頻繁的地區，其中又有多少人事前想過如果颶風來襲，他們要待在哪呢？而且等到回家後，房子還能住嗎？

大部分的人應該都沒想過。野火也是一樣的道理，人口成長帶來的都市發展，使得人們開始居住在以前視為不適合居住的地區，這讓受到野火影響的人數越來越多。

這就是為什麼，你需要一個防災計畫，如果你有小孩，你可能會想要他們先在親戚家待一個學期，因為你很可能必須進行大掃除，丟掉壞掉的家具和用品，並找工人來修繕，而工人此時很可能已經供不應求。我們現在在講的是好幾個月的開銷和不便，等你真的領到政府的賠償金，很可能早就已經過了好幾年，那你是要怎麼負擔呢？有數百萬美國人都寅吃卯糧，你的家人又該待在哪呢？因而事前計畫在災後回復中可說相當重要。

所以重點是這樣，颶風的災民通常都住在每隔二十年就會有巨型颶風侵襲的地區，所以你可能在那住了二十年，什麼屁都沒發生，但發生的那一年，就會抵掉過去二十年。這並不代表住在那裡的人很白癡，我和老公就住在颶風頻繁的地區，這代表的是我們理解居住在這裡的挑戰，並分析了其中的優缺點，但很多人都會忘記風險。某種程度上來說，這是人的天性，但是近年來大家似乎越來越學不乖了。

就算你能承受這樣的代價，如果你身體夠強壯、心理夠堅強、又夠有錢，可以住在這樣的地方，你還是需要一個計畫，如果你不想計畫，那最好找別的地方住。

每個人對壓力和失去的承受程度都不同，在我做過的每一個工作中，都有人崩潰過，他們要不是自己要求離開，不然就是我們會請他們回家。創傷就像在手上放一瓶水，每次事故都會漏一點出來，直到你再也拿不住為止，對很多人來說，都是私人生活中發生的某種悲劇，讓他們再也無法面對死亡，我曾問一個人要不要陪我一起去巴士車禍現場幫忙，他說他最近也出了一場車禍，有兩個人死掉，所以他就是無法面對，他需要時間回復，不管是生理上或精神上，我完全可以理解。

我鼓勵所有和我一起工作的人，要有自覺，並且能夠清楚評估自己的精神狀態，就算是每天都習慣艱困環境的人，面對創傷也可能會失控。在海地大地震中，有名女子失去了她的女兒，她能找到的只有一條受損非常嚴重，還連著襪子和鞋子的腿，這名母親把腿帶回家仔細清洗，並哄腿入睡。她並不是發瘋了，創傷會讓我們做一些奇怪的事，會把我們變成連自己都認不得的人，並持續一段時間。

韌性是可以學習，也可以傳承的，經歷過殘酷颶風、水災、火災的人，應該要警告沒經歷過的人風險，因為如果你沒經歷過，你又怎麼會知道呢？你可能曾在電視上看到一些片段，但影像不會傳遞氣味和聲音，也不會留下深刻的印象。但是常常就連那些親自經歷的人，也不會分享他們的經驗，他們會覺得或許也沒這麼糟，或是其他人可能會嘲笑他們，覺得他們是在散播恐懼。

我願意和我的孩子分離六個月，暫時去住別的地方嗎？這是我們一定會遭遇的真實選擇，而人類做為一個群體，常常都選得很爛。颶風過後媒體繼續當小丑，人們便忘了數萬名還困在避難所和旅館的災民，也忘了充滿汙泥、屋頂被颳走的房子。

而且科學家還預測，隨著地球氣溫逐漸上升，颶風、野火、傳染病、水災的情況只會越來越嚴重，現在大家可以開始爭辯暖化的原因，你愛怎麼說都行，管他是人為的、自然的、還是天譴，但是如果氣溫真的開始上升，你最好有所準備。

如同世界頂尖的威脅偵測及預防專家蓋文．德．貝克（Gavin de Becker）在他的經典著作《求生之書》（The Gift of Fear）中所說，否認「擁有一種耐人尋味又狡猾的副作用，否認的人為了得到心裡的平靜，覺得他們只要否認就可以繼續過下去，但是他們真的碰上事情發生時，所受到的傷害，會比那些原先就接受事情可能發生的人，還要嚴重非常多。」如果你還沒讀過這本書，我建議你趕快去讀，這本書對人性有非常深度的剖析。

我們可以躲在夢幻泡泡裡面，覺得我們是例外，歷史會放我們一馬，或是我們可以更為理智，冷靜評估我們面對的風險。就像德．貝克說的，「否認是一種只顧眼前安全，忽略後續代價的策略，是一份全部用小字寫的契約，因為長久來看，否認者某種程度上早就明白事實，而這會造成持續的低度焦慮。」沒有任何藥物可以緩解這種焦慮。

我們常常會以為人們在危機時刻要不是表現得很理智，就是很情緒化，但是事實上，你必須理智看待事情，同時也要能理解其中真實的情緒，包括你自己的情緒。

二〇二〇年三月，大家突然發現新冠肺炎很可能演變成一種大規模的致命傳染病時，許多人都跑去當地的超市掃貨，狂買衛生紙，這非常不合邏輯，當局也告訴大家不要再囤積衛生紙。但他們有聽話嗎？當然沒有。而這個行為是出自恐懼，是他們正試著控制自己能控制的事物，卻不瞭解自己真正的需求是什麼。

口罩也是一樣，科學家告訴大眾，一定程度的遮蔽口鼻，能夠有效阻隔病菌傳染，事實也是這樣沒錯，但是有些人就是不爽戴口罩，甚至將其視為對個人自由的侵害，還不只這樣，口罩超煩，會讓眼鏡起霧，又很不舒服，有些人還覺得戴著口罩會呼吸困難。

但這並不是真正的原因，從更深層的角度來解釋，這些行為也是一種明確的宣示，我們知道事情不妙，但我們就是不喜歡，不戴口罩能夠提醒我們過往的常態跟從前的生活，我們真的很想要回到以前的生活。

就像死都不幫警察開門的震驚家屬，因為他們知道警察帶來的是摯愛死於空難的消息，我們會試著趕走死亡和災難，或是想像這都是發生在別人身上。而某些政治領袖和媒體低估或將這些健康守則政治化，只是使得更多人認為疫情都是誇大，隔離也不值得，這卻造成數萬人喪命，而且情況還會越來越糟。

新冠肺炎為人類社會帶來了數十年來未曾遭遇的挑戰，但這不應該是出乎意料的驚喜，流行病學家早就一直警告大眾，而人類做為一個社會，還是沒有及早準備，不管是在心態上或是實際上都沒有。但我們還真的充滿韌性，呃，至少社會沒有崩潰，全世界有數億人遵照各地政府的隔離政策，使得疫情逐漸趨緩，讓醫院在疫情最初爆發時免於過載。

不過我們的經濟就沒有這麼有韌性了，幾個禮拜就已經跌到谷底，太長的供應鏈、保護主義的興起、許多國家都缺乏社會安全網，代表企業可能會倒閉，而絕望的勞工被迫回去工作，即便這表示他們必須曝露在感染的風險之中。我們想要越來越便宜的商品，卻不理解把所有東西都變得很便宜其背後的風險，有些家庭的收入，靠的是小孩在學校時雙親都努力去賺錢，但是一夕之間連學校也沒了。

不用說，肯恩公司當然很快就開始處理疫情帶來的大量死者，紐約市政府聘請我們去處理因感染肺炎死於家中的民眾，因為就像卡崔娜颶風時的情況一樣，隸屬聯邦的美軍和國民兵依法不得進入私人住宅。警方也不想蹚這潭渾水，因為他們沒有防護設備，無法進入肯定已經遭到汙染的密閉空間，而且因為疫情失去人力，也有可能造成治安上的隱憂。

所以肯恩公司進到民宅，並在疫情的熱點取回了將近一千四百具遺體，而且沒有半個員工染疫，我們也協助醫院改裝標準的冷凍卡車，來降載過載的停屍間，也就是在車內裝設擺放遺體的架子，並確保遺體不會碰到前方的冷藏設備，這可能會造成某些遺體結凍，其他卻不夠冰，進而開始腐壞。

我們也幫忙了一間過載的葬儀社，處理存放在租來 U-Haul 卡車中的數十具遺體，這個案子在紐約引起公憤，附近企業的員工曾向警察報案，表示葬儀社後方停的卡車散發出難聞的氣味，原先警察以為是最近的遺體實在太多，後來卻發現葬儀社已經沒地方擺遺體，只好開始把遺體放在租來的冷凍卡車上。

同時我們也幫助英國的市議會設立緊急停屍間，處理染疫身亡的民眾，其中一座就位在伯明罕的機場，可以容納兩千三百具遺體，另一座位在倫敦北方艾塞克斯（Essex）的停車場。

一開始，來自各地當局的要求如潮水般襲來，我必須告訴他們我們不會和當地層級合作，因為我們不清楚當地的情況有多嚴重，過程可能會造成資源的浪費。我建議地方當局最好在區域層級上合作，這樣會比較好，因為可以先把遺體移到中央的大型存放處，而不是有好幾十個小型存放處散落在各地，有些可能爆滿，有些則空空如也。就像紐奧良的卡崔娜颶風一樣，某些當局會過度高估死亡人數，想要能夠存放一萬具遺體以上的設施，我建議他們從幾百具的容量開始就好，然後再視需求逐步提高。

要說這場疫情會為我們帶來什麼長期影響，現在還太早了，但有兩件事情已經很明顯，一是心理上的影響會持續許多年，還有一整個世代的學生教育因此會遭到中斷。無法和摯愛告別也會是一個過不去的點，許多人都沒機會說最後一次再見，因為他們的家人被帶到管制相當嚴格的醫院裡，以防疫情擴散，對某些人來說，他們和家人見的最後一面，可能是在 FaceTime 上，手機還是由戴著口罩的護士拿著，而摯愛則是準備要進行插管，心裡知道他們要再醒來的機率已經非常低。

而待在家中的家屬，也會接受同樣的健康機關指示，在家隔離十四天，因為他們曾經接觸到病毒，所以必須待在家裡等待摯愛的消息。壓垮駱駝的最後一根稻草，則是有許多人最後都不會有葬禮，或是只有簡單的葬禮，家屬無法聚在一起，也不能舉行紀念儀式，因為有可能會染疫。

人類數千年來形成，目的是為了過渡到下個階段的所有死亡儀式，都突然遭到剝奪，讓哀慟的家屬只能感到憤怒、愧疚、難受，試著想找個對象怪罪，而這個對象通常都是他們自己。

潛伏在疫情旁邊的，是一場心理健康危機。

第二十一章　我記得的

除了那些留在我腦海裡的景象外，還有卷宗紀錄跟實體的回憶，例如在我前往秘魯的亞馬遜雨林後，至今都卡在我右手裡的倒刺，有時候檔案歸檔或銷毀前，我也會再重看一次。我最近則是剛好找到一組底片，頭三張是我女兒在一個感恩節派對上，她那時大概四歲，是個可愛的小女孩，對鏡頭展露笑顏。

下一張照片則是一名女子的屍首，發黑腫脹，她死於一九九六年那起發生在克羅埃西亞，殺死美國商務部長朗．布朗的空難，飛機於豪雨中試圖在杜布羅尼克最惡名昭彰的機場降落時墜毀。我當時在感恩節前就必須離家，而我先前離開維吉尼亞州的李堡時，就用這捲底片拍了一些照片，後來也用同一台相機試圖捕捉空難的後果。我為必須檢視這捲底片的可憐軍方技師感到難過，看著這些整齊排列的照片，心裡一定很難受。

這一系列的照片可說赤裸裸揭露了生死之間的距離，以及兩者如何輕而易舉在我的生命中交織，《公禱書》（Book of Common Prayer）不就提到，生命之中總伴隨著死亡嗎？

這個南北戰爭的某個士兵寫在家書裡的句子，至今依然烙印在我腦海中：「母親，願妳永遠不會看見我所見之事。」

但不只是影像的回憶而已，我的所有感官都能觸發和過往的強烈連結，只要聽到手提電鑽的聲音，有那麼一秒，我彷彿就回到了奧克拉荷馬市，身處默拉聯邦大廈的廢墟之中。我在機場等人時聞到機油的味道，就會瞬間被傳送回我處理過的好幾十件空難現場，大卡車則會讓我想起撞進巴格達運河飯店的那輛卡車，還有其他很多很多。

就連去度假都會引發我的回憶，二〇一九年，我再次回到杜布羅尼克航海和潛水，那裡和一九九六年相比，當然已經變了很多，但是我一降落，我的思緒就不禁飄回 CT-43 墜機後的那段時光，我閉上眼睛時，所有景象都歷歷在目。

我的「正常」應該和大多數人的正常都非常不一樣，我入住旅館房間時，總會下意識注意我的房間和逃生梯隔著幾扇門，火災時人們常常會錯過完美的逃生出口，因為他們會出自本能尋找來時路，而通常大家都是搭電梯來的，火災時當然沒辦法搭。

我去看電影或聽演唱會時，也會不由自主觀察我四周的人有沒有任何可疑跡象，這並不是說我很恐慌，我不怕壞事發生在我身上，只是這已經成了標準程序，就像新冠肺炎爆發後你會一直洗手一樣，現在大家都說這是「新常態」了，只是對我來說，我一直都在這麼做。

我的人生中也有矛盾的地方，通常大家不喜歡談論死亡，大部分的人甚至都不願意想到死亡，但是當別人在社交聚會時問我從事什麼工作，每個人聽到回答都會一臉震驚。

我也不想這樣，我通常每天都已經講到爛了，也不想再多談，如同我先前所說，頻繁接觸死亡，讓我學會好好享受日常生活中的快樂時光。但我也理解其他人為什麼這麼問，我們還是必須談論死亡，不是以偏執或病態的方式，雖然有時候還是無可避免，但應該要用開放的態度面對，死亡是一件重要的事，所有人最終都會經歷。

事實就是逝者對生者有非常大的影響，我們終將一死，根本無法改變，當我們突然意外失去親人時，我們需要某個東西來填補這個空洞，暫時代替那個我們認識的人，直到我們能夠接受人生痛苦的新現實。大型傷亡事件發生時，這樣的需求成了會影響整個社群和社會的大問題，可能會帶來非常大的衝擊。

美國心理學家寶琳．波斯（Pauline Boss）認為人生根本沒有所謂的「結案」（closure）這回事，至少在房地產交易之外不可能，這當然也不是我會使用的詞彙。波斯寫了非常多東西探討她所謂的「模糊失落」（ambiguous loss），也就是一個人突然失蹤，比如說因為空難或天災，但是雖然物理上消失了，情感上卻還在，你不會隔天就突然不愛他們。

相反的情況近年也越來越普遍，因為失智症和阿茲海默症在老年人間蔓延，所以會造成某個人物理上在，心理上卻不在，這是一種特別難處理的失落，尤其是在注重快速解決問題，並堅持人們應該「想開一點」，繼續生活的現代社會中。

波斯一開始是從研究越戰失蹤士兵帶來的影響開始，後來也曾協助受南亞大海嘯和九一一事件影響的家屬，她的結論是，面對這種突如其來、意想不到的死亡，並沒有快速調適的方法，而且這種所謂的模糊失落，也是最難處理的一種悲傷。

這種悲傷通常會持續很長一段時間，可能會糾纏好幾年，來來去去，最後可能會沖淡，但永遠不會完全消失。由於缺少可以哀悼的遺體，紀念儀式和遺物這些有形的東西，就變得相當重要，可以讓你稍微控制失去的感覺，就像在激烈的情緒風暴中可以攀附的浮木。

我們對待死者的方式，也反映我們對待生者的態度，如果我們把遺體和遺物當成廢棄物，就像可以丟在垃圾掩埋場的垃圾，那麼我們又該怎麼面對無可避免的死亡呢？

社會的本質便是有關我們如何融入，包括社群、家庭、追溯到許多代以前的祖先血脈，只是聳聳肩然後覺得我們只是一些肉塊，可以留給禿鷹享用，而不承認失去或生命的存在，就等於在破壞某種重要的社會功能。

大家有時候會問我，我怎麼可能不會做惡夢，我怎麼不會變成一個悲慘的人，變成一個關在家裡憤世嫉俗的傢伙？嗯，首先，還有很多時間可以驗證，這都還很難說，就像我先前說的，創傷可能是一個累積的過程。我是很疲憊沒錯，但我認為我可以劃清界線的原因，便是除了在那些壞事之外，我的工作也會為混亂帶來某種意義，能夠提供身陷痛苦的人們一些指引和方法，協助他們度過這段最黑暗的日子，至少我是這麼希望的。

告訴大家不管最後怎麼樣，他們都不會遭到遺忘，我覺得我在某種程度上真的有幫上忙，協助死者回家，也幫助家屬減輕他們的折磨，我討厭看到其他人很痛苦，這是一種消耗，而且完全沒必要。而在實際的層面上，我也是在協助一些企業重新搏回對他們服務的信任，畢竟就像其他高風險的行為一樣，有時候壞事就是會發生。

某些從事危險高壓工作的人會對腎上腺素上癮，但我不是這樣，我放假時不會懷念工作，工作很令人疲憊，各種角力，一直解釋各種事情，而且也不知道你下班回家時，會不會不到一個小時電話又響起來，而你又必須前往某個事故發生的地點，很可能又有數百人，甚至數千人喪命。

不過我對極限運動確實是有點上癮，我有空時喜歡跳傘、攀岩、風箏衝浪、潛水、騎腳踏車等，大部分都是一個人就可以從事的運動，因為我在工作時花了太多時間，和其他人建立了不尋常的親密關係，和他們共度人生中最痛苦、最糟糕的時光。

但是就算在從事這些高風險的個人運動時，我仍然會評估風險，我會一個人潛水，即便這在潛水圈不太受歡迎，然而，我是一個潛水專家，我用的設備也是最先進的，我的手錶上有備份，我會監測我的潛水時間、深度、氧氣含量，而且我也依然清楚我的潛水表格。我有第二副呼吸調節器，而且我也會帶著一個巨大的橘色充氣管，上面寫著「有人在潛水」，以免我離出發的船隻太遠，有時真的會發生這種情況，因為我太專心在追鯊魚或烏龜，有可能游得太快，但這些都是可以承受的風險。

最難的部分應該是我的家人需要付出的代價，我很確定我不是一個很好一起生活的人，所有事情都要隨時準備好，不管幾點或是在幹嘛都必須接電話，毫無預警我就必須離家，也不知道什麼時候會回來。我在第一段婚姻時就知道這很難，第二段婚姻時也很確定一切不會更容易，有時候我會覺得我花太多時間在別人的問題上，導致我已經沒有能量了，沒辦法陪我老公，這可不是他想要的。

所以我後來花了更多時間訓練其他人，並且試著確保下一代也準備好了，我不想要他們只是幹得跟我一樣好，因為很多時候我都只是運氣好而已。我不想要跟隨我的人碰運氣，或是用最困難的方法學到我學會的事，我想要讓學習過程更簡單，而且也不需要鬧出人命才能學會，我想要而且也期待他們做得更好。我不想要以我的工作留存在他人心中，而是以一個好爸爸，以及一個好丈夫的身分，我不希望最後大家說我的一生和靈魂全都奉獻給工作。

雖然我不太能忍受愚蠢，而且我曾經見識過許多壞事，但這並不代表我很疲憊或是不懂得享受人生，只是表示我覺得我錯過了某些美好的事物。等到我不再處理遺體的那一天，絕對不會是因為我很厭倦或是我已經做不到了，而是因為其他人已經準備好了，而我想看見更多人生的美好，並和其他人一樣正常。

後記

一百六十八張用玻璃、青銅、石頭做的空椅子，在綠色的草地上排成一列列，附近則是一座倒映池，池子兩側是巨大的金屬門，各寫著一個時刻，九點〇一分和九點〇三分。前者代表的是提摩西·麥克維的卡車炸彈引爆前的最後一分鐘，後者則是紀念此後的時光，奧克拉荷馬市的人們自此進入一種令人手足無措的新現實，突然必須開始哀悼、復原、重建自己破碎的人生。

位於默拉大廈原址的和平公園，便代表復原過程的一部分，每一樁悲劇都會造就自身的紀念碑，比利時那些整齊的一戰墓碑，也都是從法蘭德斯的土地上那些倒放的步槍而來，每一把步槍上都放著一個錫盔，或是一個上下顛倒的玻璃瓶，瓶中的紙上寫著罹難士兵的姓名和編號。

在奧克拉荷馬市，警方用來圍住倒塌聯邦大樓的路障，很快就充滿花圈、泰迪熊、詩句、旗幟、鑰匙圈，路障聳立了四年，工人則在這段期間拆除倒塌的建築，並在原址興建新的建築。新建築的一部分最終成了永久的紀念公園，那些空椅子則代表爆炸案那天在辦公室罹難的人們。

公園裡還有另一個深刻的象徵，聯邦大廈原先的停車場處矗立著一棵榆樹，大部分樹枝都遭到麥克維炸彈的威力摧毀，這棵樹原先是要砍掉，一部分是因為要取出遺體以及其他卡在枝幹間的證據。但是當倖存者、救難團隊、哀慟的家屬在爆炸案一周年紀念日聚集在此處，準備舉行紀念儀式時，他們注意到這棵從一九二〇年代便矗立在此，傷痕累累的樹，竟然再度開花，因而堅持不能砍樹。「倖存者樹」的種子現在每年都會種成樹苗，分發到美國各地的公園，當成希望、堅毅、重生的象徵。

我好幾年前曾經造訪公園一次，根本認不出這是我當年從倒塌的大樓中費力拖出遺體的地方，但我仍是輕易就認出一個東西，那就是第一聯合衛理會教堂（First United Methodist Church）的鐘塔，當時我們的緊急停屍間就是設立在此處，教堂依然聳立，新的聖壇是由在爆炸中遭到破壞的教堂石塊所建。

肯恩公司也負責建立了數十座紀念碑，通常都是樸實莊重的石碑，上方的訊息和罹難者的姓名以各種語言寫成，包括英文、法文、西班牙文、阿拉伯文，也就是罹難者和哀悼者的語言，某些紀念碑也會感謝那些負責尋找遺體的人，或是在艱困的時刻照看悲傷家屬的人。

紀念碑下方常會埋著事故現場最後的遺體，也就是那些最後的人體組織，因為太細小所以無法進行身分辨識，最後就會聚集起來埋在悲劇發生的地點附近。我在埋葬這些遺體時，都會小聲說一句：「願你獲得生前未曾得到的平靜。」

因為我在工作上碰到的遺體，通常死狀都非常悽慘，默念這句話也能提醒我，我埋葬的所有碎片，都曾經是活生生的人，母親和父親，兄弟和姐妹。因為在我的工作中，常常很容易忘記這件事。

有些紀念碑則成了當地的地景，像是海濱步道的地標，可能會吸引遊客前來尋找，並短暫憶起當時發生的悲劇。加拿大紐芬蘭佩姬灣的瑞士航空紀念碑，是一塊巨大、美麗、精巧的圓石，就矗立在海岸線崎嶇的亂石之中。圓石背面朝海的那邊，刻著幾行字：「紀念瑞士航空一一一號上的二二九名男子、女子、孩子，一九九八年九月二日，他們在這片海岸之外，成為海洋和天空的一部分，願他們安息。」

整整五千三百公里外的太平洋海濱，加州胡內米港（Port Hueneme）的海灘上，擺著一座日晷，紀念八十八名阿拉斯加航空空難的死者。日晷上是飛躍的銅製海豚，象徵時光的流逝和傷慟的治癒，日晷本身便同時兼具紀念碑和藝術品的功能，可說是悲劇孕育的美麗事物。

這類優美的紀念碑是一種標示，標記生死之間的痛苦地帶，也代表生者的人生轉捩點，這可能是非常震驚的過渡，你在丈夫或妻子搭上機場計程車，一如往常準備出差時，和他們道別，結果幾天或幾個禮拜後，卻發現自己身在一片狂風吹襲的海灘，必須面對失去和人生無常的本質。

隨著時間經過，而時間是世界上唯一共通的衡量標準，紀念碑本身也會經歷轉變，從紀念逝者成為當地的地標、海濱步道的轉折、飽經風霜的老舊藝術品，上面刻的名字已經無法辨識，但仍擁有重要意義，不僅是死者的紀念碑，也是生者的圖騰，並提醒我們，不管事情有多糟，我們總能再次站起來。

紐約史坦頓島（Staten Island）的內河垃圾掩埋場（Fresh Kills），是數千片人體碎片伴隨世貿中心的瓦礫埋葬之處，現已轉型為濕地公園，也是紐約最大的綠地，充滿野鳥、自行車騎士、泛舟的人。廢墟的土堆中無疑仍殘留九一一事件時的人體組織，但是這個地點轉型成紀念公園，對那些當時遭受暴力襲捲的逝者來說，可說是再好不過的致敬。

紐奧良這個已經擁有許多著名地標的城市，也出現許多卡崔娜颶風的紀念碑，從運河街上擁有刻著一千三百個名字大理石碑的正式公園，到一隻紀念所有死去流浪寵物的銅狗等。在某間餐廳旁，也有一座小巧精緻的聖壇，獻給罹難者維拉．史密斯，她的遺體在颶風期間，就這麼擺在旁邊的人行道上，用防水布蓋著，這座臨時墳墓上寫著以下訊息：「維拉在此安息，願上帝拯救我們。」

耐人尋味的是，那座在水災期間成為煉獄的安養院，聖瑞塔安養院的院方，在後來控告他們過失的法律訴訟中，無罪開釋，他們成功主張他們已經做好應對颶風襲擊的準備，而且在正常情況下，比起就這麼把年邁的病患留下來等待颶風過境，當時若撤離他們，很可能會造成更多人死傷。但院方沒料到，也沒人料得到的，則是潰堤的水壩竟造成嚴重的水災，院方後來並沒有在原址建立紀念碑，而是在二〇一八年時，重新開設了一間安養院。

至於我自己，針對我的遺體死後要怎麼處理，我已經交代好我老公，我想要火化，並把骨灰灑在海裡。

我知道這代表我的老公和女兒會沒有地方可以憑弔，所以我也請他們可以在西礁或加州蒙特瑞（Monterey）的海邊，擺一張長椅，上面放著一小塊名牌，寫著我的名字。這麼做的話，就算我是死在我一生專門處理的空難或是天災之中，而且遺體找不回來，那麼如果他們想要，他們也會有個地方可以坐下來懷念我，一邊看著我消失在其中的浪濤。

我的其中一個姐姐也和我一樣，死後想要火化，並把骨灰灑在太平洋裡，她知道北美原住民相信，太平洋的湛藍可以洗去悲傷和痛苦，我不知道這是不是真的，但這個想法很美。

這就是結局，但對我來說，結局永遠是開始，而如果我夠幸運，這將會是我的起點。再會。

「神要擦去他們一切的眼淚，不再有死亡、也不再有悲哀、哭號、疼痛、因為以前的事都過去了。」——《啟示錄》二十一章四節

謝辭

我從來沒想過要寫一本回憶錄，或是任何跟我的人生和工作有關的東西，我曾寫過一些專業書籍，而且也計畫要寫更多，但絕對不是回憶錄。

事實上，我也不那麼肯定這些事情有什麼值得注意或有趣之處，我和大多數人一樣有個工作，而且也和大多數人一樣，試著做到最好。我知道我不太一樣，而且也不是人們通常預期的樣子，所以或許這是大家對我感興趣的原因，我也知道我遇到別人時，我常常對他們的工作更感興趣，而不是我自己的工作。

然而，在《每日電訊報》（The Telegraph）的 Sally Williams 和《CQ》的 Lauren Larson 幫我做了專訪後，Anna Sproul-Latimer 找上我，跟我說我的故事應該要寫成一本書，而且我也應該開始寫，她會想辦法出版。我同意了，但是要在不誇大這些事故，或是剝削死者，同時能幫助他人的情況下進行，她也欣賞這個想法，所以成品就是這樣。

因此我非常感謝 Sally Williams 和 Lauren Larson，她們都是優秀的作家和記者，我很想寫得像她們一樣好，她們可以用非常專業的方式談論複雜的主題，同時充滿同情心，而且能夠帶給讀者新知。希望我的寫作沒有讓妳們兩位丟臉！

寫一本書會動用到許多人，所有人都扮演重要角色，我首先要感謝我的經紀人 Anna，她想方設法才說服我同意寫這本書，接著找 James 來協助我，她還幫忙挑選了完美的編輯和出版團隊，由 Michael Flamini 領導的 St Martin's 出版社。他們的建議和指引都非常正確和準確，我很幸運能跟他們共事，Michael 的幫手則是 Hannah Phillips，我很確定這本書能上架，她一定也和我一樣高興，她也幫了我很多。也要感謝 Ervin Serrano 設計了書封，這不是個容易的任務，我希望我的故事配的上這個封面，也沒有拖太晚才交稿。

當然也要感謝 James Hider，我們倆花了許多時間編輯書稿和草稿，他自己也有東西要寫，我希望幫忙寫我的書沒有讓他負擔更為沉重，James，不用說，沒有你的話我們根本不會在這，感謝你，兄弟，幹得真棒，你是個好作家。

這本書有很多版草稿，而且也經過多次校對，這點我必須感謝 Donald Steel、Andy Luckey、Mike Seear，他們全都很忙，卻願意給我意見，幫我審讀，不斷重讀書稿，並提供回饋，也要感謝他們對細節的注重和事實查核。

為了讓你知道這三個人水準多高，如果你曾讀過 BBC 的報紙文章，你就會瞭解 Donald 的影響力，他是坦率對話的專家，也是個好人。如果你看過《玩具總動員》，那你一定知道Andy這樣的人，他是好朋友的化身，會為他人拋下一切，誠實坦率、非常溫暖，又很認真。Mike也是我的好朋友，他曾寫過好幾本跟一九八二年福克蘭戰爭相關的著作，這是一場遠征，他當時擔任英軍廓爾喀步兵團（British Army Gurkha）的軍官。

除了校對之外，我也想確保這本書的風格和內容不會帶來悲傷和痛苦，這點我必須感謝Destiny Torres和Victoria Hardwidge協助校稿及編輯。

身為一個從小看著《警察故事》和其他軍事電影長大的小孩，我曾在電影中看過或在書中讀到那些能夠擔任精神導師和領導者的人，還一直懷疑這些人是不是真的存在。隨著年紀漸長，我瞭解這些人真的存在，而我這一生也很幸運能夠遇見許多這樣的人，也就是那些關心我，願意撥出寶貴時間和我分享他們經驗的人，同時也確保我能夠明辨是非。

從許多層面上來說，我希望我成就的事業，是從他們的成就延伸而來，感謝大家在我身上看見的美好，而我的缺點和錯誤當然都由我自己承擔。許多人都已經過世了，而且大多數人我也都已斷了聯絡，這就是一直追著下個事故跑無可避免的後果。如果有任何人讀到這本書，我希望你們可以看見其中的美好，並感到驕傲。

我高中時就讀法拉古特上將學院，要感謝Orie T. Banks上校、Edward Lillich中校、John Rhoda

中校、James Harris 少校（雖然您已盡力教我，我可能還是不太會用逗號）、James Dunning 中校、Edgar J. Maus 先生、Evelyn Dayo 小姐、Edward L. Gilgenast 上校。所有人都奉獻一切，而你們的遺產永存所有法拉古特上將學院畢業生的心中，我想不出在我人生這麼重要的年紀，還能怎樣遇上比你們更好的人。

也要感謝大學時在美國預備軍官團的同袍，以及在加州州立大學警察局跟佛雷斯諾郡警局的同事，我很幸運擁有各位的協助跟指引、偶爾的當頭棒喝、許多好人的支持。

讓學員學會真正的領導力和鞠躬盡瘁的精神，是預備軍官團重要的宗旨，在此感謝 James R. Shellington 隊長、McClendon 士官長、Robert Pavia 士官長、William Reynolds 排長，他們以身作則、鞠躬盡瘁，而且總是願意撥出時間幫助一個年輕人，那就是我，即便在那些我不知道自己需要協助的時候也是。

軍隊中的軍官肩負重大的責任，也擁有相當大的權威，他們負責下達命令，並做出可能攸關手下性命的重大決定，要把軍階視為特權實在太過容易，但真正的價值，其實在於領導和服從的能力。這必須經過學習和磨練，而教導這些事也絕非易事，希望我在服役時有讓你們感到驕傲。

執法單位也是個好老師，身為一個警官，你有很大的權利，可以透過逮捕他人剝奪他人的自由，或透過罰款剝奪他人的財產。你可以在學校和學院中學會法律、策略、技術，但只有在街上，才能學到同情心、氣質、求生意志。我很幸運有很多很棒的榜樣，他們不僅奉獻自己的時間，也非常認真，並重視其他人，感謝 Raymond Mendoza、Drew Bessinger、John Moseley、Julio Chacon、Tom Klose 警官，我知道我不是那麼好相處，也知道我曾惹火你們，但你們真的改變了我，我相信其他人也是如此，謝謝你們。

大學畢業後，我花了十年服役，很幸運在過程中總是能夠遇上很棒的士官，他們是美軍的中流砥柱。不知道是什麼原因，我和大多數士官總是處得不錯，而且我很確定我因此省去很多來自上級的麻煩。

雖然軍官階級比士官還高，但士官不管是在技術上或人際上，經驗都更豐富，所以他們是很好的學習對象，需要幫忙時也很可靠，作為回報，軍官的職責便是確保士官能夠獲得完成任務所需的所有資源。

這是很棒的關係，而且往後也會帶來好處，至少對我來說是這樣，我在此可能會遺漏許多人，但我特別有印象的包括 Rivero 士官長、Chappel 士官長、Brundy 士官長、Whitfield 士官長、Hampton 士官長、Carpenter 士官長、Napoleon 士官長、Posey 士官長、Riggins 士官長、還有我自己的士官長，同時也是我的好友跟我女兒的教父，David Rich 士官長。

雖然我和軍官的關係不像和士官那麼密切，我也很幸運能夠和一群非常棒的軍官一起服役並互相學習，就是那些戰爭電影中的英雄，那些我心中景仰，同時渴望成為的榜樣。

雖然可能沒有直接關係，但是我能從事現在工作的其中一個原因，就是我從他們身上學到的事物，包括我在擔任潘興飛彈軍官時的 S. Brown 上尉和 J. Stewart 上尉，還有在我被叫到陸軍司令部和五角大廈做簡報時，幫我帶路的 T. Leeman 中校，感謝你。還有四名對我影響深遠的長官，我很確定他們也因為我承受了一些來自上級的壓力（當然是不好的），我非常感謝各位：Marilyn Brooks 中校、Dean Tarbet 中校、Terry Clemons 上校、Kenneth Guest 少將。我和 Dean 跟 Terry 都還保持聯絡，這是件非常棒的事，附帶一提，我覺得他們應該都不會再因為我惹上麻煩了。

我也很榮幸能夠和一些很棒的公務人員一起共事，在不斷變動的軍中他們是恆常的存在，已經見識過所有事，但是每個新長官到任，準備把一切砍掉重練時，他們仍是會面帶笑容。

他們是歷史的守護者和必須的資源：David Roath、Jackie Lockhart、Tom Bourlier，我和他們一起在美軍的驗屍中心共事。我也很幸運能和一個很棒的公關團隊合作，因為奧克拉荷馬市的爆炸案和波士尼亞的事件，他們必須把這個獨樹一格、罕為人知的美軍小單位推到鎂光燈前：Joy Metzger、Anne Harrison、Phil Connelly Williams，你們的訓練超棒，誰知道我在退伍後還能用的上呢？我絕對想不到。

我加入肯恩公司後，也再次很幸運地能認識世界上最溫暖的人們，並和他們一起共事，這些人實在太多了，根本列不完，所以我一言以蔽之，獻給所有曾到現場支援、停下手邊所有事務照料死者、陪伴家屬、花時間解釋整個程序的人，感謝大家的努力，這一切都意義非凡，遠比你想像得還重要。

還有那些致力改善整個體制，好為家屬帶來更多幫助的人，他們看見痛苦，卻沒有別過頭，而是選擇努力改變體制，讓一切變得更好，替體制也替我自己，感謝大家！Marcella Fierro 醫生、Robert Gerber、Jim Hall、Sharon Bryson、Matt Ziemkiewicz、Gail Dunham、Bill Paterson 大使、Howard Way、Mary Schiavo、Sean Gates，永遠不要低估你們為這麼多人做的好事。

最重要的，我也欠我老公一個感謝，我覺得他一定夥同 Anna 一起鼓勵我寫這本書，還要感謝我女兒，他們都承受了這項工作的代價，而這根本不是他們自己決定的。我不知道未來會怎麼樣，遺憾的是，我預期會有更多失去和災難，但我希望我不會把這些東西一起帶回家，因為你們不應遭受這樣的對待，真的很謝謝你們。

災難清理教我的事

沒有人能做好萬全準備，從救援行動到撫平傷痛，記錄封鎖線後的真實故事

作者羅伯特・A・詹森 Robert A. Jensen
譯者楊詠翔
主編吳佳臻
封面設計羅婕云
內頁美術設計李英娟

執行長何飛鵬
PCH集團生活旅遊事業總經理暨社長李淑霞
總編輯汪雨菁
行銷企畫經理呂妙君
行銷企劃專員許立心

出版公司
墨刻出版股份有限公司
地址：台北市104民生東路二段141號9樓
電話：886-2-2500-7008／傳真：886-2-2500-7796
E-mail：mook_service@hmg.com.tw
發行公司
英屬蓋曼群島商家庭傳媒股份有限公司城邦分公司
城邦讀書花園：www.cite.com.tw
劃撥：19863813／戶名：書虫股份有限公司
香港發行城邦（香港）出版集團有限公司
地址：香港灣仔駱克道193號東超商業中心1樓
電話：852-2508-6231／傳真：852-2578-9337
製版・印刷漾格科技股份有限公司
ISBN978-986-289-694-5・978-986-289-695-2（EPUB）
城邦書號KJ2046 **初版**2022年2月
定價480元
MOOK官網www.mook.com.tw
Facebook粉絲團
MOOK墨刻出版 www.facebook.com/travelmook

國家圖書館出版品預行編目資料

災難清理教我的事：沒有人能做好萬全準備,從救援行動到撫平傷痛,記錄封鎖線後的真實故事/羅伯特.A.詹森(Robert A.Jensen)作；楊詠翔譯. -- 初版. -- 臺北市：墨刻出版股份有限公司出版：英屬蓋曼群島商家庭傳媒股份有限公司城邦分公司發行, 2022.02
320面；14.8×21公分. -- (SASUGAS ;46)
譯自：Personal effects : what recovering the dead teaches me about caring for the living
ISBN 978-986-289-694-5(平裝)
1.CST: 詹森(Jensen, Robert A.) 2.CST: 賑災 3.CST: 災難救助
548.31　　　　110022526